Grundkurs Gymnastik

Eine Lehrhilfe zum Gymnastikunterricht
in der Sekundarstufe

Von

Ruth Lindauer

Helga Schulte †

2., vollständig überarbeitete Auflage

Schneider Verlag Hohengehren

Titelgestaltung
ABS-Advertising, Stuttgart

Zeichungen: Kumpfest, O.
Fotos: Preuß, Rolf

Gedruckt auf umweltfreundlichem Papier (chlor- und säurefrei hergestellt)

Die Deutsche Bibliothek – CIP-Einheitsaufnahme

Lindauer, Ruth:
Grundkurs Gymnastik : eine Lehrhilfe zum Gymnastikunterricht in der Sekundarstufe / von Ruth Lindauer ; Helga Schulte. –
2., vollst. überarb. Aufl. –
Baltmannsweiler: Schneider-Verl. Hohengehren, 1995
ISBN 3-87116-977-3
NE: Schulte, Helga:

Printed in Germany – Druck: Wilhelm Jungmann, Göppingen

Vorwort

Das vorliegende Buch ist konzipiert als eine praxisorientierte Lehrhilfe für den Gymnastikunterricht in der Schule.

Gymnastik wird schwerpunktmäßig als ein Mittel der rhythmischen Bewegungsbildung betrachtet und demzufolge die Schulung der gymnastischen Grundformen Gehen, Laufen, Hüpfen, Springen, Federn, Schwingen und der Bewegungsformen mit den Handgeräten Ball, Reifen, Seil und Band in den Mittelpunkt gestellt.

Die Themenauswahl orientiert sich an den Anforderungen der Grundausbildung in der Sekundarstufe I und II.

Das hier zugrundeliegende Konzept ist im Zusammenhang mit der Ausbildung von Sportstudenten und im Rahmen der Lehrerweiterbildung entstanden.

Im Hinblick auf die Unterrichtsplanung soll das Buch dem Lehrer Hilfen für die Auseinandersetzung mit den Strukturen der gymnastischen Bewegungsfertigkeiten bieten. Darüber hinaus, und hierin liegt das besondere Anliegen dieses Beitrages, sollen Anregungen für die didaktisch-methodische Aufbereitung der ausgewählten Unterrichtsinhalte unter Berücksichtigung variabler Organisationsformen gegeben werden. Die Planungshilfen werden in unterschiedlicher Form angeboten, d. h. einmal im Sinne von methodischen Hinweisen, zum Teil aber auch als methodische Übungsreihen, die Wege vom Sammeln von Bewegungserfahrungen bis hin zur Bewegungsgestaltung aufzeigen. Außerdem werden bei einigen Themen anhand von Grobplanungen Möglichkeiten des Aufbaus von Lehreinheiten und Einzelstunden exemplarisch dargestellt.

Es sollen damit keine starren Konzepte vorgegeben werden, sondern die aufgezeigten Wege können in vielfältiger Weise variiert und der jeweiligen Lerngruppe angepaßt werden.

Vorwort zur 2. Auflage

Aufgrund dessen, daß diese praxisorientierte Lehrhilfe für den Gymnastikunterricht in den zurückliegenden Jahren von einem wachsenden Interessentenkreis kontinuierlich nachgefragt worden ist, habe ich mich zu einer Neuauflage entschlossen.

Helga Schulte, verstorben im Februar 1994, hätte diese Entscheidung mit Sicherheit sehr begrüßt.

Die inhaltliche Konzeption dieses Buches ist im wesentlichen unverändert geblieben. Eine Überarbeitung ist vor allem in den Bereichen notwendig geworden, die stärker neuesten Entwicklungen unterliegen, wie z.B. die modernen Erscheinungsformen der Gymnastik, die Veröffentlichungen aktualisierter Rahmenrichtlinien sowie die Musikempfehlungen.

Ich möchte Petra Horter und Margit Mach-Kühne für ihre Anregungen und Mithilfe bei der Überarbeitung herzlich danken.

Aus Gründen besserer Lesbarkeit wird nur die männliche Form verwendet. Es sind immer auch Lehrerinnen, Schülerinnen, Partnerinnen gemeint, wenn die Rede von Lehrern, Schülern und Partnern ist.

1. Die Gymnastik und ihre gegenwärtigen Erscheinungsformen

Wie keine andere Disziplin des Sports bietet die Gymnastik einen breiten Spielraum für unterschiedliche Ausführungsmöglichkeiten. Aus diesem Grunde haben sich vielfältige Erscheinungsformen dieser Sportart mit spezifischen Intentionen, inhaltlichen Schwerpunkten und besonderen Arbeitsweisen herausgebildet. So wird die Gymnastik einmal als eigenständige Sportart mit umfassenden Zielsetzungen im Bereich der Bewegungsbildung, der Körperbildung und der Persönlichkeitsbildung betrachtet (u. a. in der Rhythmischen Gymnastik) oder als Wettkampfdisziplin mit dem Ziel der optimalen persönlichen Leistungssteigerung und des Leistungsvergleichs betrieben.

Vielfach erfährt sie auch durch einseitige Ausrichtung auf körperbildende Ziele eine Einengung, z. B. in der „Pflegerischen Gymnastik“ und in der „Aerobic-Gymnastik“.

Daneben wird die Gymnastik als Hilfsdisziplin für das Erwärmen, Lockern und Beweglichmachen bei der allgemeinen Vorbereitung des Körpers auf alle Arten sportlicher Betätigung eingesetzt oder dient in Form der „Trainingsgymnastik“ als Mittel zur Leistungssteigerung in anderen Sportarten.

Der Begriff „Gymnastik“ allein ermöglicht somit keinen Aufschluß über die spezielle Ausrichtung, mit der diese Sportart betrieben wird. Er wird deshalb heute vorwiegend in Verbindung mit anderen Begriffen verwendet, die die jeweiligen Erscheinungsformen näher kennzeichnen.

Wesentliche Erscheinungsformen der Gymnastik, die auch für die Schule Bedeutung haben, sollen nachfolgend in knapper Form charakterisiert werden.

Rhythmische Gymnastik (Moderne Gymnastik)

Diese Form der Gymnastik ist zu definieren als rhythmisch orientierte Körper- und Bewegungsschulung mit und ohne

Handgerät unter Verwendung von Musik oder anderen Formen der akustischen Unterstützung, bei der das Erlernen, Üben, Variieren, Kombinieren und Gestalten der Grundformen **Gehen, Laufen, Hüpfen, Springen, Federn** und **Schwingen** unter bewußter Einbeziehung von Partner- und Gruppenarbeit im Mittelpunkt stehen.

Die Formung der Bewegung zielt ab auf eine Verbesserung der Bewegungsqualität im Sinne von gut koordinierten, fließenden Ganzkörperbewegungen und wird durch körperbildende Arbeit ergänzt, die auf die Steigerung der allgemeinen körperlichen Leistungsfähigkeit gerichtet ist und ebenfalls rhythmische Elemente berücksichtigt.

Durch Partner- und Gruppenarbeit und durch Betonung gestalterischer Aspekte wird darüber hinaus die Entwicklung von kooperativen und kreativen Fähigkeiten angestrebt.

Die Rhythmische Gymnastik hat sich im Zuge der Gymnastikbewegung der 20er Jahre dieses Jahrhunderts und im Zusammenhang mit Emanzipationsbestrebungen der Frau als eine Sportart für Mädchen und Frauen entwickelt und ist bis heute aufgrund ihrer historisch gewachsenen geschlechtstypischen Ausrichtung eine Disziplin, zu der männliche Jugendliche allmählich Zugang finden. Bemühungen um eine spezifische Form rhythmischer Männergymnastik, wie sie insbesondere von Hanebuth und Nattkämper ausgingen, haben nicht zur Entwicklung einer selbständigen Sportart für Männer geführt.

Rhythmische Sportgymnastik

Dieser Begriff kennzeichnet die Gymnastik als sportliche Wettkampfdisziplin, die sich vorwiegend in Osteuropa entwikkelt hat, seit 1963 zum Wettkampfprogramm des Internationalen Turnerbunds gehört und seit 1984 auch eine olympische Disziplin ist. Es handelt sich um eine Sportart, die bisher ausschließlich von Mädchen und Frauen betrieben wird.

Rhythmische Sportgymnastik basiert auf Elementen der Rhythmischen Gymnastik, des klassischen Tanzes und der Akrobatik. Im Gegensatz zur Rhythmischen Gymnastik steht der Leistungsaspekt, das Streben nach sportlicher Höchstleistung, im Vordergrund. Die Leistung wird an der Schwierigkeit der Elemente, der artistischen Handhabung der Handgeräte, der Originalität der Bewegungskomposition, dem Grad der Beherrschung der Bewegungstechniken und der Ausdrucksstärke des Vortrages gemessen.

Wettkämpfe werden in der Einzel- und Gruppengymnastik ohne und mit Handgeräten in unterschiedlichen Leistungsklassen ausgetragen.

Alle Übungen werden nach Musik ausgeführt, die Bewertung erfolgt auf der Grundlage international festgelegter Bewertungskriterien, die mit dem „Code de Pointage" des Kunstturnens vergleichbar sind.

Für den Bereich Schule hat die Rhythmische Sportgymnastik nur für Leistungskurse und Neigungsgruppen Bedeutung.

Jazzgymnastik

Für den Begriff „Jazzgymnastik", der vielfach umstritten ist, liegen keine eindeutigen Definitionen vor. Er wird mit unterschiedlicher Bedeutung belegt, indem er einmal als Bezeichnung für „Gymnastik nach modernen Rhythmen" benutzt wird, zum anderen für „eine besondere Form der rhythmischen Gymnastik mit dem Ziel, den Jazztanz vorzubereiten" (Fischer-Münstermann, 1977², S. 10).

Wir verstehen unter Jazzgymnastik eine durch den Jazz-Dance beeinflußte Form der rhythmischen Körper- und Bewegungsbildung, die sowohl Elemente der Rhythmischen Gymnastik als auch jazztypische Bewegungsformen enthält, sich aber durch die Bindung an Beat- und Popmusik von der Ausführung der gymnastischen Elemente und vom Bewegungsstil her wesentlich von der Rhythmischen Gymnastik unterscheidet. Die fließende Ganzkörperbewegung, ein grundlelagendes Merkmal der Rhythmischen Gymnastik, verliert in der Jazzgymnastik an Bedeutung zugunsten von isolierten Teilkörperbewegungen oder Bewegungen einzelner Körperteile gegeneinander. Abrupte Bewegungen, Bewegungsunterbrechungen durch Halten in Verbindung mit Ganz- oder Teilkörperspannungen sind als weitere typische Merkmale anzusehen.

Die Jazzgymnastik hat in den 70er Jahren als eine attraktive Variante der Gymnastik auch Eingang in die Schule gefunden und spricht erfahrungsgemäß auch die Jungen im koedukativen Unterricht an. Sie beabsichtigt vielseitige Bewegungsbildung bis hin zur Bewegungsgestaltung als Nachgestalten und kreatives Gestalten von Tanzfolgen in Gruppen, aber berücksichtigt auch Aufgabenbereiche der Körperbildung durch die Übernahme einfacher Formen aus dem Isolationstraining des Jazz-Dance.

Trainingsgymnastik

Bei der Trainingsgymnastik lassen sich zur Zeit drei unterschiedliche Ausrichtungen erkennen:

1. Sportartspezifische Trainingsgymnastik (Zweckgymnastik)

Hierbei handelt es sich um eine bewegungsspezifische Körperschulung zur konditionellen und bewegungsmäßigen Vorbereitung auf das Erlernen und Üben von Bewegungsfertigkeiten in bestimmten Sportarten und zur Leistungssteigerung in diesen Bereichen. Die Ziele werden mit Hilfe von gymnastischen Grundformen und körperbildenden Übungen angesteuert. Anwendungsformen sind u.a. die Skigymnastik, Gymnastik für den Hürdenläufer, den Turner, den Schwimmer, den Hochspringer.

2. Allgemeine Konditionsgymnastik

Diese Gymnastik ist nicht auf bestimmte Sportarten zugeschnitten, sondern hat eine allgemeine Verbesserung des Eigenschaftsniveaus durch Training, d.h. durch planmäßiges

Üben unter leistungsfördernden Bedingungen (vgl. Röthig, 1992[6], S. 243) zum Ziel.

3. Aerobic-Gymnastik

Diese neue Spielart der Gymnastik, die 1982 als eine Modewelle aus den USA nach Europa kam, hat insbesondere durch private Gymnastikstudios auch bei uns sehr schnelle Verbreitung gefunden. Sie wird seit 1983 auch durch den Deutschen Turnerbund gefördert.

Mit dieser Form von Fitness-Gymnastik, die beide Geschlechter aktiviert hat, wird in erster Linie die Verbesserung der Organleistungsfähigkeit im Sinne aeroben Dauerleistungstrainings angestrebt. Aerobisches Bewegungstraining stellt eine Weiterentwicklung der ebenfalls aus Amerika importierten „Jogging-Idee“ dar, die auf den amerikanischen Arzt Kenneth Cooper zurückgeht.

Über die Ausdauerschulung hinaus sollen aber auch andere motorische Eigenschaften wie Kraft, Beweglichkeit und koordinative Fähigkeiten entwickelt werden (vgl. Mildenberger-Schwirtz, 1983, S. 8), während die Formung der Bewegung keine Berücksichtigung findet.

In der Anfangsphase der Aerobic-Gymnastik wurden vorwiegend die bekannten gymnastischen Grundformen Laufen, Hüpfen, Federn sowie Springen und herkömmliche körperbildende Übungen verwendet, die vielfach durch Übungsformen aus dem Isolationstraining des Jazz-Dance ergänzt wurden.

Wie sich sehr bald zeigte, stellten die hauptsächlich am Ort durchgeführten intensiven Hüpf-, Lauf- und Federkombinationen eine ausgesprochen hohe Gelenkbelastung dar. Darüber hinaus erwies sich häufig der Grad der konditionellen Belastung vor allem für weniger gut Trainierte als ungeeignet.

Die ursprüngliche Idee der Aerobic-Gymnastik ist geblieben, allerdings findet in der Regel in dem jeweiligen Programm der Trainingszustand der Übenden Berücksichtigung, und die belastenden Übungen sind durch weniger anstrengende Grundformen, wie z. B. Gehen, ersetzt worden (vgl. Groos u. Rothmaier, 1991). Disco-Musik wird als Mittel der Aktivierung und Motivation eingesetzt, häufig ergänzt durch 'anfeuernde' stimmliche Führung. Als Organisationsform wird ausschließlich der Frontalunterricht gewählt, das Üben vollzieht sich in Form des Vormachens und Nachmachens.

Pflegerische Gymnastik

Unter diesem Oberbegriff werden solche Formen der Gymnastik zusammengefaßt, die den gesundheitlich-funktionellen Aspekt betonen (Röthig, 1992[6], S. 193), in denen einmal die aktive Gesundheitsvorsorge, zum anderen der Ausgleich von bereits vorhandenen Organ- und Muskelschwächen durch gezielte Körper- und Bewegungsschulung im Vordergrund stehen.

Spezialgebiete der Pflegerischen Gymnastik sind u. a. die Korrektive Gymnastik, die Organgymnastik, die Kurgymnastik, die Säuglingsgymnastik oder aber in stärkerer medizinischer Ausrichtung die Heil- und Krankengymnastik.

Für den Bereich Schule hat die Pflegerische Gymnastik in Form „Korrektiver Gymnastik“ zum Ausgleich von Haltungs- und Fußschwächen im Rahmen des Schulsonderturnens Bedeutung.

2. Die Lernziele der Gymnastik im Rahmen des Sportunterrichts in der Schule

In allen Fächern des Schulsports hat sich zum gegenwärtigen Zeitpunkt für die Darstellung der sportartspezifischen Lernziele eine Einteilung in drei Lernzielbereiche durchgesetzt, und zwar in den motorischen, kognitiven und sozial-affektiven.

Der motorische Lernzielbereich umfaßt die Entwicklung von sportmotorischen Fertigkeiten und von koordinativen und konditionellen Fähigkeiten, also Zielsetzungen im Bereich der Bewegungsbildung und der Körperbildung.

Im kognitiven Lernzielbereich geht es um den Erwerb von sportartspezifischen Kenntnissen und Einsichten und im sozial-affektiven Bereich um die Entwicklung von Einstellungen und Verhaltensweisen.

Obwohl damit eine klare Abgrenzung nicht immer möglich ist, da affektive, kognitive und motorische Funktionen die Handlungen wechselseitig beeinflussen, erscheint diese Gliederung übersichtlich und ermöglicht bei der Zielfestlegung Schwerpunktsetzungen (siehe auch Rahmenplan Berlin, 1993/94).

Die Zielsetzungen im Hinblick auf die Bewegungsbildung beziehen sich in jeder Disziplin auf die sportartspezifischen Fertigkeiten, ihre Erarbeitung, qualitative Ausprägung und Anwendung. In der Gymnastik handelt es sich um die Grundformen und die Fertigkeiten mit Handgeräten. Mit der Arbeit an der Bewegung lassen sich gleichzeitig koordinative Fähigkeiten wie rhythmische Anpassung, räumliche Orientierung und durch die vielfältigen Möglichkeiten im Umgang mit den Handgeräten insbesondere die Geschicklichkeit schulen.

Im Bereich der Körperbildung, in dem die Erhaltung der Gesundheit und die Förderung der allgemeinen körperlichen Leistungsfähigkeit im Vordergrund stehen, ergeben sich bei der Entwicklung des Eigenschaftsniveaus disziplinspezifische Akzentuierungen. Bedingt durch die Mittel der Gymnastik können vor allem die Schulung von Kraft und Beweglichkeit und die gezielte Arbeit am Haltungsaufbau angesprochen werden. Darüber hinaus bewirken spezielle Arbeitsweisen, z. B. das Üben in rhythmischen Reihen in progressiv ansteigenden Folgen unter hoher dynamischer Beanspruchung des Organismus, die Steigerung der allgemeinen Ausdauer und der lokalen Muskelausdauer.

Im kognitiven Bereich gilt das Prinzip des bewußten Lernens. Hier konzentrieren sich die Zielsetzungen auf den Erwerb von Kenntnissen über die Struktur der Bewegung, ihre Anwendung, Beurteilung und ihre Wirkung auf den Organismus.

Die Ziele im sozial-affektiven Bereich stellen sich in der Gymnastik vielseitiger und ausgeprägter dar als in anderen Sportarten, da viele Disziplinen aufgrund ihrer besonderen Bedingungen weniger Spielraum für die Anregung der Kreativität und der Bewegungsphantasie und für die Förderung von Partner- und Gruppenarbeit bieten.

Der folgende Lernzielkatalog enthält zusammenfassend die allgemeinen fachspezifischen Lernziele der Gymnastik nach dem zuvor beschriebenen Gliederungskonzept:

1. Sportmotorischer Lernzielbereich

1.1 Entwicklung des Fertigkeitsniveaus

Bewegungsbildung

durch Erweiterung und qualitative Ausprägung des Fertigkeitsbestandes beim Erlernen und Üben von gymnastischen Grundformen und gerätespezifischen Bewegungsfertigkeiten,

durch Anwendung von gymnastischen Bewegungselementen in Bewegungsverbindungen und Bewegungsgestaltungen,

durch Verbesserung der koordinativen Fähigkeiten, unter anderem der rhythmischen Anpassungsfähigkeit, der Geschicklichkeit und der Kombinationsfähigkeit.

1.2 Entwicklung des Eigenschaftsniveaus

Körperbildung

Förderung der allgemeinen körperlichen Leistungsfähigkeit und des Haltungsaufbaues durch planmäßige Entwicklung motorischer Eigenschaften mit folgenden Schwerpunkten:

Kraft, insbesondere Fuß-, Bein- und Rumpfkraft,

Ausdauer, allgemeine Ausdauer und lokale Muskelausdauer,

Beweglichkeit der Wirbelsäule in allen Abschnitten, der Füße, des Schulter- und Hüftgelenks.

Das Ergebnis der durchgeführten Analyse begründet die in den folgenden Ausführungen vorgenommene Auswahl der Themenbereiche und des Schwierigkeitsgrades der Bewegungselemente, Variationen und Bewegungsverbindungen. Behandelt werden alle sechs Grundformen und die Fertigkeiten mit den Handgeräten Ball, Reifen, Band, Keule und Schleuderball, jedoch wird auf die beiden letztgenannten Handgeräte nur in Zusammenhang mit dem Schwingen eingegangen.

2. Kognitiver Lernzielbereich

Vermittlung von Kenntnissen

über den Ablauf von Bewegungen (Bewegungsmerkmale der gymnastischen Fertigkeiten),

über die Wirkung von Bewegungen auf den Organismus, über die Möglichkeiten der Bewegungsvariation und den Aufbau von Bewegungsgestaltungen,

über die Möglichkeiten der Umsetzung rhythmischer Vorgaben in Bewegung,

über die Möglichkeiten der Ausübung der Sportart Gymnastik im außerschulischen Bereich.

Entwicklung von Fähigkeiten

im Beobachten von Bewegungsabläufen,

im Vergleichen und Beurteilen von Bewegungsleistungen,

im Verändern von Bewegungsabläufen unter Beachtung von Zeit, Raum, Rhythmus und Form,

im Aufnehmen von Rhythmen und im Umsetzen von Rhythmen in Bewegung,

im akustischen Unterstützen von Bewegungen.

3. Sozial-affektiver Lernzielbereich

Entwicklung von Einstellungen

Interesse an einer möglichen „Life-time"-Sportart wecken,

Freude an der geformten Bewegung entwickeln.

Entwicklung von kreativen Fähigkeiten

durch Ansprechen der Bewegungsphantasie mit Bewegungsaufgaben,

durch Finden neuer Spielformen mit Handgeräten,

durch selbständiges Finden von einfachen Bewegungsverbindungen,

durch räumliches oder rhythmisches Verändern vorgegebener Bewegungsfolgen,

durch selbständiges Lösen von Gestaltungsaufgaben.

Entwicklung von kooperativen Fähigkeiten

durch Anpassung an Partner oder Gruppe beim Ausführen von Bewegungsfolgen,

durch Zusammenarbeit bei der Lösung von Bewegungsaufgaben,

durch Zusammenarbeit in der Gruppe bei der Gestaltung von Bewegungsverbindungen und Bewegungsfolgen.

3. Die Lehrinhalte der Gymnastik in der Sekundarstufe

Die Lehrinhalte des Gymnastikunterrichts, wie sie in den Rahmenrichtlinien der Bundesländer dargestellt werden, lassen eine weitgehende Übereinstimmung mit den Inhalten der Rhythmischen (Modernen) Gymnastik erkennen. Die in der allgemeinen Gymnastikliteratur (vgl. Metzger, 1970; Medau u. Roedenbeck, 1957[3]; Erbguth, 1958 und „Wesen der Aufgaben der deutschen Gymnastik", 1935) vorgenommene Systematisierung hat somit auch Gültigkeit für die schulische Gymnastik. In der Regel wird eine Aufgliederung in drei Bereiche vorgenommen:

1. Grundformen

Gehen Laufen Hüpfen Springen Federn Schwingen	Diese vier Grundformen sind von Grundtätigkeiten (Brauchformen) abgeleitete Bewegungsformen, die in vielfältiger Weise geübt, variiert, kombiniert und gestaltet werden. Federn und Schwingen sind Schulungsformen zur Ausbildung der in allen ganzheitlichen Bewegungen enthaltenen Elemente des „Schwingens" und „Federns", die die Qualität der Bewegungen wesentlich mitbestimmen und sich in Bewegungsfluß und Bewegungselastizität äußern.

2. Bewegungsformen mit Handgeräten

Ball Reifen Seil Band Keule Stab	Es handelt sich um Grundformen, die unter veränderten Bedingungen angewandt werden, und um gerätespezifische Fertigkeiten wie Prellen, Rollen, Werfen und Fangen, Zwirbeln und Rotieren.

3. Körperbildende Übungen mit und ohne Gerät

Körperbildende Übungen sind Dehnungs-, Kräftigungs- und Lockerungsübungen, die zur gezielten Ausbildung einzelner Muskelgruppen und zur Verbesserung der Beweglichkeit in einzelnen Gelenken eingesetzt werden und damit zur Entwicklung von physischen Leistungsgrundlagen und zur Förderung des Haltungsaufbaus beitragen können. Diese Übungsformen stellen eine Ergänzung zu den unter 1. u. 2. aufgeführten Inhalten dar, mit denen auch körperliche Ziele, allerdings in komplexerer Form, angesteuert werden können.

Diese gymnastischen Inhalte werden in fast allen Rahmenrichtlinien ergänzt durch Inhalte aus dem Tanz (Folklore, Jazz, moderner Tanz). Lediglich Hessen klammert die tänzerischen Elemente aus und faßt sie in einem eigenständigen Lehrbereich Tanz zusammen.

Eine ausgesprochene Ausnahmestellung nimmt der Rahmenplan von Nordrhein-Westfalen ein, in dem der Tanz auch im Sinne von darstellendem Spiel und Tanztheater neben gymnastischen Inhalten eine dominierende Rolle spielt.

In den folgenden Ausführungen wird der Tanz nicht mitberücksichtigt, sondern nur die in der vorstehenden Systematik aufgeführten Bereiche. Wenn man sich der Frage zuwendet, welche Inhalte auf welcher Altersstufe angesprochen werden können, so läßt sich anhand der amtlichen Vorgaben feststellen, daß in der Grundschule im wesentlichen einfache gymnastische Inhalte wie Laufen, Hüpfen und leichte Sprünge sowie das Sammeln von Bewegungserfahrungen mit Handgeräten die Themenauswahl bestimmt, während für die Sekundarstufe alle genannten Inhalte der Gymnastik geeignet sind.

Eine vergleichende Betrachtung neuerer, seit 1976 veröffentlichter Rahmenrichtlinien verschiedener Bundesländer für die

Sekundarstufe ergibt ein ziemlich einheitliches Bild in der Gliederung der Themenvorschläge. Die Einteilung erfolgt in der Regel nach zu erarbeitenden Grundformen und Fertigkeiten mit Handgeräten. In den Themenvorschlägen werden übereinstimmend alle sechs Grundformen erfaßt, wobei allerdings das Schwingen in den Rahmenrichtlinien von Rheinland-Pfalz und Bayern nur in Verbindung mit Handgeräten genannt wird.

Im Bereich der Fertigkeiten mit Handgeräten sind Aufgaben mit Ball, Reifen und Seil ausnahmslos, mit Band und Keule aber nicht durchgängig vorgesehen. Über die erwähnten Handgeräte hinaus erscheint vereinzelt der Stab (Nordrhein-Westfalen, Hamburg) vorwiegend als Hilfsmittel für die Schwungschulung, aber auch als Möglichkeit zum Balancieren und Werfen und Fangen in den Inhaltsvorschlägen.

In den amtlichen Vorgaben einiger Bundesländer werden die Lehrinhalte als Grobübersicht, in anderen in detaillierterer Form dargestellt, d. h. unter Berücksichtigung von Variationen und Kombinationen der Grundformen und gerätespezifischen Fertigkeiten. Mit der Absicht, eine bessere Orientierung zu ermöglichen, sind im folgenden die durch die Analyse ermittelten Lehrinhalte in tabellarischer Übersicht zusammengefaßt worden, wobei die differenzierten Angaben in den Rahmenrichtlinien zugrunde gelegt wurden.

Grundformen

Gehen	Laufen	Hüpfen
– vorwärts – rückwärts – seitwärts	federndes Laufen raumgreifendes Laufen – vorwärts – rückwärts – seitwärts	Hüpfer vorwärts und rückwärts Seitgalopp Hochhüpfer Schlußhüpfer gestreckter Hüpfer

– auf verschiedenen Raumwegen:
  auf Geraden
  in Kurven
  in Kreisen
  auf dem Raumweg des Vierecks
  auf dem Raumweg der Acht

Beispiele für Bewegungsverbindungen:

– Verbindung von unterschiedlichen Formen des Laufens (Gehens, Hüpfens)
  z. B. Laufen (Gehen, Hüpfen) vorwärts, rückwärts und seitwärts
– Verbindung von Laufen (Hüpfen, Gehen) mit anderen Bewegungselementen
  z. B. Laufen und Hüpfen
  Laufen und Drehen
  Gehen und Drehen
– Verbindung von Gehen, Hüpfen, Laufen mit Bewegungselementen mit Handgeräten
  z. B. Laufen (Gehen), dabei Reifen rollen
  Ball werfen und fangen
  Seil schwingen
  Seitgalopp, dabei Band schwingen
  Hüpfen vorwärts und rückwärts, dabei Ball prellen

Sozialformen: allein

→

Springen	**Federn**	**Schwingen**
Schlußsprung Hocksprung Grätschsprung Strecksprung Schrittsprung Pferdchensprung Schersprung – vorwärts – rückwärts Anschlagsprung – vorwärts – seitwärts Spreizsprung – vorwärts – rückwärts – seitwärts 1/2 Drehsprung 1/1 Drehsprung	Schlußfederung als einfache Federung als Doppelfederung Wechselfederung als einfache Federung – am Ort – vorwärts – rückwärts – seitwärts als Doppelfederung – vorwärts – rückwärts – seitwärts – auf verschiedenen Raumwegen – (siehe Gehen, Laufen, Hüpfen)	Armschwünge einarmig Armschwünge beidarmig – Parallelarmschwünge Gegenarmschwünge Mühlarmschwünge als Umkehr-, Kreis- u. Achterschwünge – in allen Ebenen Rumpfschwünge als Tiefhochschwünge als Umkehr und Kreisschwünge – in Horizontal- und Frontalebene
– Verbindung unterschiedlicher Sprungformen – Verbindung von Laufen und Springen, Gehen und Springen, Schrittsprünge und Kreisen des Seiles	– Verbindung von einfacher Federung und Doppelfederung – Verbindung von Federn am Ort und Federn in der Fortbewegung (einfache Federungen und Doppelfederungen) – Federn in der Fortbewegung mit Drehungen	– Verbindung unterschiedlicher Schwungformen – Verbindung unterschiedlicher Schwungebenen – Verbindung von Schwungformen mit Drehungen
mit einem Partner	in einer Gruppe	

←

Bewegungsfertigkeiten mit Handgeräten

Ball	Reifen	Seil
Prellen einhändig beidhändig – am Ort einhändig in Fortbewegung – vorwärts – rückwärts beidhändig in Fortbewegung (Seitgalopp) in verschiedenen Rhythmen mit zwei Bällen **Rollen** vorwärts und rückwärts an der Körperseite um den Körper herum nach links u. recht vor dem Körper in Schluß- oder Grätschstellung – am Ort in Fortbewegung – vorwärts – rückwärts – seitwärts	**Rollen** vor dem Körper nach rechts und links – am Ort in der Fortbewegung – vorwärts – rückwärts – seitswärts **Werfen und Fangen** Hochwurf – einhändig mit Anschwung an der Körperseite i– beidhändig vor dem Körper Reifen senkrecht Reifen waagerecht Bogenwurf seitlich über den Kopf – am Ort – mit seitlichen Überstellschritten Bogenwurf in der Fortbewegung – vorwärts – rückwärts	**Laufen** mit Seildurchschlag in unterschiedlichen Rhythmen – vorwärts – rückwärts **Springen** Schlußsprünge mit Seildurchschlag vorwärts (rückwärts), mit Kreuzen der Arme, mit und ohne Nachfedern Schrittsprung mit Seildurchschlag vorwärts Pferdchensprünge mit Seildurchschlag vorwärts **Hüpfen** Hüpfer vorwärts mit Seildurchschlag vorwärts gestreckter Hüpfer mit Seildurchschlag vorwärts Seitgalopp mit Seildurchschlag vorwärts (rückwärts)

Werfen und Fangen Hochwurf einhändig beidhändig Bogenwurf seitlich über den Kopf – am Ort Bogenwurf seitlich über den Kopf mit seitlichen Überstellschritten Bogenwurf in der Fortbewegung – vorwärts – rückwärts **Schwingen** Umkehrschwünge in der Sagittalebene in der Frontalebene Rumpftiefschwünge Kreisschwünge in der Frontalebene in der Sagittalebene in der Horizontalebene (auch als Spiralschwünge)	**Schwingen** Umkehrschwünge in der Sagittalebene in der Frontalebene in der Horizontalebene Kreisschwünge in der Sagittalebene in der Frontalebene in der Horizontalebene Achterschwünge in der Sagittalebene in der Frontalebene in der Horizontalebene (Spiralschwünge) **Handumkreisen** in unterschiedlichen Ebenen	**Federn** einfache Federung vorwärts mit Seildurchschlag vorwärts Doppelfederung vorwärts mit Seildurchschlag **Schwingen** Umkehrschwünge mit einhändig und beidhändig gefaßtem Seil in der Sagittalebene in der Frontalebene Kreisschwünge mit einhändig und beidhändig gefaßtem Seil in der Sagittalebene in der Frontalebene in der Horizontalebene Achterschwünge mit einhändig und beidhändig gefaßtem Seil in der Sagittalebene in der Frontalebene in der Horizontalebene (Spiralschwünge) **Werfen und Fangen** Hochwürfe aus vertikalen Kreisschwüngen heraus

Beispiele für Bewegungsverbindungen

Ball	Reifen	Seil
Verbindung unterschiedlicher Prellformen z. B. einhändig und beidhändig Verbindung unterschiedlicher Formen des Werfens und Fangens, z. B. einhändig und beidhändig oder Bogenwurf und Hochwurf Verbindung von Rollen, Werfen und Fangen und Prellen Verbindung der Fertigkeiten mit dem Ball und anderen Grundformen z. B. Laufen, Gehen, Hüpfen mit Rollen, Prellen usw. Schwingen des Balles mit Schrittelementen	Verbindung unterschiedlicher Formen des Rollens Verbindung unterschiedlicher Formen des Werfens und Fangens Verbindung unterschiedlicher Formen des Schwingens Verbindung von Rollen und Werfen und Fangen – Rollen und Schwingen Verbindung von Fertigkeiten mit dem Reifen und anderen Grundformen, z. B. Laufen, Gehen, Federn und Rollen des Reifens Überspringen des rollenden Reifens Bogenwurf über den Kopf mit Schrittelementen Sprünge durch den Reifen (Hocksprung und Pferdchensprung)	Verbindung unterschiedlicher Formen des Laufens, z. B. vorw. u. rückw. des Springens, z. B. Schlußsprünge mit und ohne Nachfedern des Hüpfens, z. B. gestreckter Hüpfer und Seitgalopp des Federns, z. B. einfache Federung vorw. u. Doppelfederung vorw. des Schwingens, z. B. Umkehrschwünge und Kreisschwünge Verbindung von unterschiedlichen Fertigkeiten mit dem Seil, z. B. Springen und Laufen mit Seildurchschlag oder Schwingen und Werfen und Fangen des Seiles oder Laufen mit Seildurchschlag und Drehungen
Sozialformen: allein	mit einem Partner	in einer Gruppe

Band	Keule (* Schleuderball)	Seil
Spiralen in verschiedenen Ebenen – am Ort – in der Fortbewegung	**Schlagen von Rhythmen** auf den Boden gegen Keulen	**Werfen und Fangen** Hochwurf mit beidhändig gefaßtem Stab Bogenwurf mit beidhändig gefaßtem Stab
Schlangen in verschiedenen Ebenen – am Ort – in der Fortbewegung	**Werfen und Fangen** Hochwurf mit einhändig und beidhändig gefaßter Keule Bogenwurf mit beidhändig gefaßter Keule in der Fortbewegung	**Balancieren** – am Ort – in der Fortbewegung
Schwingen Umkehrschwünge in der Sagittalebene in der Frontalebene (durch die Tiefe, über die Höhe) in der Horizontalebene Kreisschwünge in der Frontalebene in der Sagittalebene in der Horizontalebene Achterschwünge mit einhändig und beidhändig gefaßtem Band in der Sagittalebene in der Horizontalebene (Spiralschwünge) mit einhändig gefaßtem Band in der Frontalebene	**Schwingen** Armschwünge als Umkehrschwünge in der Sagittalebene* in der Frontalebene* Armschwünge als Kreis oder Achterschwünge in der Sagittalebene* in der Frontalebene* Rumpfschwünge als Umkehrschwünge mit und ohne Aufschlagen der Keule auf den Boden in der Frontalebene (mit ein- und beidhändig gefaßter Keule) in der Sagittalebene	**Schwingen** mit einhändig gefaßtem Stab als Umkehrschwünge in der Sagittalebene in der Frontalebene als Kreisschwünge in der Sagittalebene in der Frontalebene als Achterschwünge in der Sagittalebene in der Frontalebene in der Horizontalebene mit beidhändig gefaßtem Stab als Umkehrschwünge in der Sagittalebene in der Frontalebene in der Horizontalebene als Kreisschwünge und Rumpfschwünge

Beispiele für Bewegungsverbindungen

Band	Keule	Stab
Verbindung unterschiedlicher Formen von Spiralen, z.B. stehende und liegende Spiralen Verbindung unterschiedlicher Formen von Schlangen, z.B. Schlangen am Ort und in Fortbewegung Verbindung unterschiedlicher Elemente mit dem Band, z.B. Kreisschwünge und Achterschwünge oder Schwünge und Spiralen oder Kreisschwünge in verschiedenen Ebenen Verbindung von Bewegungsfertigkeiten mit dem Band und anderen Grundformen, z.B. Laufen rückwärts und Spiralen oder Schlangen oder Hüpfen seitwärts und Kreisschwünge oder Pferdchensprünge und Kreisschwünge	Verbindung von unterschiedlichen Formen des Schlagens, z.B. gegen eine andere Keule und auf den Boden Verbindung von unterschiedlichen Formen des Schwingens, z.B. Umkehrschwünge und Kreisschwünge* oder Umkehrschwünge und Tiefhochschwünge mit Aufschlagen der Keule Verbindung von unterschiedlichen Fertigkeiten mit der Keule, z.B. Schwingen und Schlagen der Keule auf den Boden oder Schwingen und Werfen und Fangen	Verbindung von unterschiedlichen Formen des Werfens und Fangens, z.B. Hochwurf und Bogenwurf vorwärts Verbindung von unterschiedlichen Formen des Schwingens, z.B. Umkehrschwünge und Achterschwünge Kreisschwünge und Spiralschwünge in der Horizontalebene Verbindung von unterschiedlichen Fertigkeiten mit dem Stab, z.B. Schwingen und Werfen und Fangen Verbindung von unterschiedlichen Fertigkeiten mit dem Stab und anderen Grundformen. z.B. Werfen und Fangen und Drehen Schwingen und Gehen
Sozialformen: allein	mit Partner	in einer Gruppe

4. Zum methodischen Weg in der Gymnastik

Grundsätzlich unterscheidet sich das methodische Vorgehen in der Gymnastik nicht von dem in anderen Bereichen des Schulsports.

Ausgehend vom Sammeln vielfältiger Bewegungserfahrungen und dem Schaffen einer breiten Bewegungsgrundlage führt der Weg über das planmäßige Erlernen und Ausprägen sportartspezifischer Bewegungstechniken durch variiertes Üben zur vielseitigen Anwendung der beherrschten Bewegungselemente im Sinne des Leistens und Gestaltens. Bedingt durch die spezifischen Lehrinhalte und unter Berücksichtigung der Lernziele der Gymnastik in der Schule ergeben sich jedoch disziplinspezifische Akzentuierungen, die mit Hilfe des folgenden methodischen Strukturbildes verdeutlicht werden sollen, das sich an herkömmliche Lehrstufenmodelle anlehnt (Meinel u. Schnabel, 1987; Fetz, 1979; Heymen u. Leue, 1992), aber bereits fachspezifische Besonderheiten hervorhebt. (Siehe S. 23).

Disziplinspezifische Besonderheiten ergeben sich aus der Tatsache, daß gymnastische Bewegungsschulung zum Teil auf bereits aus dem Alltagsleben beherrschten Brauchformen wie Gehen, Laufen, Hüpfen aufbaut. Bei der Schulung dieser Grundformen ist eine Phase des Vorbereitens nicht erforderlich, weil Bewegungserfahrungen vorliegen und somit direkt mit einer Überformung der Bewegung unter Berücksichtigung der in der Gymnastik angestrebten Bewegungsmerkmale begonnen werden kann. Dort allerdings, wo es um das Neuerlernen von Bewegungstechniken geht, wie zum Beispiel bei schwierigeren Sprüngen oder beim Erlernen von Bewegungsfertigkeiten mit Handgeräten, muß die Vorbereitungsphase auch in der Gymnastik Beachtung finden.

In der Stufe der Erarbeitung werden häufig direkte Verfahren Anwendung finden können, weil die relativ einfachen Bewegungsstrukturen ein Erlernen auf „Anhieb" ermöglichen. Bei schwierigeren Elementen, zum Beispiel Anschlagsprüngen, Drehsprüngen, Schrittsprüngen, oder der Erarbeitung einer elementaren Schulungsform wie Federn, bekommen indirekte Verfahren im Sinne von methodischen Reihen Bedeutung.

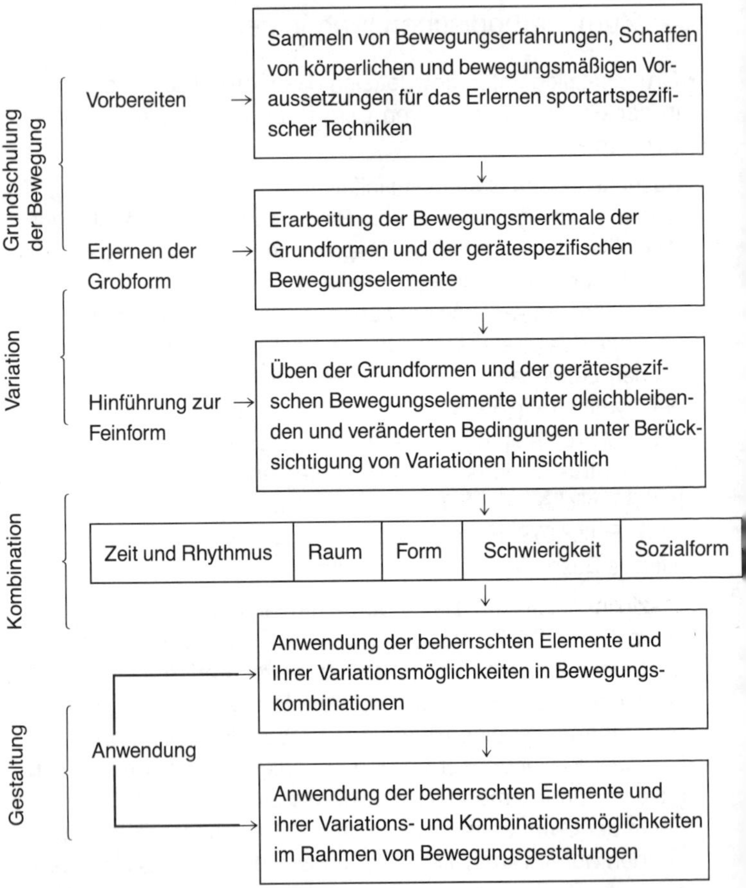

In der Regel wird man jedoch davon ausgehen können, daß die Phase des Erlernens einen geringeren zeitlichen Umfang einnimmt als in anderen Sportarten. Hinzu kommt, daß die gymnastische Bewegung sich zwar auch an vorgegebenen Normen orientiert, diese aber in der Regel schneller erreichbar sind.

Aufgrund der genannten Gesichtspunkte ist der Schwerpunkt der gymnastischen Bewegungsschulung in der Phase des Übens und Anwendens zu sehen, wobei die Möglichkeiten des Übens unter variierten Bedingungen hier außerordentlich vielfältig sind. Die in der Grafik aufgeführten Variationen lassen sich mit Hilfe folgender Beispiele darstellen:

1. **Variieren der Bewegungselemente durch räumliche Veränderungen**

   Beispiele: Laufen vorwärts, rückwärts, seitwärts,
   Laufen in Kurven, Kreisen, Achten, Spiralen;
   Bogenwurf nach vorn, Bogenwurf über den Kopf.

2. **Variieren der Bewegungselemente durch rhythmische Veränderungen**

   Beispiele: Veränderungen des Tempos
   – schneller – langsamer – dynamischer laufen.
   Gliederung der Bewegung durch Setzen von Akzenten
   – Hüpfer, Hüpfer, **Hupf**,
   Schritt, Schritt, Schritt, Schritt.
   Wechsel von langsamer und schneller Bewegungsausführung in regelmäßiger Folge, zum Beispiel beim Prellen
   – lang, lang, kurz, kurz, lang.

3. **Variieren der Bewegungselemente durch Veränderung der Form**

   Beispiele: Hüpfer → Hochhüpfer
   Schrittsprung → Schrittsprung mit Anschlag
   Federndes Laufen → raumgreifendes Laufen
   Beidhändiges Prellen → einhändiges Prellen.

4. Variieren der Bewegungselemente durch Erschweren der Bedingungen

Beispiele: Hinzunahme eines Gerätes,
Wechsel des Gerätes

Schwingen mit der Keule, mit dem Ball, mit dem Reifen, mit dem Seil, mit dem Band.

Laufen mit dem Reifen, mit dem Seil, durch den Reifen.

Prellen mit einem Ball, mit zwei Bällen, mit dem Medizinball.

5. Variieren der Bewegungselemente durch Veränderung der Sozialform

Beispiele: **Laufen** mit einem Partner, Laufen in der Vierergruppe.

Prellen mit dem Ball im Zusammenspiel mit einem Partner, im Zusammenspiel in der Kleingruppe.

Schwingen und Springen mit dem Seil im Zusammenspiel mit Partner und Gruppe.

Das Üben unter vielfältig variierten Bedingungen ermöglicht eine intensive Auseinandersetzung und damit eine weitere Ausprägung und Stabilisierung der Bewegung. Die mit zunehmender Bewegungsbeherrschung erreichte freiere Verfügbarkeit der Bewegungselemente bildet die Voraussetzung für die Anwendung in Bewegungskombinationen.

Die nachfolgenden Beispiele sollen Formen der **Bewegungskombination** verdeutlichen:

1. **Verbindung von verschiedenen Grundformen oder gerätespezifischen Elementen ohne festgelegte Folge**

   Beispiele: Überführen von **Gehen** in **Laufen**
   von **Laufen** in **Hüpfen**
   von **Gehen** in **Hüpfen**

2. **Verbindung von verschiedenen Variationen einer Grundform oder eines gerätespezifischen Elementes in bestimmter Folge**

   Beispiele:
   - 4 Schlußhüpfer am Ort,
     4 Schlußhüpfer seitwärts nach rechts und links im Wechsel;
   - 8 Schlußhüpfer am Ort,
     4 Galopphüpfer nach rechts,
     4 Galopphüpfer nach links;
   - 2 Schlußsprünge mit Nachfedern mit dem Seil,
     4 Schlußsprünge ohne Nachfedern;
   - 4 beidhändige Preller am Ort,
     4 beidhändige Preller in Verbindung mit Seilgalopp;
   - 2 Doppelfederungen vorwärts,
     4 einfache Federungen vorwärts.

3. **Verbindung von zwei Grundformen oder gerätespezifischen Elementen in einer festgelegten Folge**

   Beispiele:
   - Hüpfer, Hüpfer, lauf, lauf, lauf, lauf;
   - Prellen – Fangen,
     Prellen – Fangen,
     Rollen zum Partner,
     Rollen zum Partner;
   - 4 Schlußsprünge mit dem Seil mit Nachfedern,
     2 Sagittalachterschwünge.

4. Verbindung mehrerer Grundformen oder gerätespezifischer Elemente in einer festgelegten Folge

Beispiele:
- Hochwurf – Fangen,
  Bogenwurf zum Partner,
  Rollen zum Partner,
  Rollen zum Partner;
- 4 Schlußsprünge mit dem Seil mit Seilkreis vorwärts;
  2 Achterschwünge vorwärts, 1/2 Drehung,
  2 Achterschwünge rückwärts,
  4 Schlußsprünge mit Seilkreis rückwärts,
  2 Achterschwünge rückwärts, 1/2 Drehung,
  2 Achterschwünge vorwärts usw.

Bewegungskombinationen können vom Lehrer vorgegeben, aber auch von den Schülern in Einzel-, Partner- oder Kleingruppenarbeit selbst gefunden werden. Somit werden auf dieser Stufe des Anwendens bereits gestalterische Fähigkeiten angesprochen und dabei über den motorischen Lernzielbereich hinausgehende Zielsetzungen, wie die Entwicklung von Kreativität, Bewegungsphantasie, Improvisationsfähigkeit und Kooperationsfähigkeit, verwirklicht.

In der vorliegenden Grafik wird deshalb auch die Anwendung von beherrschten Elementen in Bewegungskombinationen und im Rahmen der Bewegungsgestaltung in engem Zusammenhang dargestellt. Es soll dadurch erkennbar werden, daß die Übergänge zwischen diesen beiden Ebenen der Anwendung fließend zu sehen sind.

Bewegungsgestaltung kann definiert werden als die Anwendung beherrschter Bewegungselemente unter bewußter Ausnutzung ihrer Variations- und Kombinationsmöglichkeiten bei der Entwicklung eines neuen, wiederholbaren Bewegungsspiels, einer Bewegungskomposition. Das Bewegungsspiel weist im Gegensatz zur Bewegungskombination eine in sich geschlossene, meist mehrteilige Form auf.

Hierbei kann ein **Bewegungsmotiv**
zum Beispiel:
- 4 schnelle Preller;
- 2 Preller mit anschließendem Fangen;
- 1 starker Preller mit anschließendem Fangen

oder ein **rhythmisches Motiv** (Vgl. S. 39) zugrunde gelegt und ausgestaltet werden, oder mehrere Motive können miteinander verbunden werden. Auch ein einfach strukturiertes Musikstück kann Grundlage einer Bewegungsgestaltung sein.

Für die Bewegungsgestaltung in der Schule eignen sich Strukturen, die leicht überschaubar sind, zum Beispiel 2teilige, 3teilige oder 5teilige Formen, wie

AB-Form (siehe Prellspiel im Kreis, S. 179),
ABC-Form (siehe Werfen und Fangen, S. 194),
ABA-Form,
ABACA-Form.

In Anlehnung an den Aufbau einfacher Volkslieder bietet sich innerhalb der einzelnen Teile eine Strukturierung in 4taktigen oder 8taktigen Perioden an (Beispiel: Hüpfspiel, S. 96).

Bei der Bewegungsgestaltung kann entweder das Ergebnis, d.h. die Bewegungskomposition und ihre Ausformung, stärker im Vordergrund stehen oder aber der Prozeß des Gestaltens selbst. Einmal geht es um das Erlernen und Ausprägen vorgegebener Bewegungskompositionen, z.B. Pflichtübungen, Tänze, vom Lehrer entwickelte Bewegungsspiele. Bei dieser Form des Gestaltens – man könnte hier besser von Nachgestalten sprechen – liegen die Zielsetzungen primär im Bereich der Bewegungsoptimierung, im Erreichen einer guten Bewegungsqualität. Bei dem anderen Aspekt der Gestaltung kann es sich z.B. um die gemeinsame Entwicklung kleiner Bewegungskompositionen handeln. Der Lehrer bleibt dabei führend, aber Bewegungseinfälle der Schüler werden angeregt und mit einbezogen. Das Bewegungsspiel wächst hierbei aus dem Unterricht heraus (Beispiel: Hüpfspiel, S. 94).

Eine weitere Steigerung ist in der selbsttätigen Entwicklung von Bewegungsfolgen zu sehen, wobei die Gestaltungsaufgaben entweder von einzelnen Schülern oder von Kleingruppen gelöst werden.

In der Grundausbildung in der Schule wird es jedoch auch in der Gymnastik selten um ein völlig freies Gestalten gehen. Es muß Aufgabe des Lehrers sein, einen Rahmen abzustecken, den die Schüler aufgrund ihrer Voraussetzungen auch tatsächlich ausfüllen können. Rahmenbedingungen können durch Bewegungselemente, einfache Bewegungsmotive, rhythmische Motive oder ein einfach strukturiertes Musikstück vorgegeben werden. Denkbar wäre auch die gemeinsame Entwicklung einer einteiligen Form, die dann von den Schülern zu einer zwei- oder mehrteiligen Form erweitert wird.

Bei selbständig zu lösenden Gestaltungsaufgaben wird das Gestaltungsergebnis in der Regel zugunsten des Gestaltungsvorganges in den Hintergrund treten müssen. Es können in stärkerem Maße sozial-affektive Lernziele, wie sie bereits beim selbständigen Kombinieren von Bewegungen angesprochen wurden, in den Vordergrund rücken.

Das Nachgestalten und das selbsttätige Erfinden von kleinen Bewegungsspielen ist bereits bei Beherrschung einfacher Bewegungselemente möglich, deshalb kann auch die Phase der Bewegungsgestaltung in der Gymnastik einen breiteren Raum einnehmen als in anderen Disziplinen des Schulsports.

Die bisher herausgestellten besonderen Akzentuierungen des methodischen Vorgehens, die sich aufgrund der Ziele und Inhalte des Gymnastikunterrichts in der Schule ergeben, beeinflussen die erforderlichen Entscheidungen bei der Wahl der methodischen Maßnahmen. So werden zwar bei der Erarbeitung von Bewegungsfertigkeiten und bei der direkten Steuerung von Lernprozessen durch den Lehrer darbietende Maßnahmen wie Bewegungsanweisungen, Bewegungsbeschreibung und Bewegungsbeispiel, ähnlich wie in anderen Sportarten, angewendet, aber beim Finden und Erproben von Bewegungen und Bewegungsfolgen, wobei Selbsttätigkeit und Eigeninitiative der Schüler angesprochen werden sollen, rücken andere Maßnahmen stärker in den Mittelpunkt.

Die Bewegungsaufgabe, die im allgemeinen hauptsächlich in der Phase der Vorbereitung eine Rolle spielt, bekommt in der Gymnastik nicht nur auf der ersten Stufe, sondern vor allem auf der Stufe der Anwendung ein besonderes Gewicht. Die Aufgabe des Lehrers ist es, hierbei Anregungen zu geben und Freiraum für Entfaltungsmöglichkeiten zu lassen.

5. Zum Einsatz von rhythmischen Hilfsmitteln in der Gymnastik

In allen Phasen des Lernens werden in der Gymnastik rhythmische Hilfen eingesetzt. Darunter sollen hier solche Maßnahmen verstanden werden, die geeignet sind, die Bewegung in ihrem rhythmischen Ablauf zu unterstützen, den Übenden zu stimulieren, zu aktivieren und die Intensität des Übens zu steigern oder aber zur Bewegungsgestaltung anzuregen. Von den genannten Funktionen ausgehend, soll zunächst ein Überblick über diese Hilfsmittel gegeben werden, bevor ihr Einsatz näher erläutert wird.

Bewegungsunterstützung	durch	Sprache Geräusche (u. a. Klatschen, Trommeln) Musik Üben in „Rhythmischen Reihen“ Üben im Gruppenrhythmus Bewegungsvorbilder
Stimulierung, Aktivierung, Intensivierung	durch	Musik Trommeln, Klatschen Üben im Gruppenrhythmus
Anregung zur Bewegungsgestaltung	durch	Musik Rhythmische Motive, die durch ein Notenbild, durch Sprechen Trommeln oder Klatschen vorgegeben werden

Rhythmische Hilfsmittel zur Bewegungsunterstützung

In der Phase des Erlernens – nach dem Sammeln von Bewegungserfahrungen und dem Erproben der Bewegungen im eigenen Rhythmus – haben rhythmische Hilfsmittel die Aufgabe, durch Herausheben bestimmter Strukturmerkmale der Bewegung den Lernprozeß zu erleichtern. Die dynamische Struktur einer Bewegung, die sich nach Meinel in ihrem charakteristischen Kraft- und Geschwindigkeitsverlauf zeigt (Meinel u. Schnabel, 1976, S. 128/129), kann in Sprache oder Klänge transponiert und hörbar gemacht oder durch ein rhythmisch akzentuiert vorgetragenes Bewegungsbeispiel sichtbar gemacht werden und damit zur Schaffung und Verbesserung der Bewegungsvorstellung beitragen.

Als akustische Maßnahme mit dieser Funktion eignet sich in erster Linie die Sprache, die den dynamischen Gehalt einer Bewegung besonders gut hervorheben kann. Mit Hilfe von Wörtern, Wortfolgen oder rhythmisierenden Silben lassen sich das An- und Abschwellen der Bewegung sowie besondere Akzente verdeutlichen. Hierzu einige Beispiele:

„Lauf, lauf, **Sprung** und“	Mit dieser Unterstützung könnten Anlauf, Absprung und Landung bei einem gymnastischen Sprung verdeutlicht werden.
„**hin** und **her** und **ganzer** Kreis“	Dieses Laufbild unterstützt eine Bewegungsverbindung von zwei Umkehrschwüngen mit einem Kreisschwung.
„und – **Sprung** – und **Sprung**“	Mit dieser Lautierung kann das tiefgehende Ausholen und der dynmaische Absprung bei Schrittsprüngen, die aus einem Schritt angesetzt werden, unterstrichen werden.

Für die Verwendung von rhythmisierenden Silben, die sich häufig leichter sprechen lassen als ganze Wortfolgen, gibt insbesondere Hanebuth Anregungen, indem er die Silben „ta, taa, tapp, tam, tamm“ zur Verdeutlichung der unterschiedlichen Dynamik einzelner Teilelemente von Bewegungen vorschlägt (Hanebuth, 1961, S. 14 und S. 27). Das Lautieren kann aber auch mit beliebigen anderen Silben erfolgen. Bei der Wahl der Silben ist weniger ihr Sinn als vielmehr ihr dynamischer Gehalt von Bedeutung.

Für die Heraushebung einzelner Akzente, z. B. des Absprunges zu einem Hüpfer oder zu einem Sprung, eignen sich auch das Trommeln oder Klatschen. Musik dagegen hat in dieser Phase eine geringe Bedeutung, es sei denn, der Lehrer kann auf lebendige Musik zurückgreifen, die sich der Bewegung anpaßt und Akzente deutlich hörbar macht.

Bei der Erarbeitung einzelner Bewegungsfertigkeiten, z. B. bei gymnastischen Sprüngen aus dem Anlauf, bietet sich der Einsatz von Geräten an, um eine Rhythmisierung des Anlaufs und eine Akzentuierung des Absprunges zu erreichen. So läßt sich für die Erarbeitung von Pferdchensprüngen eine Hindernisbahn einsetzen, die durch den Abstand und die Höhe der Geräte (z. B. Turnbänke, Keulen, Kastenteile, Medizinbälle) einen Dreischritt-Anlauf und einen kräftigen Absprung zwingend macht. Die Erarbeitung von Schrittsprüngen könnte an einer offenen Mattenbahn erfolgen, deren Anordnung einen bestimmten Anlaufrhythmus festlegt.

In der Phase des Übens können akustische Hilfen, insbesondere die Musik, wesentlich zur Herausarbeitung der Bewegungsdynamik, zur Verbesserung von Bewegungsfluß und zur Automatisierung der Bewegung beitragen.

Die Auswahl von geeigneter Musik (Musikkonserven) stellt hohe Anforderungen an den Lehrer. Es gilt Musik zu finden, die sich vom Rhythmus, vom Tempo und auch vom Charakter her zur Unterstützung bestimmter Bewegungen eignet und die jeweilige Lerngruppe anspricht. Die Gymnastikmusik, die zur Zeit auf dem Markt angeboten wird, kann nach unseren Erfahrungen selten allen genannten Anforderungen gerecht werden. So bieten Tayerle, Lorenzen und Knies auf ihren Platten und Kassetten brauchbare Musikstücke zur Unterstützung von gymnastischen Grundformen an. Es handelt sich hierbei um typische Gymnastikmusik, die nicht alle Lerngruppen motiviert.

Prinzipiell lassen sich Musikstücke aus der Klassik, der modern arrangierten klassischen Musik, der Tanzmusik und der Popmusik verwenden, sofern sie den o.g. Kriterien entsprechen. Wegen der Kurzlebigkeit vor allem der modernen Musik ist ihr Einsatz allerdings in der Regel zeitlich sehr begrenzt.

Eine Zusammenstellung von Musikbeispielen zu bestimmten Grundformen und gerätespezifischen Bewegungselementen erfolgt an späterer Stelle (Kapitel 9).

Neben der Musik kann auch die für die Gymnastik typische Arbeitsweise, das Üben in „Rhythmischen Reihen", bei dem Einzelelemente und Bewegungskombinationen nie isoliert, sondern immer in ununterbrochenen rhythmischen Folgen geübt werden, zur Ausprägung der Bewegung beitragen. Das Üben im Gruppenrhythmus, ein weiteres charakteristisches Merkmal der Arbeitsweise in der Gymnastik, ist ebenfalls eine wesentliche Hilfe für die Rhythmisierung von Bewegungen.

Mit zunehmendem Bewegungskönnen sollte nicht nur die Anpassung an rhythmische Vorgaben gefordert werden, sondern die Übenden sollten ausreichende Gelegenheiten zur individuellen rhythmischen Gestaltung ihrer Bewegung erhalten.

Rhythmische Hilfsmittel zur Stimulierung, Aktivierung und Intensivierung

In dieser Funktion kann Musik, evtl. aber auch Klatschen oder lebendiges Schlagen des Tamburins, z.B. in Aufwärmphasen, zur Unterstützung von beherrschten Bewegungen wie Laufen, Gehen und Hüpfen eingesetzt werden, um einen lebendigen Einstieg in die Stunde zu ermöglichen oder auch in Phasen des Übens die Motivation zur Bewegung zu steigern. Im Bereich der Körperbildung ist die Musik das beste Mittel, um die Übungsbereitschaft und die Intensität des Übens positiv zu beeinflussen. Voraussetzung ist allerdings, daß die Übungsformen von ihrem Ablauf her bekannt sind. Zusätzliche stimmliche Führung könnte hierbei anfangs die Anpassung an die

Musik erleichtern. Erfahrungsgemäß werden durch die stimulierende Wirkung des Rhythmus Bewegungen lustvoller und gelöster ausgeführt und Anstrengungen leichter verkraftet. Diese Erkenntnis macht man sich u. a. auch in der Aerobic-Gymnastik mit dem Einsatz von Disco-Musik zunutze.

Als Stimulanz kann neben der Musik auch der Gruppenrhythmus wirken, der den einzelnen in den „Sog“ der Gruppe zieht und zu größeren Anstrengungen motiviert.

Beispiele zur akustischen Bewegungsbegleitung

Für die Begleitung gymnastischer Grundformen durch Klatschen und Trommeln sollen nachfolgend einige Beispiele gegeben werden, weil diese Hilfsmittel dem Lehrer jederzeit zur Verfügung stehen und sowohl zur Bewegungsunterstützung als auch mit dem Ziel der Aktivierung und Intensivierung eingesetzt werden können.

1. Bewegungsbegleitung zum Gehen

Die Durchschnittsgeschwindigkeit beim Gehen entspricht einer Viertelnote:

Das Gehen kann unterstützt werden

- durch gleichmäßiges Schlagen, bei dem jeder Schritt einen Schlag bekommt. Da dieses gleichmäßige Schlagen aber leicht monoton werden kann, empfiehlt es sich, Akzente zu setzen, wobei entweder nur der erste Schlag oder der erste und dritte Schlag jedes Taktes betont werden:

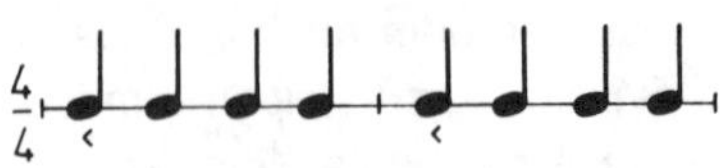

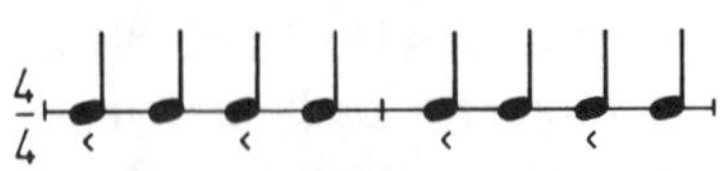

– durch Schlagen in halbem Tempo, dabei kommen auf einen Schlag zwei Schritte:

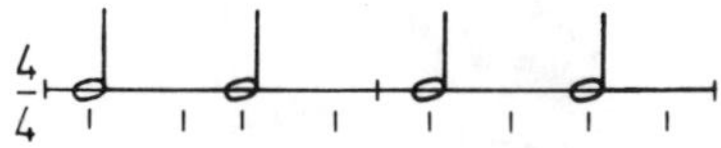

– durch Schlagen in doppeltem Tempo, auf einen Schritt kommen zwei Schläge:

– durch Schlagen von unterschiedlichen Rhythmen, die sich durch die Verbindung unterschiedlicher Notenwerte ergeben:

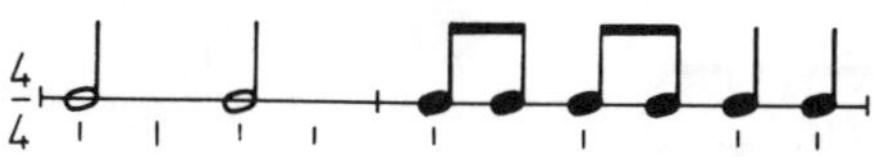

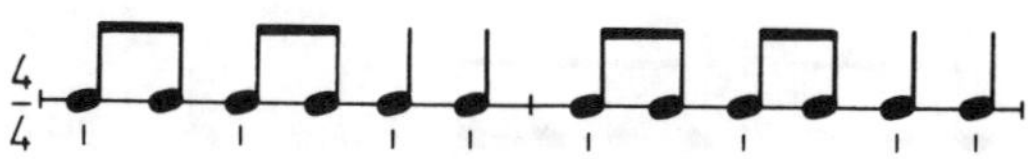

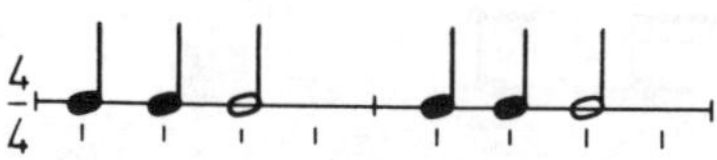

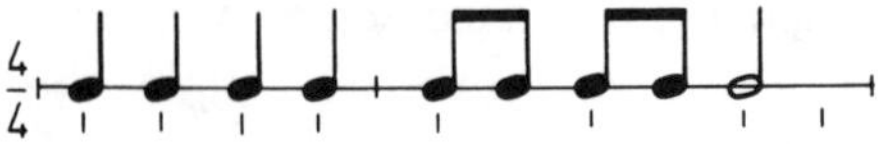

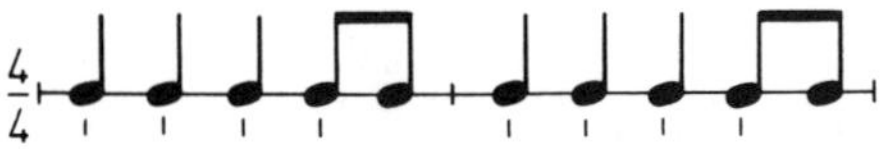

2. Bewegungsbegleitung zum Laufen

Die Durchschnittsgeschwindigkeit beim Laufen entspricht einer Achtelnote:

Das Laufen kann unterstützt werden

- durch gleichmäßiges Schlagen, bei dem jeder Laufschritt einen Schlag bekommt, zur lebendigen Gestaltung werden auch hierbei Akzente gesetzt:

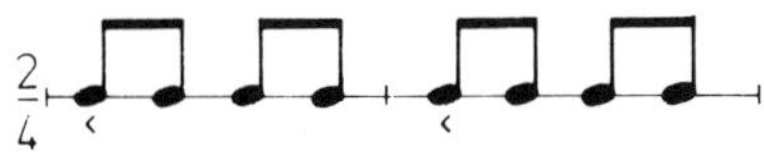

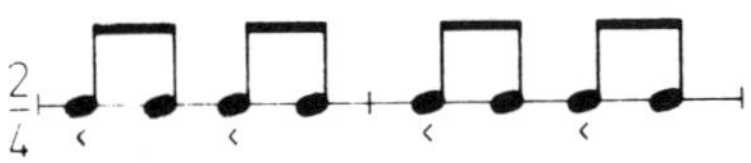

- durch Schlagen von unterschiedlichen Rhythmen:

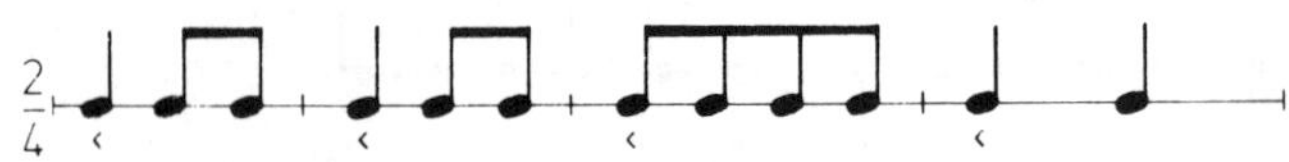

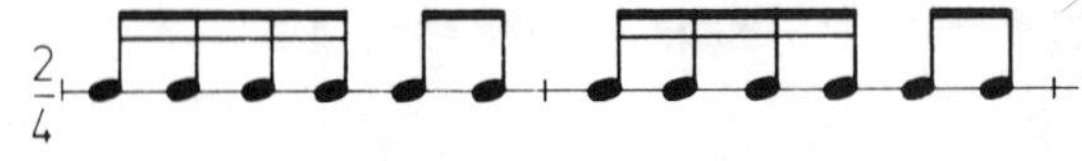

3. Bewegungsbegleitung zum Hüpfen

Grundschlag:

Die Unterstützung kann erfolgen

– durch fortlaufendes Schlagen des Grundschlages:

– durch Schlagen unterschiedlicher Rhythmen:

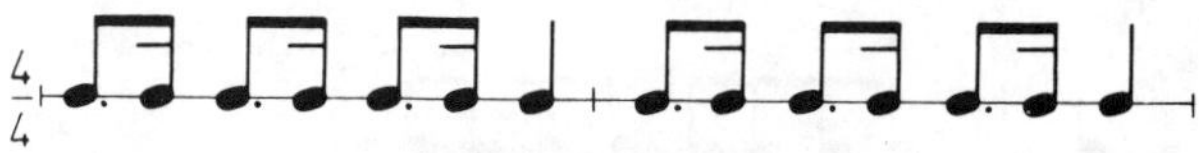

4. Bewegungsbegleitung zum Springen aus dem Anlauf

(z. B. bei Pferdchensprüngen, Schersprüngen, Schrittsprüngen):

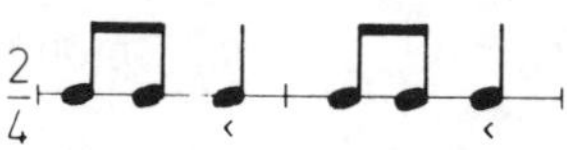

Lauf, lauf, Sprung, lauf, lauf, Sprung
R L R L R L
das Sprungbein wechselt!

Lauf, lauf, Sprung und lauf, lauf, Sprung und
R L R L R L R L
der Absprung und die Landung erfolgen immer auf dem gleichen Bein.

5. Begleitung von Bewegungsverbindungen

1. Beispiel Verbindung von Laufen und Hüpfen:

Lauf, lauf, Hüpfer, lauf, lauf, Hüpfer.

2. Beispiel Verbindung von Gehen und Laufen:

Schritt, Schritt, Schritt, Schritt, Lau-fen, Lau-fen, Lau-fen, Lau-fen.

3. Beispiel Verbindung von Hüpfen mit Schlußsprüngen:

Hüpfer, Hüpfer, Hüpfer, Hüpfer, Sprung, Sprung, Sprung, Sprung.

Rhythmische Hilfsmittel als Anregung zur Bewegungsgestaltung

Hierbei geht es um Vorgaben, die den Übunden zu gebundener oder freier Umsetzung von Rhythmen in Bewegung anregen sollen. Voraussetzung für die Lösung derartiger Aufgaben ist die Fähigkeit, Rhythmen zu erfassen und ihnen geeignete Bewegungen zuzuordnen. Ausgangspunkt kann ein rhythmisches Motiv sein, das durch Klatschen, Trommeln, Sprechen oder durch ein Notenbild vorgegeben wird. Das Motiv wird von den Übenden zunächst mit Sprache oder Geräuschen reproduziert, bevor geeignete Bewegungsmöglichkeiten gesucht und unter Anwendung von beherrschten Elementen und ihrer Variations- und Kombinationsmöglichkeiten zu einer Bewegungsfolge gestaltet werden. Am Anfang sollten leichte, überschaubare Motive gewählt werden. Das folgende Beispiel könnte zu einer Bewegungskombination aus Laufen und Hüpfen anregen und bei dreimaligem Durchspiel unter Abwandlung der Raumwege zu einer einfachen ABA- oder ABC-Form entwickelt werden.

Auch der Rhythmus eines Kinderliedes wie „Bruder Jakob" könnte als rhythmisches Motiv für eine Bewegungsgestaltung zum Thema Gehen Verwendung finden (Notenbeispiel).

Soll ein Musikstück Ausgangspunkt für die Gestaltung sein, so empfehlen sich einfache, klar strukturierte Kompositionen, die anfangs nicht mehr als 8–16 Takte umfassen sollten, Formen, wie sie häufig Volksliedern zugrunde liegen.

Ein Beispiel für die methodische Entwicklung einer Bewegungsgestaltung, ausgehend von einem solchen einfachen Musikstück, wird in Kapitel 7.2.2 gegeben (vgl. S. 94).

Mit geringerem Anspruch ist Musik auch ein Mittel der Anregung zur Bewegungsimprovisation als Vorstufe für die Bewegungsgestaltung.

6. Zur Wahl von Organisationsformen für den Gymnastikunterricht

Die Wahl der Organisationsformen ist abhängig vom Thema, den Lernzielen der Lerngruppe (u.a. Gruppengröße, altersspezifische Gegebenheiten) und dem zur Verfügung stehenden Raum. Wir unterscheiden die freie und die ungebundene Raumordnung. Bei der freien Raumordnung sucht sich jeder Schüler bzw. jedes Paar oder jede Gruppe selbständig Standorte und Raumwege. Hierbei sollte beachtet werden, daß der Raum gut ausgenutzt wird und die Schüler sich gegenseitig nicht behindern.

Bei der freien Raumordnung werden Selbständigkeit und Initiative der Schüler stärker gefördert, aber die Übersicht des Lehrers zum Zwecke der Bewegungsbeobachtung und Korrektur wird erschwert. Die freie Raumordnung eignet sich besonders dann, wenn es um das Sammeln von Bewegungserfahrungen oder um das selbständige Erproben von Bewegungsvariatonen, Bewegungskombinationen oder Bewegungsfolgen geht oder aber Einzel-, Partner- oder Gruppengestaltung angestrebt wird.

Bei bestimmten Themen erscheint die Anwendung der freien Raumordnung nur in Ausnahmesituationen sinnvoll (z. B. bei kleinen Übungsgruppen), weil die Gefahr der gegenseitigen Behinderung besonders groß ist. Solche Themen sind z. B.:

- Laufen mit dem Seil;
- Rollen mit dem Reifen;
- Rollen mit dem Ball in der Vorwärtsbewegung;
- Sprünge aus dem Anlauf.

Bei der gebundenen Raumordnung werden Standorte und Raumwege der einzelnen Schüler, der Paare oder Gruppen genau festgelegt.

Gebundene Aufstellungsformen und Raumwege ermöglichen dem Lehrer eine gute Übersicht. Sie bieten sich besonders für die Phase des Erlernens und Übens oder aber für die Gestaltung mit größeren Gruppen an.

Im folgenden soll eine Übersicht über wesentliche Organisationsformen gegeben und ihre Anwendung an Beispielen verdeutlicht werden.

1. Freie Raumordnung

1.1 Aufstellung frei im Raum

Diese Aufstellungsformen werden hauptsächlich in der Phase des Vorbereitens angewandt, in der es um das Sammeln vielfältiger Bewegungserfahrungen beim Lösen von Bewegungsaufgaben geht:

- Zu 1. Prellen mit dem Ball, Werfen und Fangen mit dem Ball;
- zu 2. Schlußsprünge am liegenden Reifen;
- zu 3. Laufen und Springen am kreisenden Seil (Dreier- oder Vierergruppen).

Bei großräumigen Bewegungen mit Handgeräten sollten alle Schüler die gleiche Blickrichtung haben, um Behinderungen zu vermeiden und Unfälle auszuschließen (z. B. bei der Bewegung mit Keule oder Stab):

- Zu 4.1 und 4.2
  Schlußsprünge mit dem Seil,
  Schwingen mit dem Band, der Keule, dem Seil, dem Ball oder ohne Gerät;
- zu 5. Springen am liegenden Stab oder Seil (als Einzel- oder Partnerarbeit);
- zu 6. Hocksprünge am gehaltenen Reifen oder Stab.

Beispiele:

1

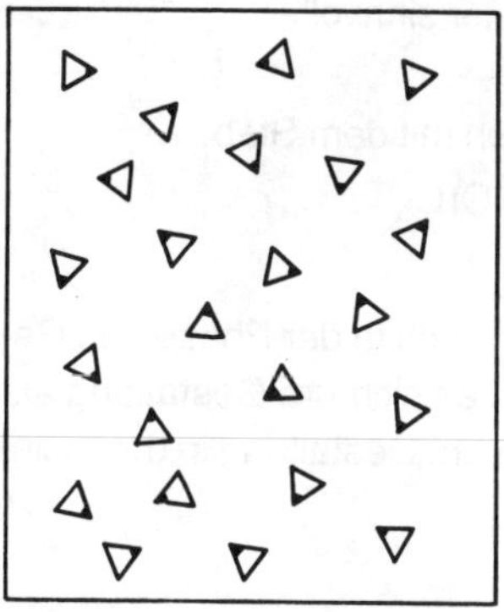

2

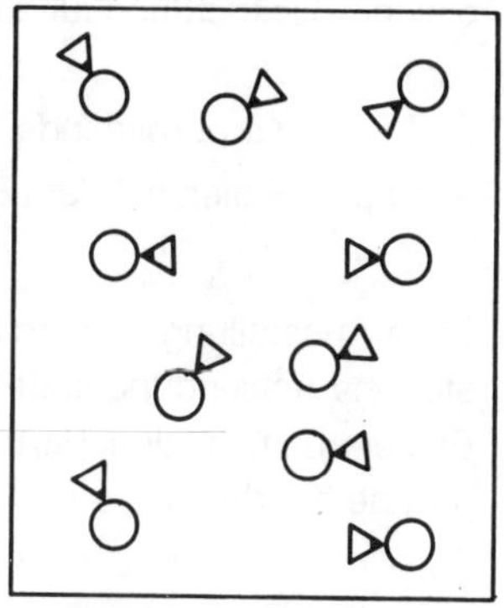

3

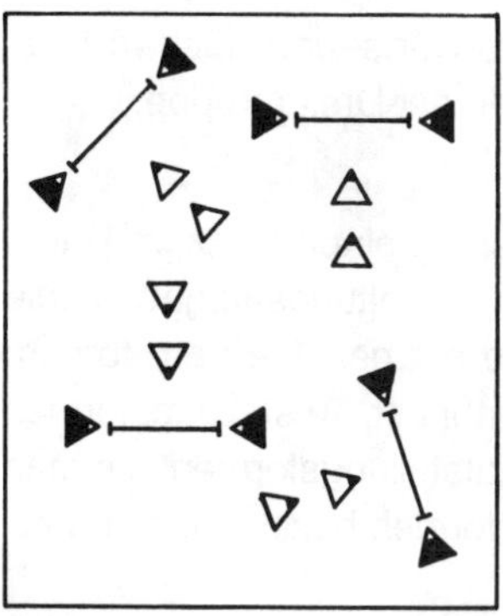

4.1

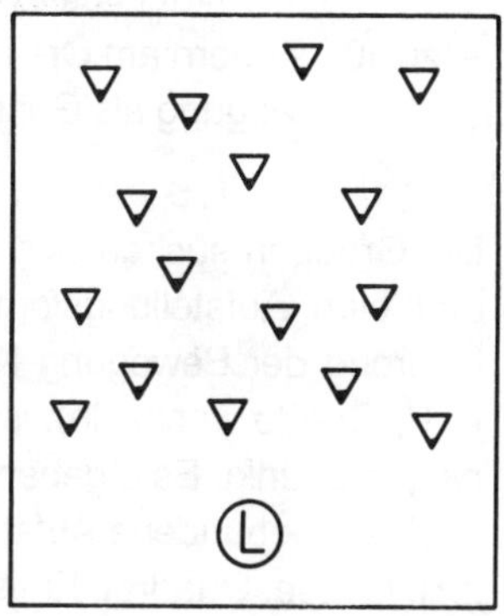

4.2

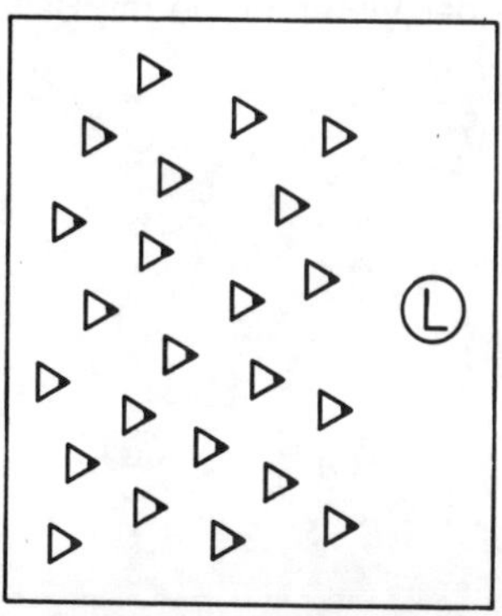

5

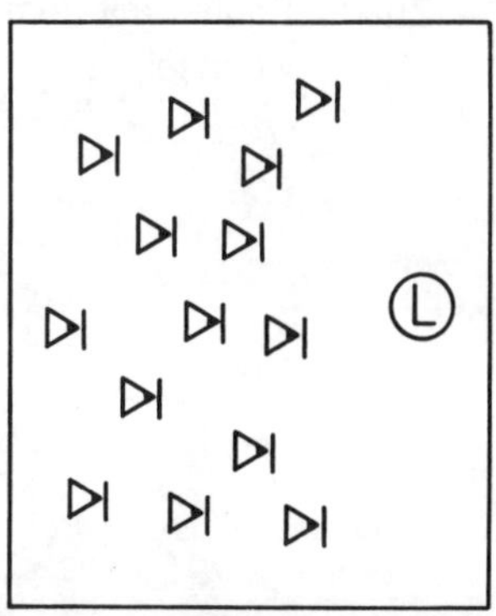

Ist häufige Lehrer-Schülerinteraktion geplant oder will der Lehrer selbst Bewegungsvorbilder geben, ist ebenfalls die gleiche Blickrichtung für alle Schüler sinnvoller:

- Zu 7. Körperbildende Übungen mit dem Stab;
- zu 8. Rollen mit dem Ball am Ort.

Freie Ausstellungsformen können auch in der Phase des Gestaltens Anwendung finden, wenn es sich um Gestaltung als Einzelarbeit, mit dem Partner oder um Gestaltung in der Kleingruppe handelt:

- Zu 9. Bewegungsspiel zum Thema Werfen, Fangen und Rollen mit dem Ball;
- zu 10. Federn am Ort, in der Vorwärts- und Rückwärtsbewegung als Gestaltung in der Dreiergruppe.

Die Gruppen suchen sich selbständig einen Platz im Raum und eine Aufstellungsform. Bei Gestaltungsaufgaben, die während der Bewegung Kontakte mit den Partnern fordern (z. B. Geräte wechseln), ist die Wahl der Aufstellungsformen eingeschränkt. Es ergeben sich Aufstellungsformen, die man auch als gebundene Aufstellungsformen bezeichnen könnte, z. B. Gasse, Quadrat, Kreis:

- Zu 11. Prellen mit dem Ball in der Vierergruppe mit Ballwechsel;

Beispiele:

6

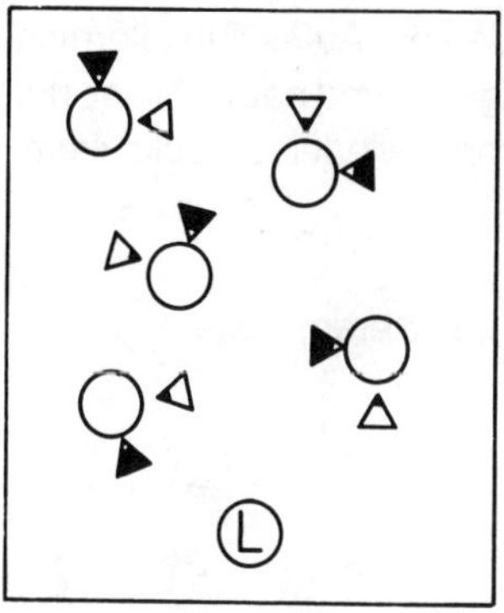

7

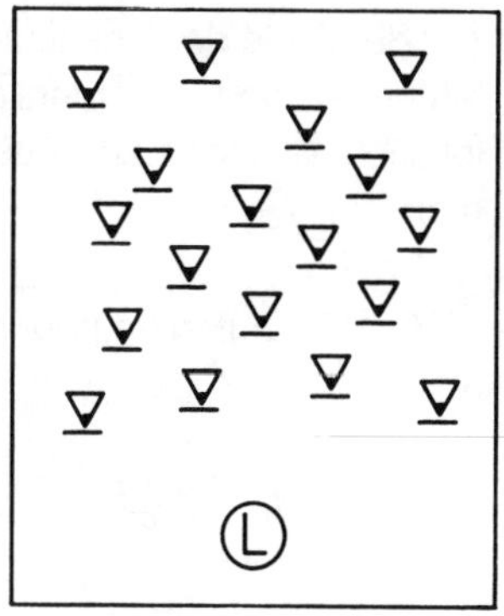

8

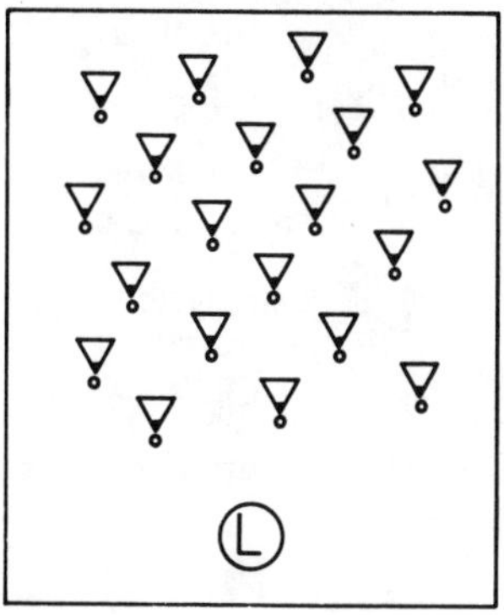

9

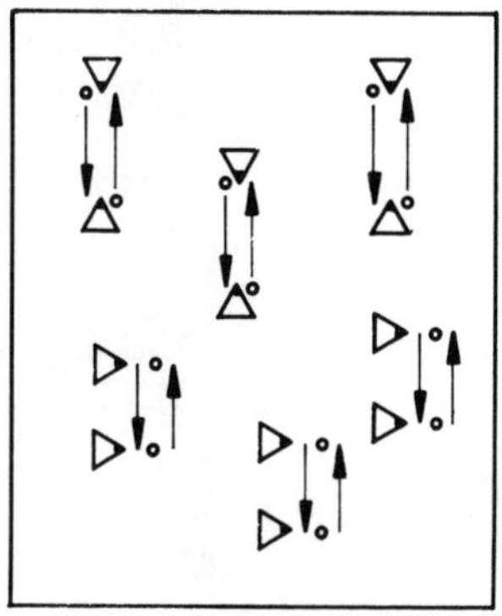

10

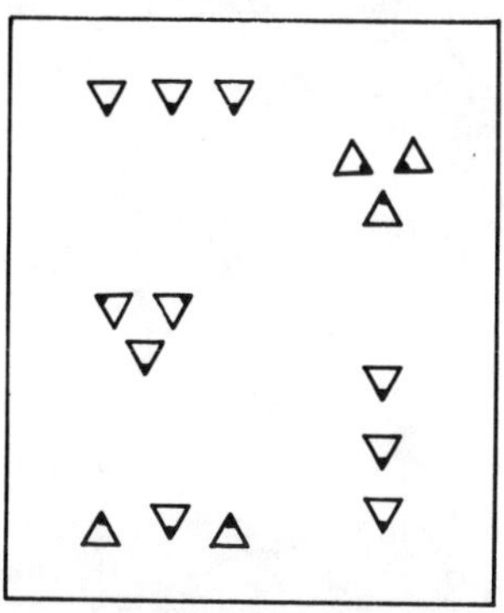

11

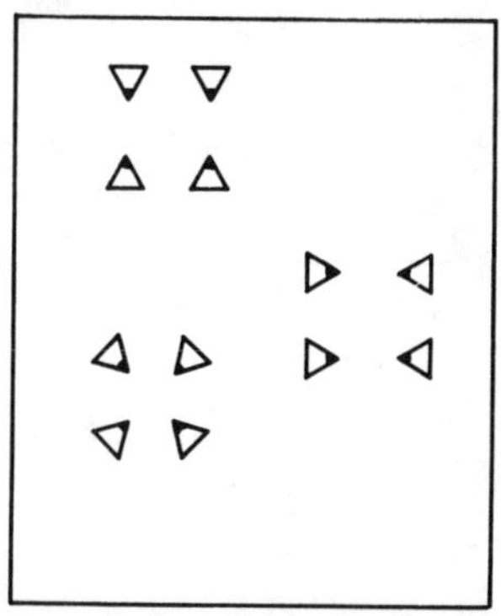

– zu 12. Schwingen mit der Keule (Ball, Band usw.).

Auf der Stufe der Gestaltung werden die Aufstellungsformen laufend verändert werden, d. h. aufgelöst und neu gebildet, um letztlich vielleicht zur Ausgangsform wieder zurückzukommen:

– Zu 13. Laufen und Springen in der Vierergruppe.

Beispiele:

12

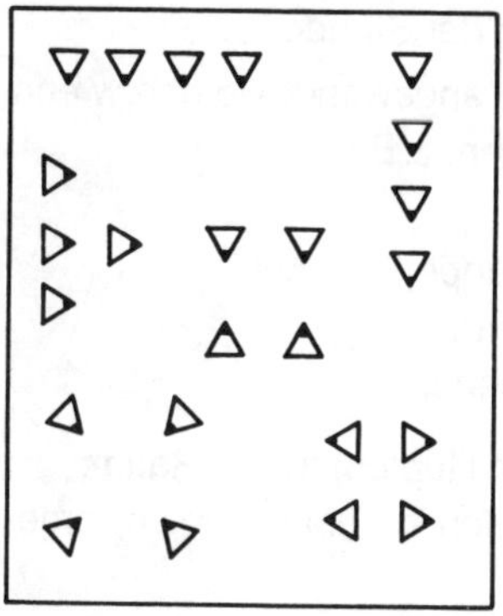

13

13.1

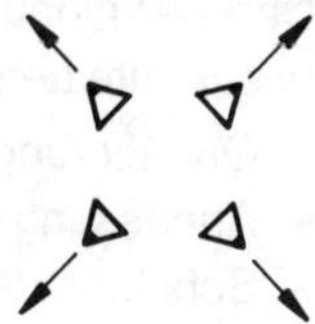

13.2

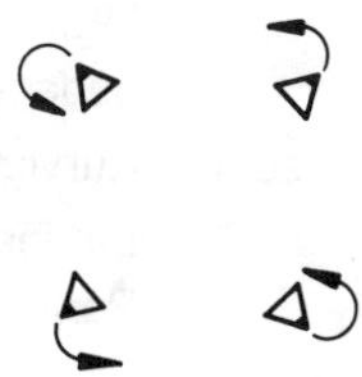

13.3

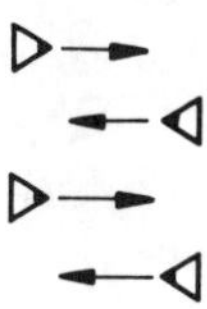

13.4

13.5

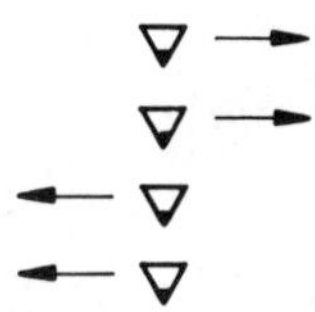

13.6

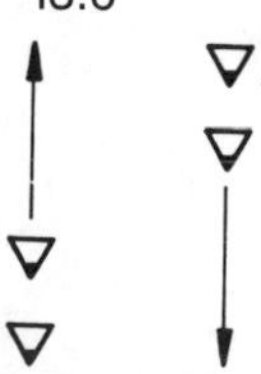

13.7

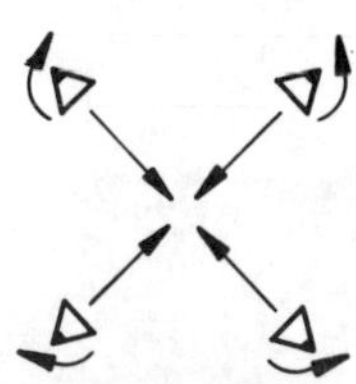

1.2 Bewegung frei im Raum

Diese Organisationsformen eignen sich vorwiegend für die Phase der Erwärmung am Anfang der Stunde.

Darüber hinaus können sie auch angewandt werden, wenn bestimmte Lernziele verfolgt werden, z. B.:

- Orientierung im Raum;
- Anpassung an Partner oder Gruppe;
- Schulung der Reaktionsfähigkeit;
- Vorbereitung des kurvigen Laufens.

- Zu 1., 2., 3. Laufen (Gehen und Hüpfen) frei im Raum, Laufen, Gehen und Hüpfen in Anpassung an vorgegebenen Rhythmus;
- zu 4. Kurviges Laufen;
- zu 5. Laufen gemeinsam und im Wechsel mit einem Partner.

Beispiele:

1

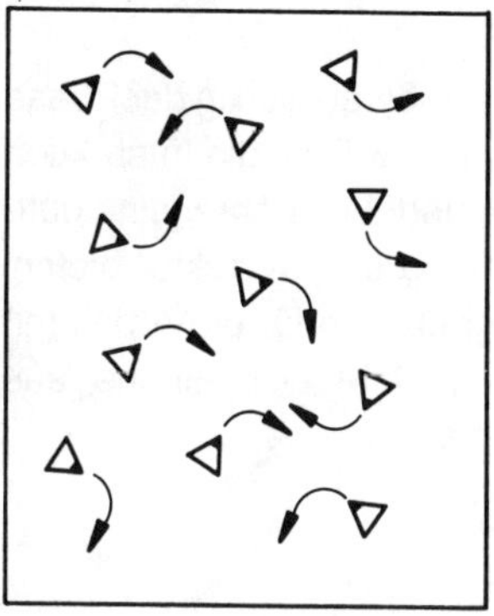

2

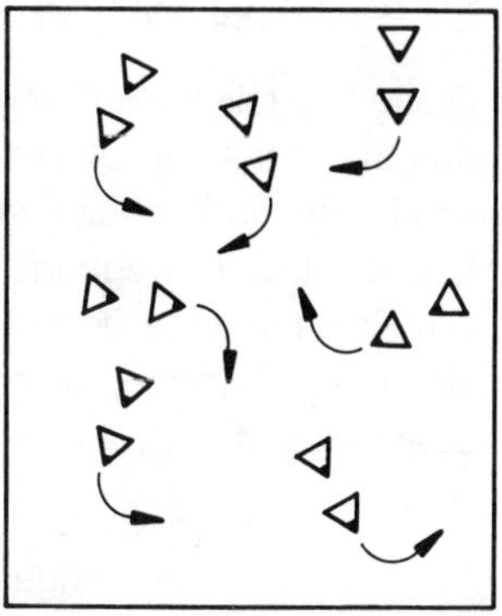

3

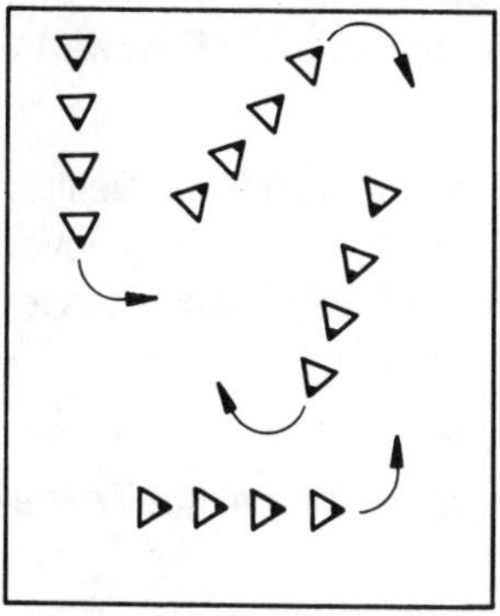

4

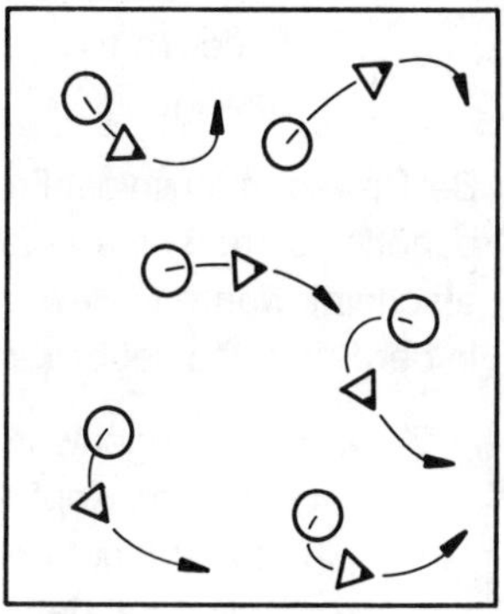

5

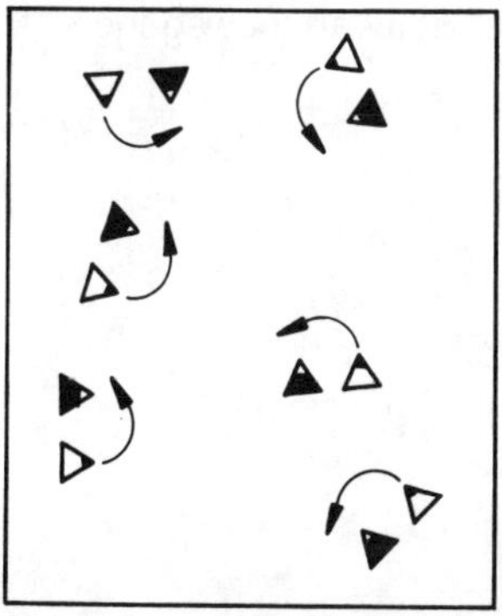

2. Gebundene Raumordnung

2.1 Reihe und Doppelreihe

Diese Aufstellungsformen werden hauptsächlich in der Phase des Erlernens und Übens angewandt, weil sie die Interaktion von Lehrer und Schüler erleichtern und dem Lehrer eine gute Übersicht für Bewegungsbeobachtung und Korrektur bieten. Die Reihe und die Doppelreihe eignen sich für die Arbeit mit kleineren Gruppen, wobei die versetzte Doppelreihe aus obengenannten Gründen vorzuziehen ist:

– Zu 1., 2., 3. Hochwürfe mit dem Ball,
Schlußsprünge mit dem Seil,
Schwingen mit dem Band (Kreisschwünge in der Sagittalebene, Achterschwünge),
Federn am Ort und in der Vorwärts- und Rückwärtsbewegung.

Bei Bewegungen in der Frontalebene wird mehr Raum seitlich benötigt, so daß eine Aufstellung in der Flankenreihe sinnvoll erscheint, während Bewegungen in der Sagittalebene besser in der Stirnreihe geübt werden können:

– Zu 4., 5., 6. Bogenwürfe seitwärts
über den Kopf – auch in Verbindung mit Seitwärtsbewegung,
Rollen mit dem Ball vor dem Körper – auch in Verbindung mit Seitwärtsbewegung,
Hüpfen am Ort und in der Seitwärtsbewegung.

Beispiele:

1. Stirnreihe

2. Doppelstirnreihe hintereinander

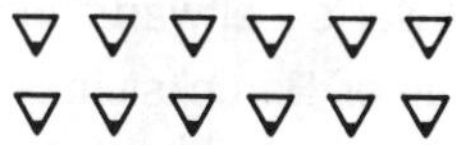

3. Doppelstirnreihe versetzt

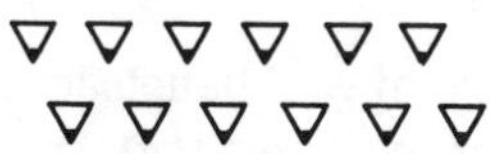

4. Flankenreihe

5. Doppelflankenreihe nebeneinander

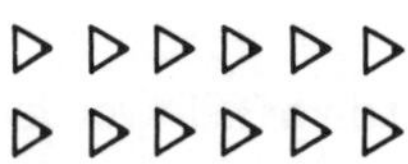

6. Doppelflankenreihe versetzt

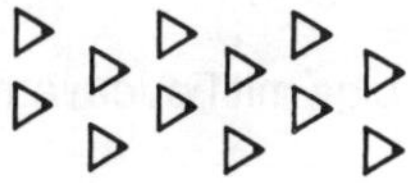

2.2 Block

Für größere Gruppen eignet sich die Blockaufstellung, wobei ebenfalls die unter 2.1 aufgeführten Gesichtspunkte gelten:

- Zu 1., 2. Siehe Themenbeispiele unter 2.1.

Die Blockaufstellung kann bei verschiedenen Bewegungsthemen bei der Bewegungsgestaltung in der Großgruppe Anwendung finden:

- Zu 3. Hüpfspiel unter Berücksichtigung von Hüpfen vorwärts, rückwärts, seitwärts und am Ort;
- zu 4. Laufspiel unter Berücksichtigung von Laufen vorwärts, rückwärts und Laufen in Kreisen und Halbkreisen um den Partner.

2.3 Gasse

Diese Aufstellungsform wird hauptsächlich dort angewandt, wo Zusammenarbeit mit einem Partner angestrebt wird.

Da hier in der Gegenüberstellung gegengleich gearbeitet wird, sollte die Grobform der Bewegung bereits vorhanden sein. Somit eignet sich die Aufstellungsform Gasse vor allem für die Phase des Übens und Gestaltens. Beim Üben in der Gasse ergeben sich abwechslungsreiche Varianten bei Bewegungskombinationen durch die Möglichkeit der Wahl unterschiedlicher Raumwege (Vorwärts-, Rückwärts- und Seitwärtsbewegung):

- Zu 1. u. 2. Rollen mit dem Ball – vor dem Körper – und zum Partner,
  Bewegungskombination von
  Werfen – Fangen – Prellen im Zusammenspiel mit einem Partner,
  Bewegungsfolge mit Federn am Ort und in der Fortbewegung,
  Werfen und Fangen mit zwei Bällen (Ball und Reifen) im Zusammenspiel mit einem Partner;

Beispiele:

1

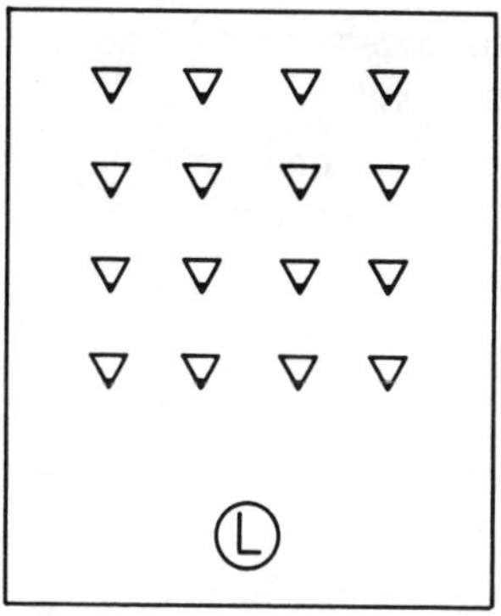

2

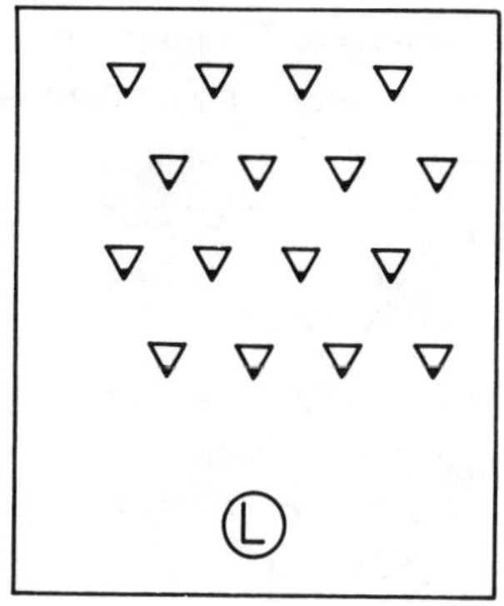

3

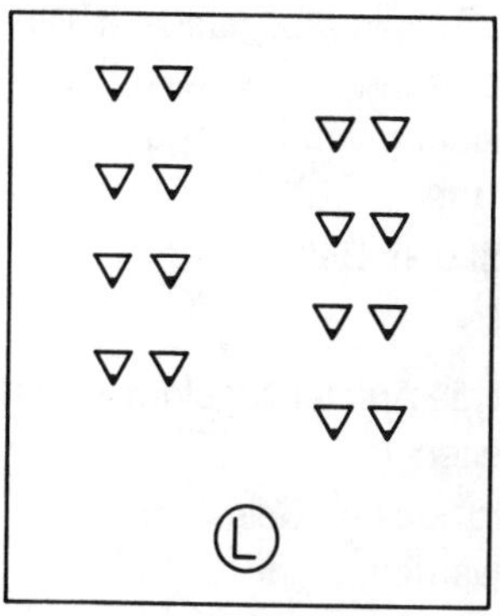

4

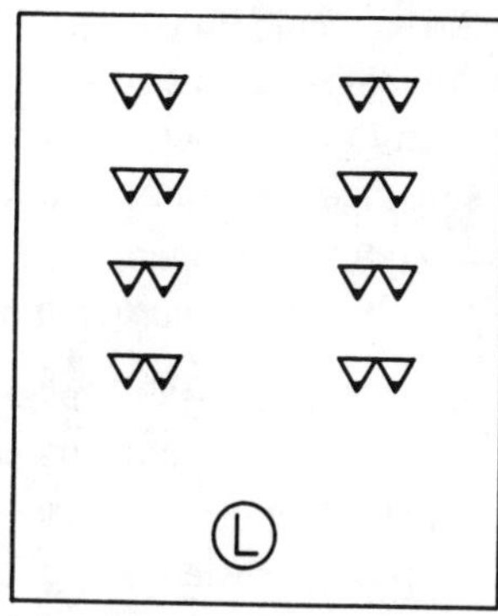

1

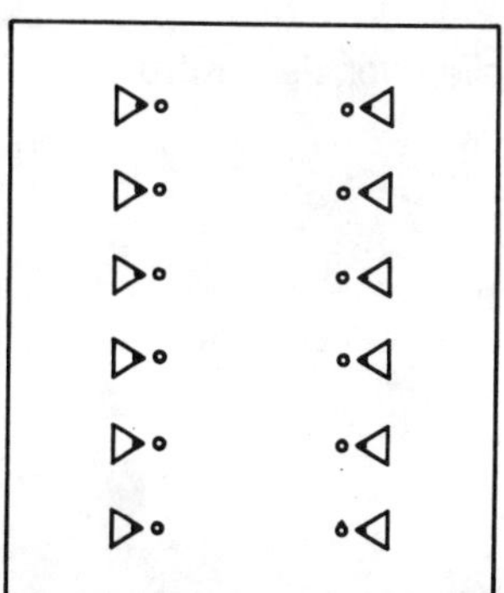

2

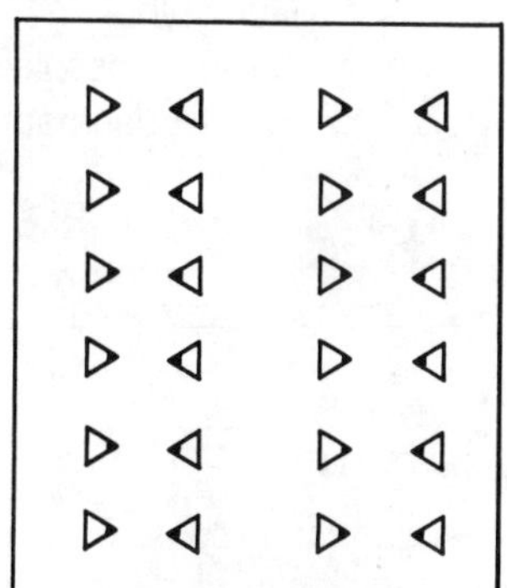

– zu 3. Hüpfspiel unter Berücksichtigung von Hüpfen vorwärts, rückwärts und am Ort.

Bei einigen Themen kann die Aufstellungsform Gasse auch in der Phase des Erlernens Anwendung finden:

– Zu 4. Erarbeitung des Bogenwurfs mit dem Ball,
Rollen zum Partner mit Ball oder Reifen.

2.4 Kreis

Die Kreisaufstellung oder die Bewegung auf der Kreislinie stellen eine mögliche Organisationsform für die Erwärmungsphase im einleitenden Stundenteil dar:

– Zu 1. u. 2. Gehen, Laufen, Hüpfen auf der Kreislinie;
– zu 3. Körperbildende Übungen.

Sie ist für die Phase des Erlernens nur begrenzt geeignet. Die Schüler sehen die zu erlernende Bewegung aus unterschiedlichen Perspektiven, wodurch die Bildung von Bewegungsvorstellungen beeinträchtigt werden kann:

– Zu 3. Rhythmisches Prellen mit dem Ball,
Hochwürfe mit dem Ball.

In der Phase des Gestaltens bietet die Aufstellungsform Kreis eine Fülle von Variationsmöglichkeiten.

Durch Doppelkreise oder mehrere kleine Kreise im Raum kann die Schwierigkeit gesteigert werden:

– Zu 4. Laufspiel,
Hüpfspiel,
Bewegungsspiel mit Prellen vor dem Körper und zum Nebenmann;

Beispiele:

3

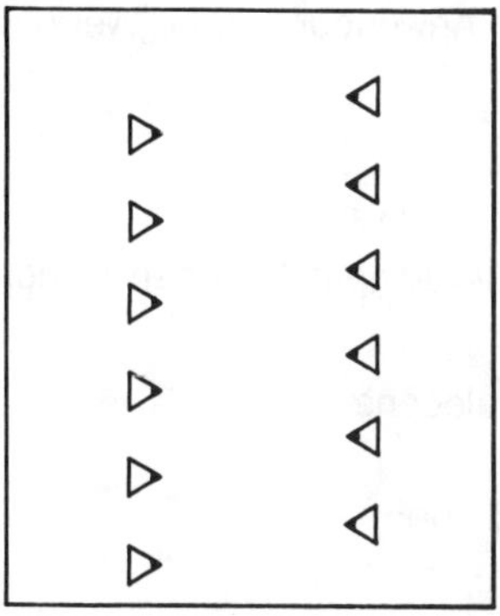

4

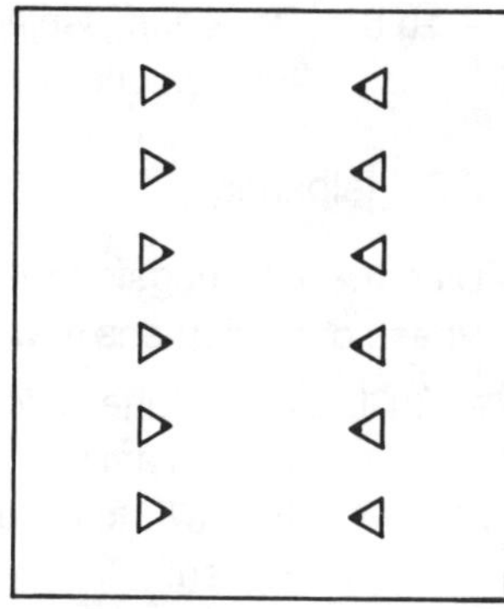

1

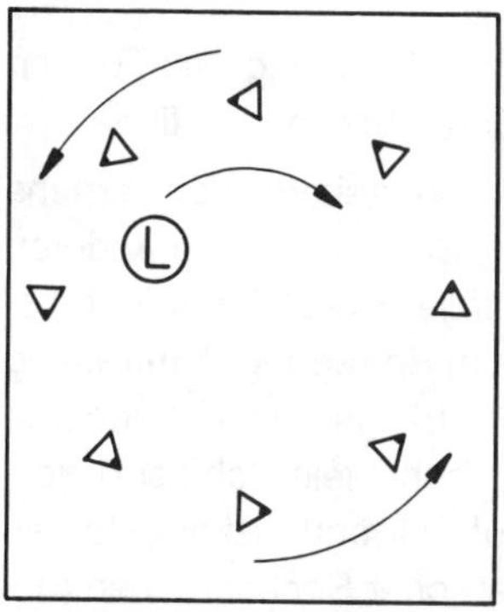

2

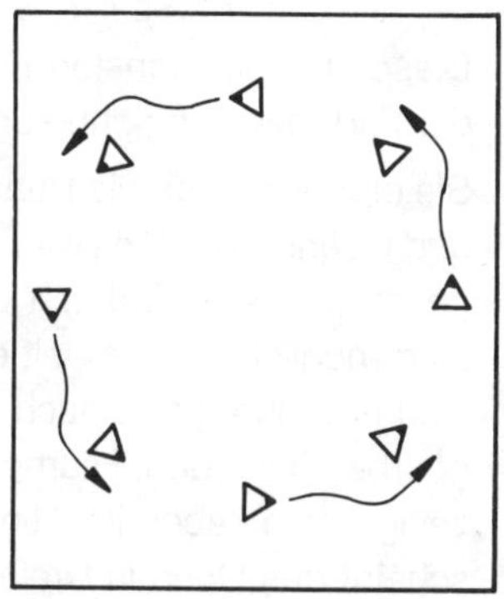

3

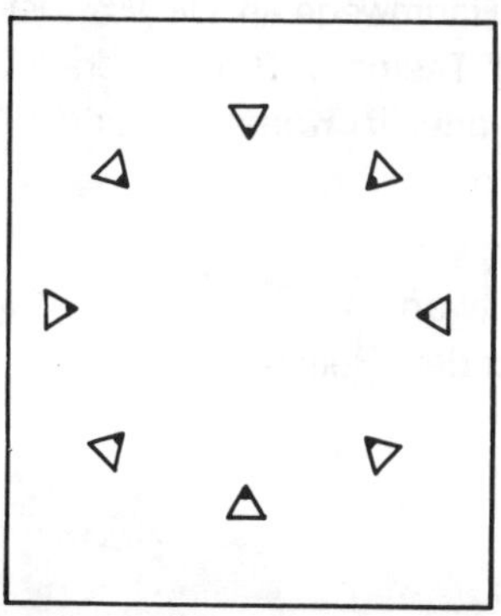

4

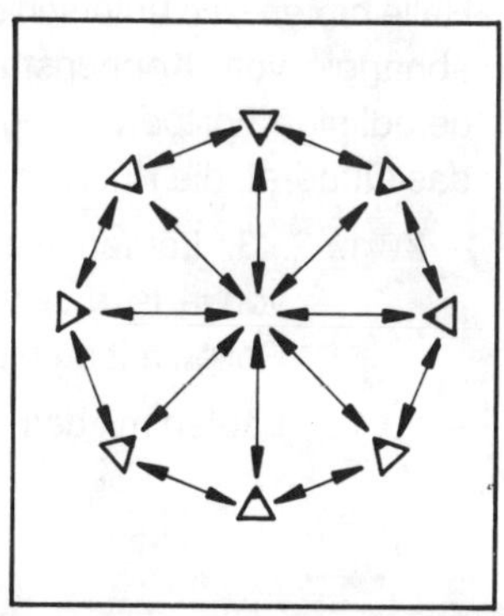

- zu 5. Bewegungsspiel unter Anwendung von Hoch- und Bogenwürfen;
- zu 6. Bewegungsspiel unter Anwendung von Werfen, Fangen und Rollen.

2.5 Halbkreis

Diese Aufstellungsform ist nur für kleinere Gruppen in der Phase des Erlernens anwendbar:

- Zu 1. Schwünge in der Sagittalebene,
  Prellen am Ort,
  Hochwürfe mit dem Ball oder
  Reifen.

2.6 Bewegung in Reihen durch den Raum

Diese Organisationsform kann bei der Schulung aller Formen der Fortbewegung ohne und mit Gerät Anwendung finden.

Sie eignet sich für die Phasen des Vorbereitens, des Lernens und Übens. Meistens wird von einer Schmalseite zur anderen gearbeitet, weil dadurch eine häufige Bewegungswiederholung möglich ist. Handelt es sich um Bewegungen mit wenig Raumgewinn, kann auch von einer Längsseite zur anderen gearbeitet werden. Hierbei können sehr viele Schüler gleichzeitig üben, aber im Hinblick auf Bewegungskorrektur erscheint das Üben in Dreier-, Vierer- oder Sechserreihen (abhängig vom Thema) günstiger. Bei der Bewegung durch die Halle bieten sich unterschiedliche Raumwege an. Die Wahl ist abhängig vom Könnenstand oder Thema, z.B. die Gerade, geradlinige Fortbewegung mit 1/2 oder 1/4 Körperdrehungen, das Quadrat, die Kurve, die Spirale:

- Zu 1., 2., 3. Laufen, Gehen, Hüpfen
  vorwärts, rückwärts, seitwärts,
  Rollen mit dem Ball oder dem Reifen;
- zu 1. Laufen mit dem Seil;

Beispiele:

5

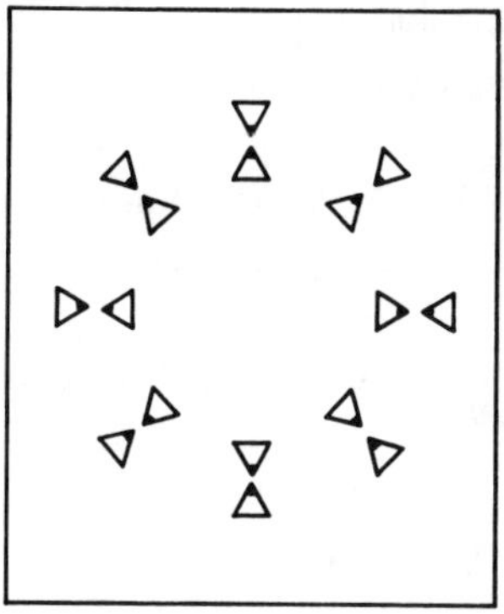

6

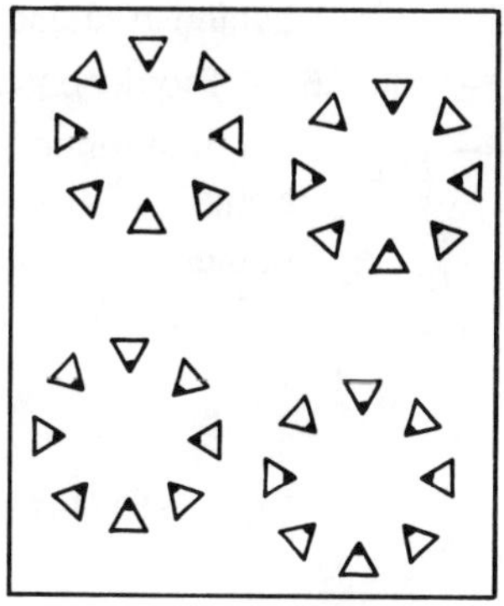

1

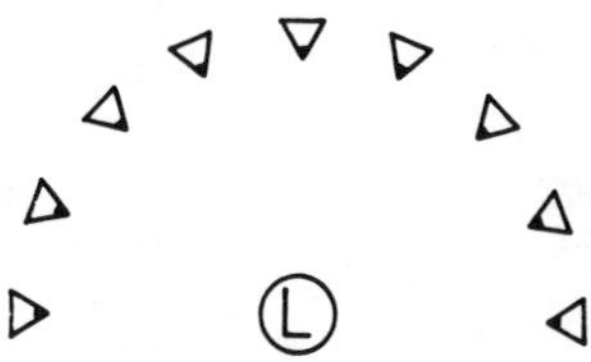

1

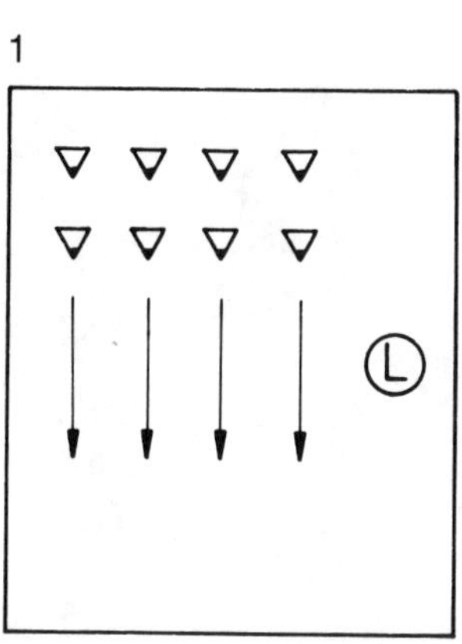

2

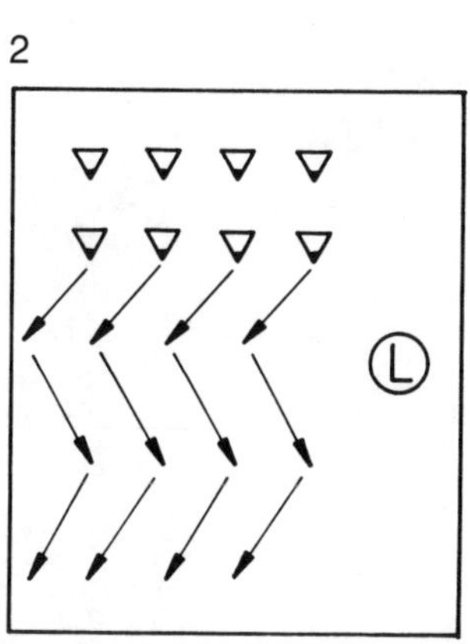

- zu 3. Bogenwürfe mit dem Ball und Stab;
- zu 4. Kurviges Laufen,
  Laufen in Kreisen und Spiralen;
- zu 5., 6., 7. Pferdchensprünge aus dem Anlauf;
- zu 8. Schrittsprünge,
  Kombination von Laufen und Schlußsprüngen,
  Laufen oder Hüpfen in Verbindung mit Rollen;

Beispiele:

3

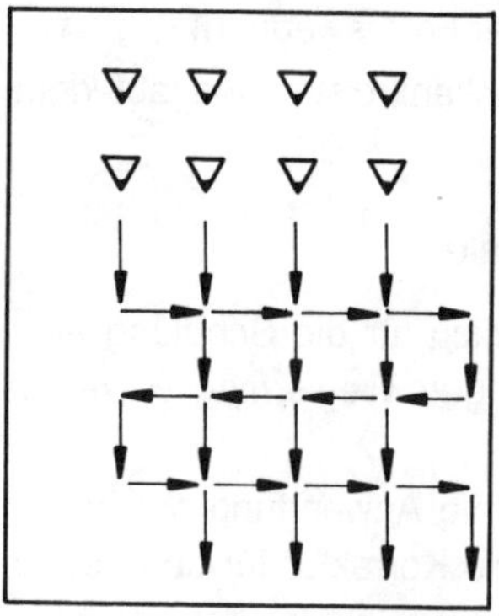

4

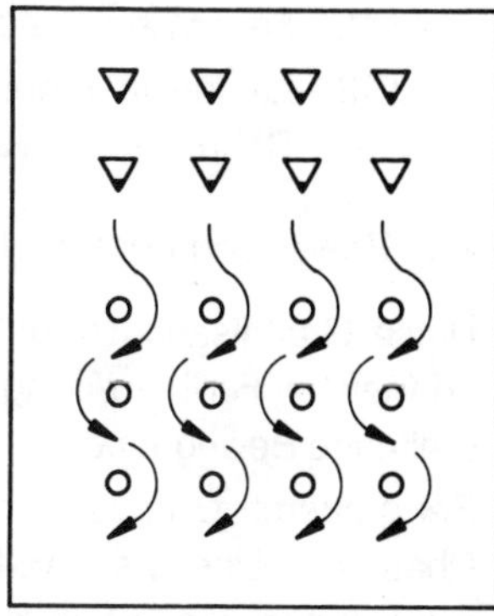

5

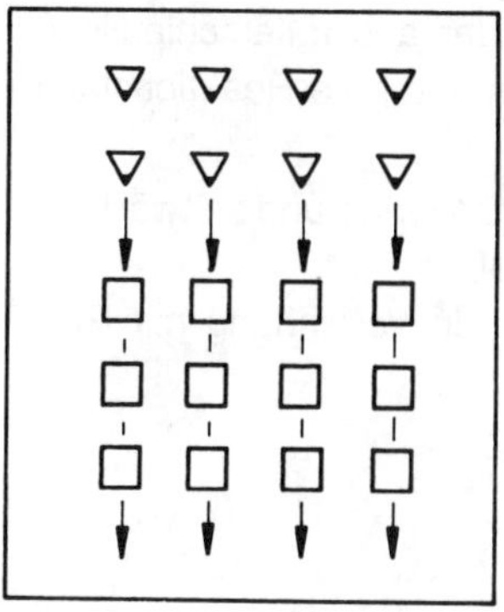

6

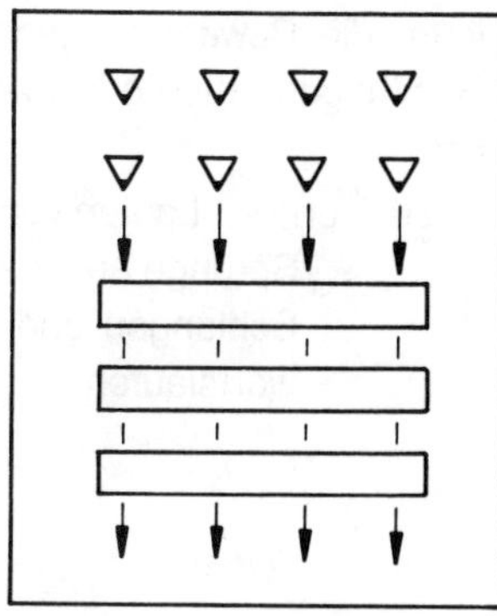

7

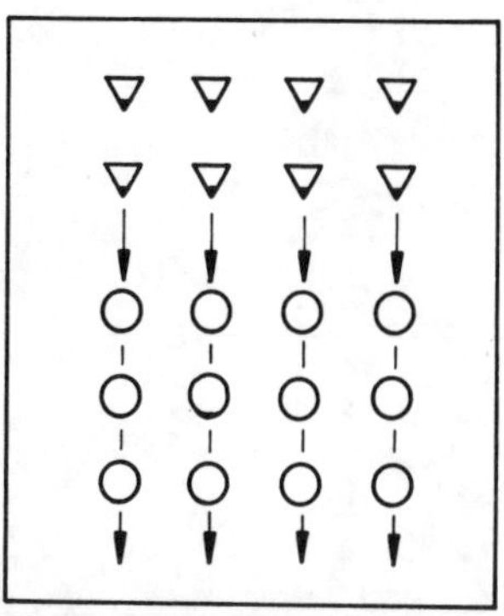

8

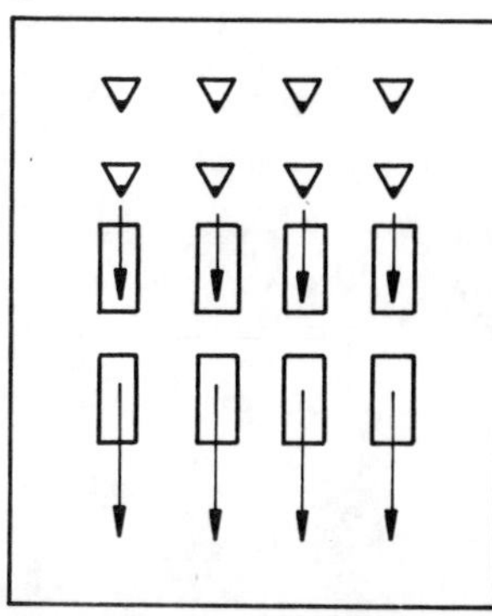

- zu 9., 10. Laufen durch kreisende Seile,
  Springen über kreisende Seile;
- zu 11. Federn am Ort und in der Fortbewegung;
- zu 12. Laufen in Frontal-, Flankenkreisen und auf dem Raumweg der Acht.

2.7 Bewegung über die Diagonale

Diese Organisationsform eignet sich für die Schulung aller Formen der Fortbewegung. Der längere Weg ermöglicht raumgreifende Bewegungen.

Bei größeren Gruppen erscheint die Anwendung nur in der Phase des Übens sinnvoll, weil die Korrektur für den Lehrer schwierig ist, wenn sich zwei oder vier Schüler gleichzeitig in unterschiedlicher Richtung bewegen. Von den Schülern verlangt die Bewegung gegeneinander aus unterschiedlichen Richtungen erhöhte Konzentration und gute Reaktionsfähigkeit:

- Zu 1. und 2. Laufen vorwärts, rückwärts und seitwärts,
  Sprünge aus dem Anlauf,
  Schlangen und Spiralen in Verbindung mit Rückwärtslaufen;

Beispiele:

9

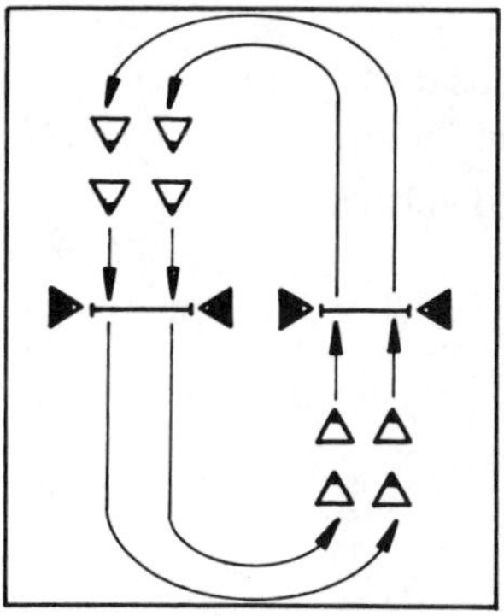

10

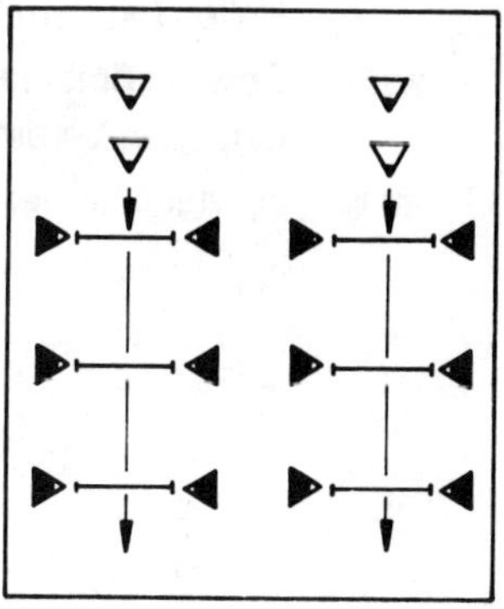

11

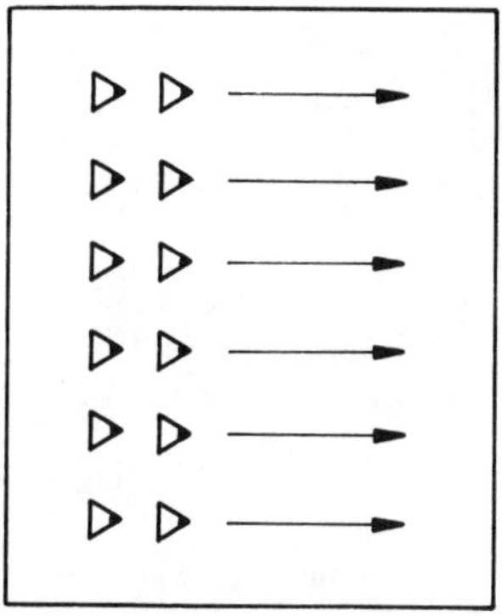

12

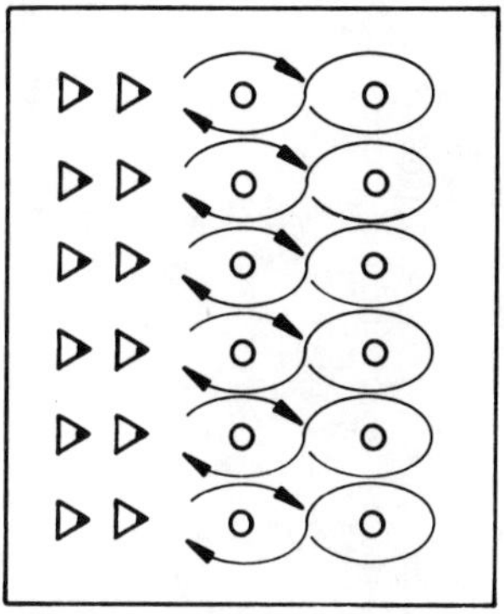

1

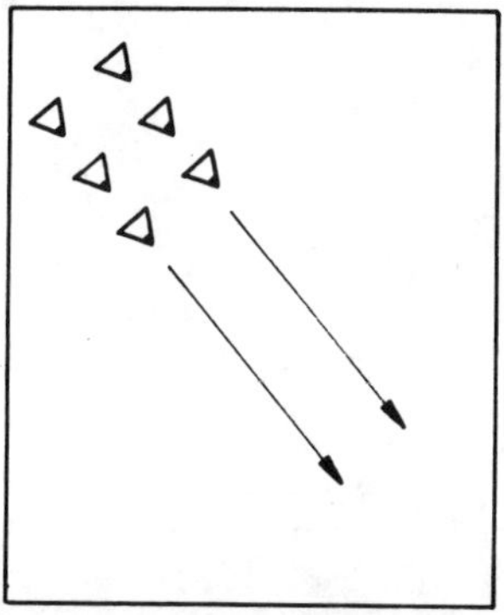

2

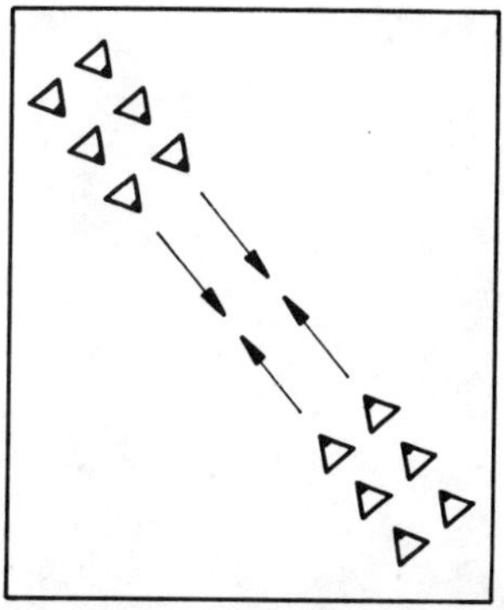

- zu 3. und 4. Laufen vorwärts,
  Laufen mit dem Seil,
  Rollen mit dem Reifen;
- zu 5. Sprungkombinationen aus dem Anlauf,
  Laufen in Verbindung mit Rollen;
- zu 6. kurviges Laufen um Hindernisse.

Beispiele:

3

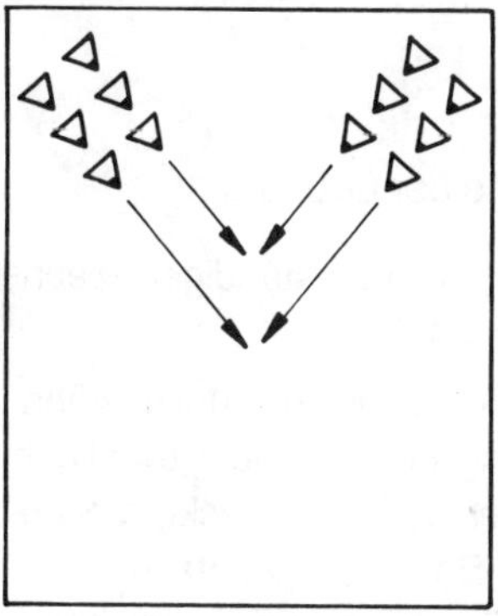

4

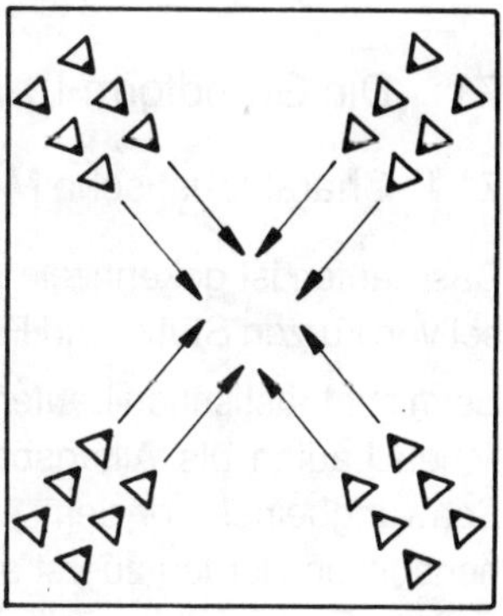

5

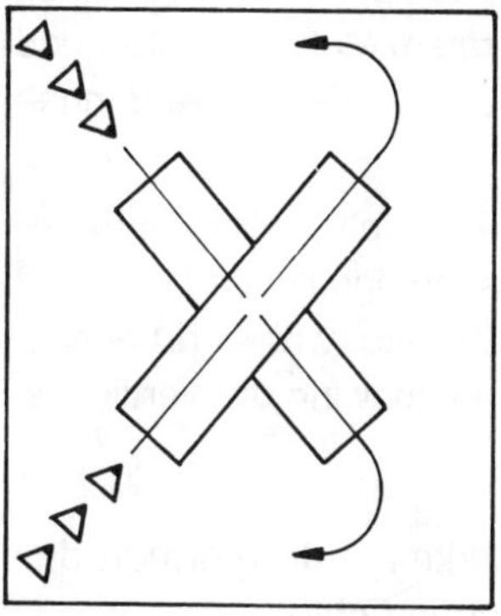

6

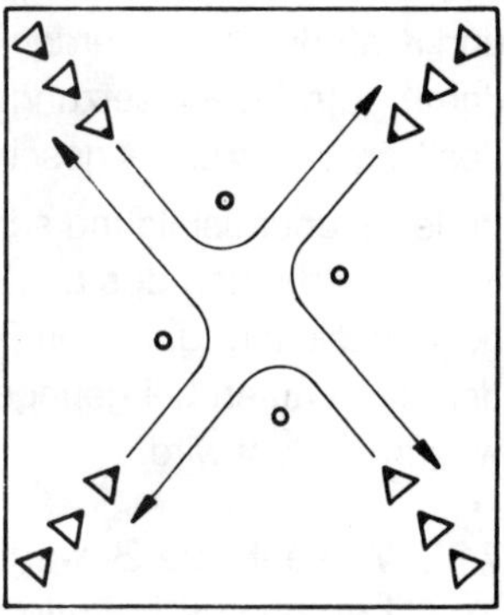

7. Die Gymnastischen Grundformen – ihre Erarbeitung und Anwendung

7.1 Die Grundform Laufen

7.1.1 Charakteristische Merkmale der Grundform

Das Laufen ist gekennzeichnet durch einen ständigen Wechsel von kurzen Stütz- und Flugphasen.

Beim gymnastischen Laufen wird im Gegensatz zum gewöhnlichen Laufen als Alltagsbewegung der Fuß des jeweiligen Schwungbeines vor dem Aufsetzen völlig gestreckt, die Zehenspitzen werden zuerst auf den Boden aufgesetzt und der Fuß zur Ferse hin abgerollt. Diese Technik erfordert eine intensivere Fußarbeit als das gewöhnliche Laufen. Beweglichkeit und Kraft der Füße werden in stärkerem Maße gefördert und damit gute Voraussetzungen für ein elastisches Auffangen des Körpergewichtes geschaffen.

In der Grundausbildung schulen wir hauptsächlich raumgreifendes und federndes Laufen. Das raumgreifende Laufen ist gekennzeichnet durch große Schrittweite, während beim federnden Laufen bei geringerem Raumgewinn die Vertikalbewegung betont wird.

7.1.2 Wesentliche Bewegungsmerkmale der Formen des Laufens und häufig auftretende Fehler

Laufen vorwärts:

Die folgende Bewegungsbeschreibung bezieht sich auf das raumgreifende Laufen.

Das Schwungbein schwingt mit leicht gebeugtem Knie weit ausgreifend nach vorn durch, während sich das hintere Bein streckt und nach Hochrollen von der Ferse zur Zehenspitze hin durch Abdruck von den Zehen eine kurze Flugphase eingeleitet wird. Während der Flugphase sollte eine weite Spanne zwischen den Oberschenkeln erreicht werden.

Zur Landung wird das Schwungbein nach vorn unten gestreckt. Der ebenfalls gestreckte Fuß greift mit den Zehenspitzen den Boden und rollt weich und elastisch zur Ferse hin ab. Durch gleichzeitiges leichtes Beugen im Knie- und Hüftgelenk wird die elastische Landung unterstützt.

Der Körper neigt sich leicht in die Bewegungsrichtung, mit Zunahme des Lauftempos verstärkt sich die Körpervorlage.
Die Arme schwingen locker aus der Schulter heraus in Gegenbewegung mit, die Ellenbogen sind leicht gebeugt.

Häufige Bewegungsfehler:

- Das Kniespiel ist zu gering.
- Das Schwungbein greift nicht weit genug nach vorn aus, der Raumgewinn ist zu gering.
- Der Abdruck vom Stützbein geht zu stark in die Höhe, es entsteht ein „Sprunglauf".
- Das Körpergewicht bleibt zu lange über dem hinteren Bein, es wird nicht rechtzeitig mit schnellkräftiger Streckung des Stützbeines nach vorn verlagert (fehlende Körpervorlage, evtl. sogar Rücklagetendenz).
- Laufen mit „Sitzhaltung", es fehlt die Hüftstreckung beim Abdruck vom Stützbein.
- Die Füße werden vor dem Aufsetzen auf den Boden nicht gestreckt.
- Die Füße rollen nicht von der Zehenspitze zur Ferse hin ab.
- Die Landung ist nicht elastisch.
- Der Unterschenkel des Schwungbeines schlägt vor dem Vorschwingen nach hinten oben aus.
- Der Unterschenkel des Schwungbeines wird vor dem Aufsetzen nach vorn geschleudert.
- Die Arme werden nicht locker aus der Schulter heraus bewegt.
- Die Oberarme werden angeklemmt.

Laufen rückwärts:

Das Schwungbein greift weit nach hinten aus, während das Stützbein sich streckt. Mit schnellkräftigem Abdruck vom

Stützbein wird eine flache Flugphase eingeleitet. Der Fuß des Schwungbeines wird zum Aufsetzen gestreckt und rollt von den Zehen zur Ferse hin elastisch ab, während gleichzeitig das Bein gebeugt wird.
Der Rumpf neigt sich leicht nach vorn.
Die Arme schwingen wie beim Laufen vorwärts locker aus der Schulter heraus gegengleich mit.

Häufige Bewegungsfehler:

- Das Schwungbein greift nur mit dem Unterschenkel aus, der Oberschenkel wird nicht nach hinten geführt.
- Das Schwungbein greift nicht sofort nach hinten aus, sondern wird erst nach vorn angehockt.
- Der Fuß des aufsetzenden Beines wird nicht bis zur Ferse hin abgerollt.
- Der Abdruck vom Stützbein geht zu stark in die Höhe, es entsteht ein „Sprunglauf".
- Es wird mit Rücklage des Oberkörpers oder mit Hohlkreuz gelaufen.

Laufen seitwärts:

Beim Laufen nach rechts (li) greift jeweils das rechte (li) Bein zur Seite aus, während das linke (re) Bein mit intensivem Kniespiel und Raumgewinn seitwärts im Wechsel vor- und hinterkreuzt. Es entsteht hierbei folgende Schrittfolge:

Schritt rechts (li) seitwärts,
Kreuzschritt links (re) über rechts (li),
Schritt rechts (li) seitwärts,
Kreuzschritt links (re) hinter rechts (li).

Der Fuß des jeweiligen Schwungbeines wird leicht nach außen gedreht aufgesetzt und rollt von den Zehen zur Ferse hin ab.

Der Oberkörper bleibt aufrecht, Schultergürtel und Hüfte werden beim Vor- und Hinterkreuzen nicht mitgedreht.
Die Arme schwingen neben dem Körper oder in Seithalte mit.

Häufige Bewegungsfehler:
- Das Kniespiel ist nicht intensiv genug.
- Schultergürtel und Hüfte werden bei jedem Kreuzschritt mitgedreht.
- Raumgewinn beim Hinterkreuzen ist zu gering.
- Fehler in der Fußarbeit sind wie beim Laufen vorwärts.

Kurviges Laufen:

Beim Laufen von Kurven und Kreisen legt sich der ganze Körper in die Kurve hinein, die bogeninnere Schulter und der leicht gebeugte bogeninnere Arm gehen der Bewegung führend voraus. Der Außenarm wird in Seithalte mitgeführt. Für die Fuß- und Beinarbeit gelten die gleichen Merkmale wie beim Laufen vorwärts.

(Die Bewegungsbeschreibung bezieht sich auf Kurven und Kreise mit Innengewicht.)

Häufige Bewegungsfehler:
- Der Körper bleibt aufrecht, er wird nicht zum Kreismittelpunkt hin geneigt.
- Der Innenarm wird zu stark angewinkelt.
- Der Außenarm wird hinter dem Körper mitgeführt.
- Fehler in der Fuß- und Beinarbeit sind wie beim Laufen vorwärts.

7.1.3 Planungsbeispiele zur Schulung der Grundform Laufen

Thema 1: Laufen frei im Raum um liegende Reifen
Thema 2: Laufen frei im Raum mit und ohne Partner
Thema 3: Laufen frei im Raum in wechselnden Gruppierungen
Thema 4: Raumgreifendes Laufen vorwärts
Thema 5: Laufen vorwärts und rückwärts in Reihen durch den Raum
Thema 6: Kurviges Laufen um große Reifenkreise
Thema 7: Kurviges Laufen um liegende Reifen
Thema 8: Kurviges Laufen in einer Bewegungsfolge (Bewegungsspiel)

Bei den vorliegenden Beispielen handelt es sich um Grobplanungen, die der jeweiligen konkreten Unterrichtssituation entsprechend weiter ausdifferenziert werden müssen.

Die Planungsbeispiele berücksichtigen eine Steigerung in der Schwierigkeit, stellen aber keine lückenlose Folge im Sinne einer geschlossenen Lehreinheit dar, sondern lediglich eine Auswahl von Möglichkeiten, die sich beliebig erweitern lassen.

Ein Einschnitt in der Themenfolge kann sich auch deshalb ergeben, weil das Laufen vorwärts und rückwärts erst einmal gefestigt und stabilisiert werden muß, bevor die bewußte Erarbeitung des kurvigen Laufens erfolgen kann. Unter diesem Aspekt läßt sich eine Einteilung in zwei Themenkomplexe herstellen, nämlich:

Themenkomplex 1: Themen 1–5

- Vorbereitung und Erarbeitung des Laufens vorw. und rückw.

Themenkomplex 2: Themen 6–8

- Vorbereitung und Erarbeitung des kurvigen Laufens

Im Themenkomplex 1 haben die Planungsbeispiele 1–3 vorbereitenden Charakter im Hinblick auf die Themen 4 und 5, wobei je nach Voraussetzungen der Schüler auch gleich mit dem 2. oder 3. Thema begonnen werden kann.

Vom zeitlichen Umfang her eignen sich die Planungsbeispiele 1, 2, 3 und 6 als Teilthemen einer Stunde, während die Planungsbeispiele 4, 5 und 7, 8 den Hauptteil einer Stunde beanspruchen, da sie die eigentliche Erarbeitung der Grundform Laufen unter Einbeziehung der wesentlichsten Merkmale beinhalten.

Thema 1: Laufen frei durch den Raum um liegende Reifen

Lernziele:

Die Schüler sollen lernen, den Raum beim Laufen gut auszunutzen, variable Raumwege zu wählen, geschickt anderen Laufenden auszuweichen, bestimmte Punkte im Raum wiederzufinden und sich mit ihrer Bewegung einem vorgegebenen Rhythmus anzupassen.

Hinweise zum methodischen Vorgehen und zur Organisation:

Verschiedenfarbige Reifen werden von den Schülern gleichmäßig im Raum verteilt. Die verschiedenen Farben sollen schnelle Gruppenbildungen ermöglichen.

Die Reifen sollen zu kurvigem Laufen anregen und die Orientierung im Raum erleichtern, wobei der eigene Reifen nach jedem Durchgang wiedergefunden werden soll.

Nach freiem Umkurven der Reifen, bei dem sich alle gleichzeitig durch den Raum bewegen, werden die Schüler durch Bewegungsaufgaben angeregt, den gesamten Raum zu nutzen, unterschiedlich große Kurven zu laufen, Kurven und Kreise miteinander zu verbinden. Bei diesen Aufgaben arbeiten die Schüler zunächst in kleineren Gruppen, um die Konzentration auf die Raumwege lenken zu können und um Störungen durch andere im Raum laufende Schüler geringzuhalten. Die jeweils passiven Schüler stehen in ihren Reifen. Mit wachsender Sicherheit wird die Anzahl der gleichzeitig laufenden Schüler vergrößert. Die Einstellung auf einen vorgegebenen Rhythmus (Musik) erfolgt auf dem Weg über das Anhören und Mitklatschen, danach erst wird die Aufforderung zur Anpassung der Bewegung an die Musik gegeben.

Der Zeitpunkt des Musikeinsatzes ist abhängig von den Vorerfahrungen der Schüler. Wenn sie daran gewöhnt sind, sich nach Musik zu bewegen, kann die Musik bereits am Anfang eingesetzt werden, andernfalls sollte den Schülern zuerst die Möglichkeit gegeben werden, die Aufgaben ohne Konzentration auf einen von außen gegebenen Rhythmus zu lösen.

Thema 2: Laufen frei im Raum mit und ohne Partner

Lernziele:

Die Schüler sollen frei durch den Raum laufen, dabei die Raumwege auf vorgegebene zeitliche Abläufe abstimmen und die jeweiligen Einsätze selbständig finden. Beim gemeinsamen Laufen mit einem Partner soll die Einstellung auf den Partner geschult werden.

Hinweise zum methodischen Vorgehen und zur Organisation:

Die Aufgabe, frei durch den Raum zu laufen, ist ohne die Orientierungshilfe der vorangegangenen Stunde erschwert. Geübt wird im Wechsel in zwei Gruppen in Anpassung an Musik. Am Anfang kann zur Ablösung irgendein Partner gewählt werden. Variabilität beim Finden der Raumwege, aber auch Einstellung auf vorgegebene zeitliche Abläufe (z. B. 16 Zeiten), stehen bei den Aufgabenstellungen im Vordergrund.

Hierzu muß das Erkennen der genauen Einsätze zum Laufen erarbeitet werden.

Beim Ablösen eines bestimmten Partners beeinflußt dann der vorgegebene zeitliche Ablauf die Wahl der Raumwege. Nur bei guter Anpassung an den Zeitablauf ist eine fließende Ablösung der Partner möglich.

Beim Laufen durch den Raum mit dem Partner läuft jeweils die Hälfte der Paare. Für Aktivität und Pause bleiben dieselben bereits bekannten Zeitabläufe bestehen, so daß eine größere Sicherheit beim selbständigen Finden der Einsatze erreicht werden kann.

Stärkere Aufmerksamkeit erfordert jetzt die Anpassung an den Partner, der die Aufgabe hat, den Raumweg zu gestalten. Der jeweils führende Partner läuft zunächst vorn, später laufen beide auch nebeneinander.

Thema 3: Laufen frei durch den Raum in wechselnden Gruppierungen

Lernziele:

Die Schüler sollen mit einem Partner und in unterschiedlich großen Gruppen bis zu fünf Teilnehmern in Schlangen geradlinig und kurvig durch den Raum laufen. Sie sollen sich auf verabredete Zeichen schnell zu Gruppen zusammenfinden, als „Führende“ eine Gruppe geschickt durch den Raum führen und sich als „Mitlaufende“ der Bewegung einer Gruppe anpassen.

Hinweise zum methodischen Vorgehen und zur Organisation:

Die Schüler laufen zunächst einzeln nach Musik frei durch den Raum und reagieren auf verabredete Zeichen (Unterbrechung der Musik) durch schnelles Einnehmen bestimmter Positionen: Hockstand, Hocksitz, Bauchlage, Rückenlage usw. Danach finden die Schüler sich während des Laufens auf Zuruf zu der geforderten Gruppengröße zusammen und laufen als Schlangen durch den Raum, die sich bei erneutem Zuruf wieder auflösen. Um Aufgaben stellen zu können, durch die die Schüler zu guter Raumausnutzung und zur Wahl variabler Raumwege angeregt werden sollen, wird die Musik jeweils kurzzeitig unterbrochen. Im letzten Teil bleiben die Gruppierungen bestehen, auf Zeichen (kurzzeitige Musikunterbrechung) wechselt die Führung, die letzte Läuferin läuft an der Gruppe vorbei und übernimmt die Führung. Auf diese Weise soll erreicht werden, daß alle Schüler Führungsaufgaben übernehmen.

Thema 4: Raumgreifendes Laufen vorwärts

Lernziele:

Die Schüler sollen unter Beachtung der wesentlichen Merkmale des raumgreifenden Laufens vorwärts (weites Ausgreifen des Schwungbeines, flache Flugphase, Aufsetzen des Fußes mit den Zehenspitzen, elastisches Abrollen zur Ferse hin, Körpervorlage) in Anpassung an Musik geradlinig durch den Raum laufen.

Hinweise zum methodischen Vorgehen und zur Organisation:

Die Schüler laufen zur Erwärmung in Viererschlangen mit Führungswechsel frei durch den Raum. Hierfür wird Musik eingesetzt, die den Schülern von der vorangegangenen Stunde her bekannt ist. Durch kurzzeitige Musikunterbrechung wird jeweils das Zeichen zum Führungswechsel gegeben, d.h., die letzte Schülerin jeder Gruppe überholt die Gruppe und übernimmt die Führung (Abb. 1).

Jede Vierergruppe bildet eine Reihe an der Schmalseite der Halle (Abb. 2).

Für die Erarbeitung der Bewegungsmerkmale des Laufens wird eine gebundene Organisationsform gewählt, die dem Lehrer eine gute Übersicht und ausreichende Korrekturmöglichkeit bietet.

Um raumgreifendes Laufen zu ermöglichen, sollte ein längerer Laufweg vorgegeben werden. In diesem Fall wird die Halle längs genutzt. Für die Schüler hat das Laufen in Reihen durch den Raum auf einem vorgegebenen Raumweg den Vorteil, daß die volle Aufmerksamkeit auf die Merkmale des Laufens gerichtet werden kann. Störgrößen, wie sie sich bei der Bewegung frei im Raum ergeben, fallen hier weg.

Die Merkmale des Laufens werden nacheinander mit Hilfe von Bewegungsvorbildern, Bewegungsanweisungen und Bewegungserklärungen zunächst ohne Musik erarbeitet, dann mit Musik geübt.

Um einzelne Merkmale des Laufens besonders zu schulen, können evtl. spezielle Übungsformen eingeschaltet werden. So kann die für das elastische Abrollen der Füße erforderliche Fußbeweglichkeit z. B. durch Fußbeweglichkeitsübungen im Hocksitz oder Strecksitz besonders gefördert werden. (Beispiel: Im Hocksitz werden im Wechsel beide Zehenspitzen, dann beide Fersen dicht am Körper aufgesetzt, durch Tempoveränderungen können sich rhythmische Folgen ergeben. Eine Variation der Aufgabe kann darin bestehen, daß im Wechsel die rechte Ferse und die linke Zehenspitze, dann die linke Ferse und die rechte Zehenspitze aufgesetzt werden.)

Beim Laufen vorwärts mit hohem Tempo kann die Aufmerksamkeit auf die Schrittweite und die Körpervorlage gelenkt werden.

Abb. 1

1

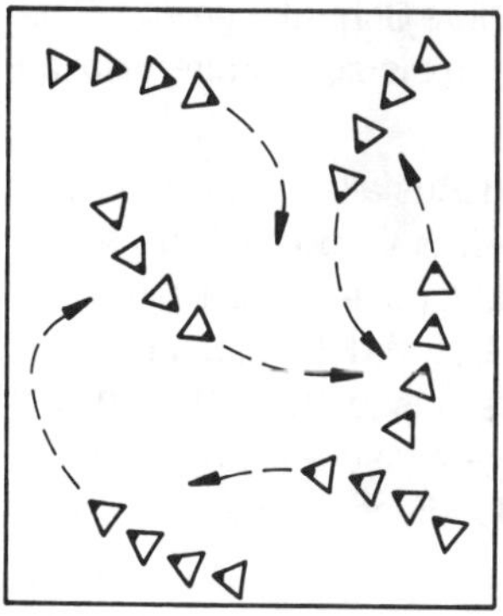

Abb. 2

2

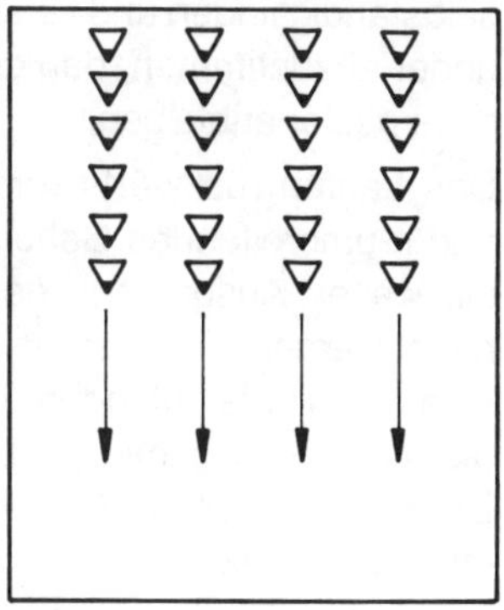

Thema 5: Laufen vorwärts und rückwärts in Reihen durch den Raum

Lernziele:

Die Schüler sollen in Anpassung an Musik in Reihen vorwärts durch den Raum laufen und dabei vorher vereinbarte Einsätze einhalten.

Die Schüler sollen unter Beachtung der wesentlichen Merkmale (weites Ausgreifen des Schwungbeines, Abrollen des Fußes bis zur Ferse, leichte Körpervorlage) geradlinig rückwärts durch den Raum laufen.

Hinweise zum methodischen Vorgehen und zur Organisation:

Zur Erwärmung laufen die Schüler in vier Schlangen durch den Raum, aus denen dann vier Riegen an einer Schmalseite der Halle gebildet werden (Abb. 1).

Das Laufen vorwärts wird wiederholt und mit wechselnden Einsätzen nach Musik geübt, z. B. Einsatz nach 8, 4, 2 Zeiten.

Das Finden der Einsätze wird anfangs durch akustische Hilfen des Lehrers erleichtert. Später sollen die Schüler die Einsätze selbständig finden und versuchen, ihre Schrittlänge so aufeinander abzustimmen, daß die Reihen bis zur anderen Hallenseite bestehenbleiben.

Das Laufen rückwärts wird durch Ausfallschritte rückwärts und raumgreifendes Gehen rückwärts vorbereitet, dabei soll ein weites Ausgreifen des Schwungbeines nach hinten erreicht werden. Das Laufen rückwärts wird zunächst mit Hilfe eines vorwärtslaufenden Partners ausgeführt (Abb. 2), der die Richtung bestimmt und ein angemessenes Tempo vorgibt. Die Partner üben am Anfang mit Handfassung, dann nur noch mit Blickkontakt.

Die Merkmale des Laufens rückwärts werden mit Hilfe von Lehrer- und Schülerbeispielen verdeutlicht. Das Laufen wird zunächst ohne Musik erprobt, dann in Anpassung an Musik geübt.

Abb. 1

1

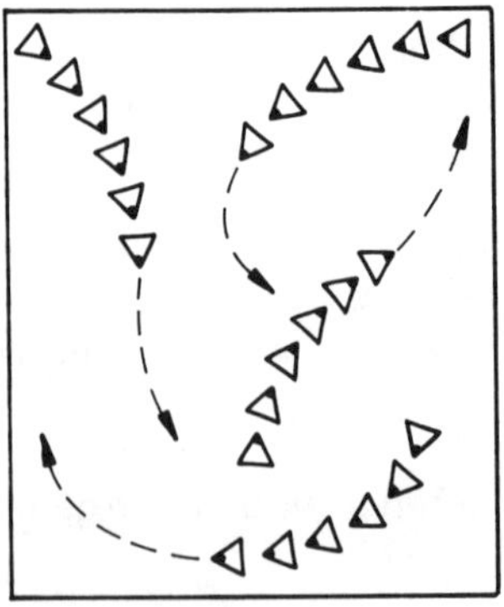

Abb. 2

2

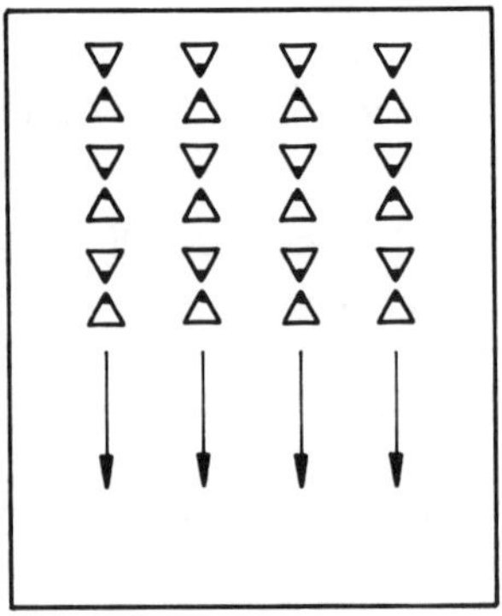

Thema 6: Kurviges Laufen um große Reifenkreise

Lernziele:

Die Schüler sollen beim Laufen von Kurven und Kreisen, die optisch durch liegende Reifen markiert sind, die Merkmale des kurvigen Laufens beachten (Körper etwas zur Kreismitte geneigt, Innenschulter und Innenarm bewegungsführend etwas voraus).

Hinweise zum methodischen Vorgehen und zur Organisation:

Zur Erarbeitung des kurvigen Laufens werden zunächst großräumige Kurven, später Kreise gelaufen, da hier die Körperinnenlage und Schulter- und Armhaltung länger beibehalten werden. Durch optische Hilfe (die Raumwege sind vorgegeben) kann die Konzentration auf das Beachten der Bewegungsmerkmale gelenkt werden.

Zusätzlich müssen für die Entwicklung von genauen Bewegungsvorstellungen Bewegungsbeispiele eingesetzt werden.

Durch häufigen Wechsel der Organisationsformen soll die Motivation zum Üben für die Schüler erhalten bleiben.

So kann zum Beispiel zuerst die ganze Gruppe hintereinanderlaufen (Abb. 1). Danach laufen zwei Gruppen (vier Gruppen) mit zeitlich unterschiedlichen Einsätzen aus verschiedenen Richtungen (Abb. 2–5). Das selbständige Finden des Einsatzes steigert die Schwierigkeit der Aufgabe.

Abb. 1

1

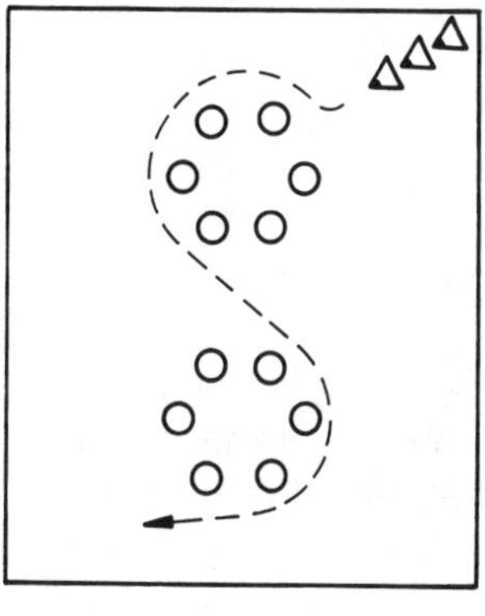

Abb. 2

2

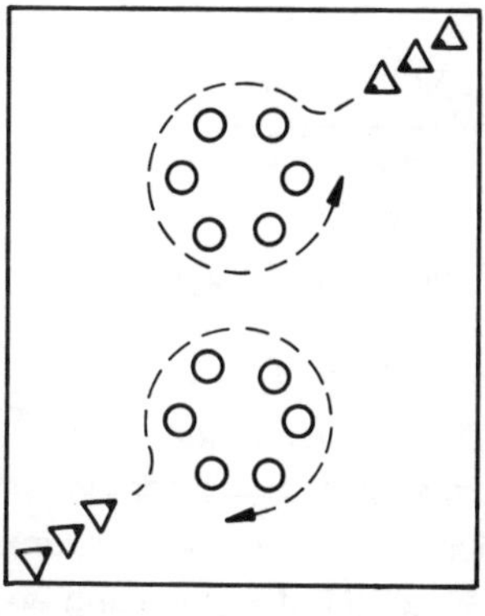

Abb. 3

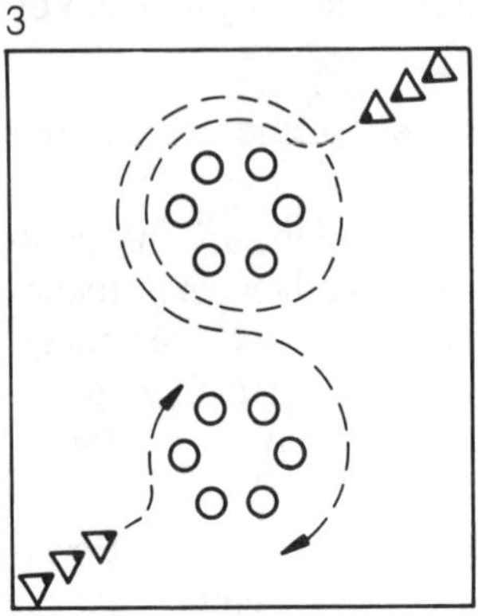

Abb. 4

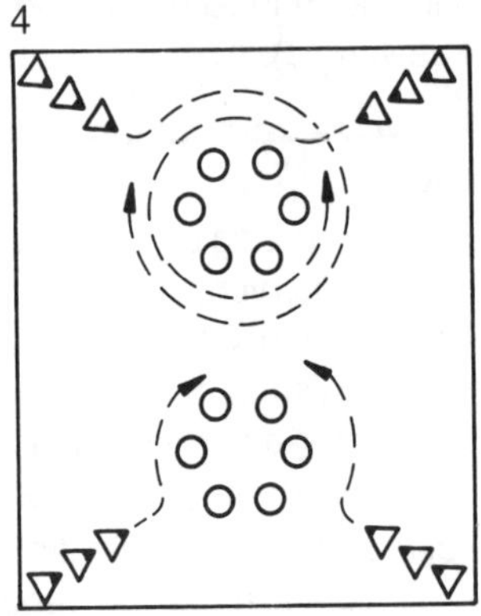

Abb. 5

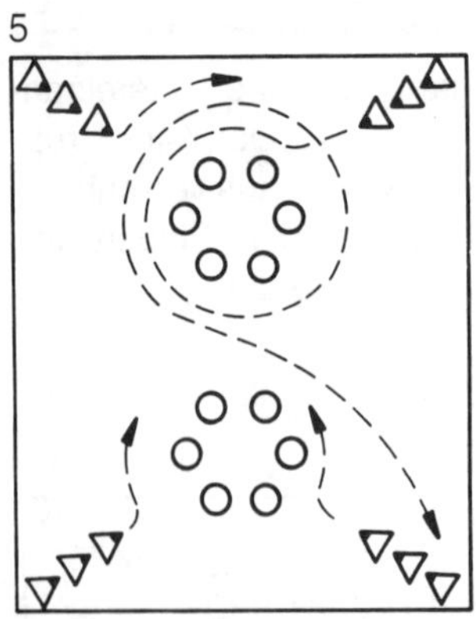

Thema 7: Kurviges Laufen um liegende Reifen

Lernziele:

Die Schüler laufen in Kurven und Kreisen um liegende Reifen unter Beachtung der Merkmale des kurvigen Laufens. Sie sollen selbstgefundene Raumwege um zwei liegende Reifen allein und mit Anpassung an einen Partner in Kurven, Frontalkreisen, Flankenkreisen und Achten laufen.

Hinweise zum methodischen Vorgehen und zur Organisation:

Die Erarbeitung des kurvigen Laufens wird fortgeführt, indem die erarbeiteten Merkmale beim Laufen kleinerer Kurven und Kreise angewendet werden.

Zunächst werden Flanken- und Frontalkreise um ein und zwei Reifen gelaufen. Der schnellere Wechsel der Bewegungsrichtung, z. B. bei Frontalkreisen oder bei Flankenkreisen um zwei Reifen als Achterlauf, erfordert bereits die bewußte Anwendung des kurvigen Laufens.

Durch das Üben allein an einem, später an zwei Reifen mit einem Partner sind zahlreiche Raumwege denkbar, je nach Geschicklichkeit, Phantasie und Koordinationsvermögen der Übenden. Folgende Möglichkeiten könnten sich dabei ergeben:

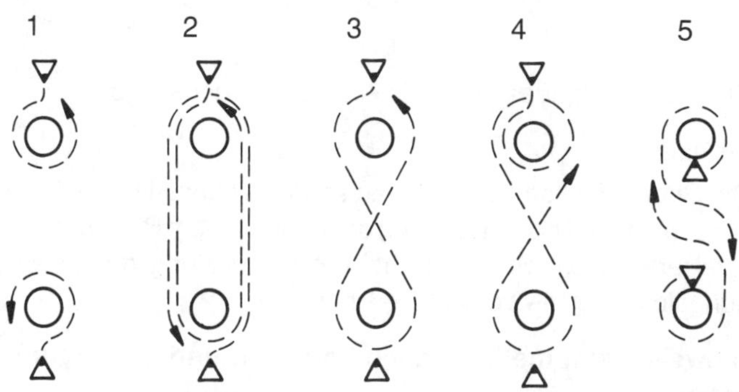

In einer darauffolgenden Stunde ließen sich die mit einem Partner erarbeiteten Raumwege beim kurvigen Laufen um zwei liegende Reifen in einer stärker gebundenen Organisationsform, z. B. Gassenaufstellung, erneut anwenden.

Es könnten sich dabei folgende Formen ergeben:

1 2

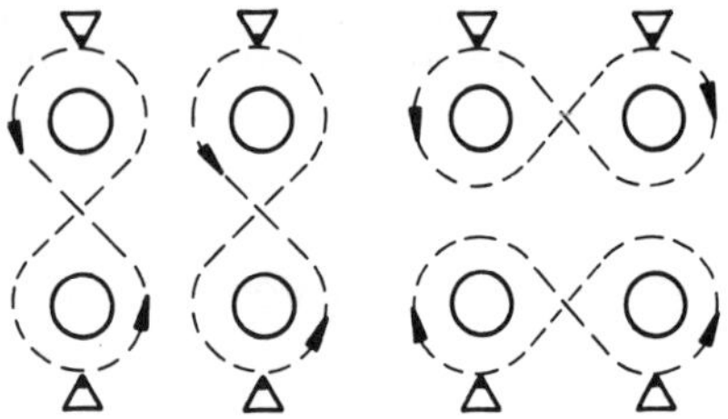

3a 3b

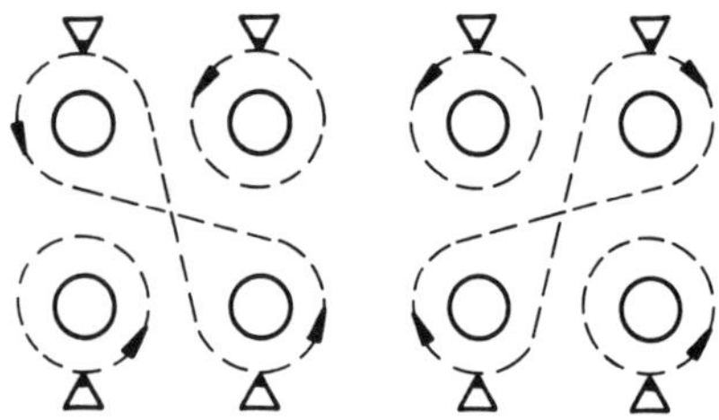

Thema 8: Kurviges Laufen in einer Bewegungsfolge

Lernziele:

Die Schüler sollen kurviges Laufen in Halbkreisen, Flankenkreisen und auf dem Raumweg der Acht in einem Bewegungsspiel anwenden. Sie sollen bei der Entwicklung der Bewegungsfolge eigene Vorschläge einbringen.

Hinweise zum methodischen Vorgehen und zur Organisation:

Die Schüler laufen nach der für das Laufspiel ausgewählten Musik im Wechsel auf der Kreislinie und kurvig frei durch den Raum. Der Wechsel erfolgt zuerst durch Zuruf, dann unter Berücksichtigung von vorher verabredeten Zeitabläufen (z. B. je 16 Zählzeiten, je 32 Zählzeiten).

In dieser einleitenden Phase soll neben der allgemeinen Erwärmung gleichzeitig die Einstellung auf die Musik erfolgen.

Für das Laufspiel stellen die Schüler sich paarweise nebeneinander im Stirnkreis auf (Abb. 1). Um den weiteren Ablauf des Übens zu erleichtern, erhält der rechtsstehende Partner die Nummer 1, der linksstehende Partner die Nummer 2.

In der gewählten Aufstellung bieten sich verschiedene Möglichkeiten des Laufens in Halbkreisen, Kreisen und auf dem Raumweg der Acht an, wobei im Wechsel ein Partner aktiv ist, der andere umlaufen wird. Die Schüler werden aufgefordert, verschiedene Möglichkeiten des Umkurvens und Umkreisens des Partners zu erproben, später auch einen anderen Partner miteinzubeziehen (z. B. beim Achterlauf). Gefundene Lösungen werden demonstriert, gemeinsam eine Auswahl getroffen und eine Folge festgelegt, die von allen geübt wird.

Der Einsatz der Musik erfolgt jeweils nach einer Phase des Erprobens.

Abb. 1

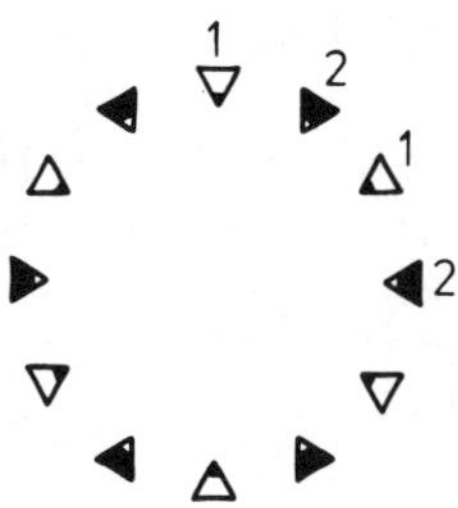

Folgende Abläufe könnten sich ergeben:

- Mit oder ohne Handfassung einen Halbkreis um den Partner laufen, rw. wieder auf den Platz zurücklaufen (Abb. 2)
  Partner 1 = 16 Zeiten
  Partner 2 = 16 Zeiten;

Abb. 2

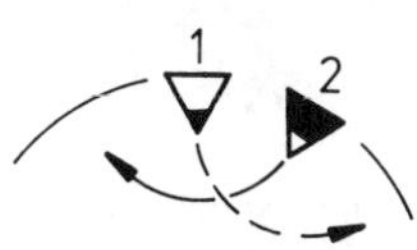

- mit Handfassung einen Halbkreis vorwärts auf die andere Seite des Partners laufen, auf dem neuen Platz stehenbleiben, einen Handwechsel vornehmen und den Partner nachholen (Abb. 3)
  Partner 1 = 8 Zeiten, Partner 2 = 8 Zeiten
  Partner 1 = 8 Zeiten, Partner 2 = 8 Zeiten;
- mit oder ohne Handfassung einen Flankenkreis um den Partner laufen (Abb. 4)
  Partner 1 = 16 Zeiten, Partner 2 = 16 Zeiten;
- ohne Handfassung zunächst um den eigenen, dann um einen fremden Partner laufen, so daß sich der Raumweg einer 8 ergibt (Abb. 5)
  Partner 1 = 32 Zeiten, Partner 2 = 32 Zeiten.
- Als Auftakt und Abschluß der Bewegungsfolge könnten die Schüler z. B. im Wechsel vorwärts zur Kreismitte laufen und rückwärts wieder auf den Platz zurück
  Partner 1 = 8 Zeiten vorwärts, 8 Zeiten rückwärts
  Partner 2 = 8 Zeiten vorwärts, 8 Zeiten rückwärts,
  oder
- alle Schüler laufen gemeinsam mit Handfassung auf der Kreislinie nach links, dann nach rechts, dann zur Kreismitte und wieder zurück
  Partner 1 und 2 =
  8 Zeiten nach links,
  8 Zeiten nach rechts,
  8 Zeiten vorwärts zur Kreismitte,
  8 Zeiten rückwärts auf den Platz zurück.

Abb. 3

Abb. 4

Abb. 5

Abb. 6

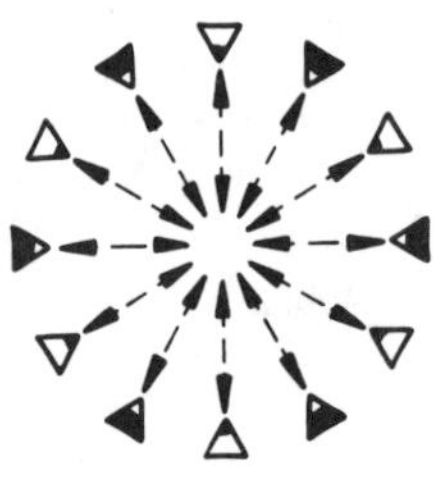

7.2 Die Grundform Hüpfen

7.2.1 Charakteristische Merkmale der Grundform

Bei allen Formen des Hüpfens liegt die Betonung in der schnellkräftigen Abstoßbewegung vom Boden, die in die Höhe oder Weite gehen kann. Eine längere Spannungsphase während des Fluges wechselt mit einem kurzen Nachlassen der Spannung in der Landephase.

7.2.2 Wesentliche Bewegungsmerkmale der Formen des Hüpfens und häufig auftretende Fehler

Der Hüpfer vorwärts[1]

Die Bewegung beginnt mit einem Schritt vorwärts, dem ein Abdrücken und Landen auf dem gleichen Bein folgt. Das Abdruckbein wird in der Flugphase gestreckt, während das Schwungbein im Knie gebeugt, mit gestrecktem Fuß locker nach vorn durchgeschwungen wird. Zur Landung setzt der Fuß des Abdruckbeines mit der Zehenspitze auf und rollt zur Ferse hin ab. Durch elastisches Nachgeben in Fuß-, Knie- und Hüftgelenk wird das Körpergewicht federnd abgefangen.

Zum nächsten Hüpfer setzt das Schwungbein mit einem Schritt nach vorn auf und wird damit zum Abdruckbein, während das neue Schwungbein nach vorn durchschwingt.

Die Arme schwingen aus den Schultern heraus locker in Gegenbewegung mit, der Oberkörper ist aufrecht.

Der Hüpfer rückwärts

Es gelten die gleichen Bewegungsmerkmale wie für den Hüpfer vorwärts, lediglich die Richtung der Schwungbeinbewegung verändert sich.

---

[1] Es handelt sich um die einfachste Form des Hüpfens, die in der Literatur auch als „Natürlicher Hüpfer" bezeichnet wird (Vgl. Herold u. Fluch, 1972, S. 39)

Häufige Bewegungsfehler:

- Das Schwungbein schwingt nicht locker und gleichmäßig durch, sondern es wird hinten festgehalten oder zu schnell duchgeschwungen und vorn festgehalten.
- Das Schwungbein wird zu stark angehockt.
- Beim Schritt nach vorn wird nicht die Zehenspitze zuerst aufgesetzt und zur Ferse hin abgerollt, sondern entweder zuerst die Ferse aufgesetzt und zur Zehenspitze abgerollt oder aber gleich der ganze Fuß aufgesetzt.
- Beim Schritt nach hinten wird der Oberschenkel nicht in die Rückbewegung mit einbezogen, sondern nur der Unterschenkel.
- Das Abdruckbein wird in der Flugphase nicht gestreckt.
- Die Arme schwingen nicht locker aus der Schulter heraus mit, sondern schwingen entweder nur nach vorn oder werden angeklemmt.
- Die Arme schwingen nicht gegengleich mit (Passgang).
- Der Bewegungsfluß wird bei der Aneinanderreihung von Hüpfern unterbrochen.

Der Hochhüpfer

Der Körper steigt mit starkem Abdruck vom Boden senkrecht hoch. Das Schwungbein unterstützt die Aufwärtsbewegung, indem es im Knie gebeugt vorhoch schwingt. Der Oberschenkel sollte dabei bis zur Waagerechten geschwungen werden, der Unterschenkel mit gestrecktem Fuß senkrecht nach unten zeigen. Die Arme werden energisch zur Unterstützung der Aufwärtsbewegung mit eingesetzt:

1. durch Gegenarmschwung bis zur Schulterhöhe (siehe Foto 1),
2. durch Armkreis rückwärts,
3. durch Parallelarmschwung (Vor-Hoch-Seitbewegung).

Foto 1

Häufige Bewegungsfehler:

- Der Abdruck vom Boden ist nicht kräftig genug.
- Es fehlt die Streckung des Abdruckbeines.
- Der Oberschenkel des Schwungbeines wird nicht bis zur Waagerechten geschwungen.
- Der Unterschenkel des Schwungbeines zeigt nicht senkrecht in Richtung Boden, sondern wird nach hinten angewinkelt.
- Der Körper ist in der Flugphase nicht völlig gespannt.
- Der Fuß des Schwungbeines wird beim Aufsetzen nicht von den Zehenspitzen zur Ferse hin abgerollt.

Der gestreckte Hüpfer

Foto 2

Es gelten die gleichen Bewegungsmerkmale wie beim Hochhüpfen, aber das Schwungbein bleibt gestreckt. Im Höhepunkt der Flugphase schwingen die Beine gestreckt aneinander vorbei (siehe Foto 2).

Häufige Bewegungsfehler:

- Im Höhepunkt der Flugphase ist das Schwungbein nicht neben dem Abdruckbein, sondern wird nach hinten oder nach vorn gespreizt.
- Die Beine sind in der Flugphase nicht völlig gestreckt.
- In der Flugphase wird eine Hohlkreuzhaltung eingenommen.

Hüpfer mit Vor-, Rück- oder Seitspreizen eines Beines

Das Schwungbein wird gestreckt nach vorn, nach hinten oder zur Seite geschwungen, bevor es zur neuen Schrittbewegung nach vorn aufsetzt. Beim Hüpfen mit Seitspreizen eines Beines erfolgt das Aufsetzen nach vorn meist mit einem Kreuzschritt.

Der Galopphüpfer seitwärts

Nach einem Schritt rechts (links) seitwärts drückt sich das rechte (linke) Bein kräftig vom Boden ab, das linke (rechte) Bein schwingt nach. Die Beine werden in der Flugphase bei völliger Körperstreckung geschlossen, danach setzt das linke (rechte) Bein zur Landung auf, das rechte (linke) Bein holt erneut mit einer Schrittbewegung seitwärts aus.

Die Arme schwingen locker in der Seithalte oder neben den Oberschenkeln mit, es können auch Gegenarmschwünge oder Gegenarmkreise vor dem Körper ausgeführt werden.

Häufige Bewegungsfehler:

- In der Flugphase ist der Körper nicht völlig gestreckt.
- Hüfte, Schultergürtel und Füße werden leicht in die Bewegungsrichtung gedreht.
- Die Beine werden in der Flugphase nicht geschlossen.
- Die Arme schwingen nicht mit, sondern werden festgehalten.

Der Nachstellhüpfer

Es handelt sich um einen Galopphüpfer vorwärts mit Beinwechsel, d. h., das linke Bein schwingt nach vorn durch, setzt auf und drückt sich vom Boden ab, während das rechte Bein nachschwingt, zum linken aufschließt und zum Landebein wird. Das linke Bein greift wiederum nach vorn aus, setzt auf und drückt ab, während das rechte Bein am linken vorbeischwingt und mit einem Schritt nach vorn aufsetzt. Der gesamte Ablauf wird gegengleich wiederholt. Das Schwungbein bleibt bei dieser Form des Hüpfens gestreckt.

Der Schlußhüpfer

Aus ausholender Tiefbewegung mit leichtem Beugen in Fuß-, Knie- und Hüftgelenken erfolgt ein beidbeiniger Abdruck vom Boden. In der Flugphase ist der Körper völlig gestreckt (siehe Foto 3), die Landung erfolgt federnd mit Abrollen von der Zehenspitze zur Ferse hin und elastischem Nachgeben in Fuß-, Knie- und Hüftgelenken. Die Arme schwingen locker in Parallelarmschwung an der Körperseite mit.

Foto 3

Häufige Bewegungsfehler:

- Der Körper ist in der Flugphase nicht völlig gestreckt.
- Die Landung erfolgt nicht federnd.
- Die Füße werden nicht von der Zehenspitze zur Ferse hin abgerollt.
- Die Arme werden nicht in die Bewegung mit einbezogen.

Anmerkungen: Siehe auch Schlußsprünge ohne Nachfedern – eine klare Abgrenzung von Schlußhüpfer und Schlußsprung ohne Nachfedern ist nicht möglich!

7.2.3 Planungsbeispiele zur Schulung der Grundform Hüpfen

Thema 1: Hüpfen vorwärts, rückwärts, seitwärts frei durch den Raum
Thema 2: Hüpfen vorwärts in Reihen durch den Raum
Thema 3: Anwendung des Hüpfens vorwärts
Thema 4: Hüpfen vorwärts und rückwärts
Thema 5: Hüpfen vorwärts, rückwärts, seitwärts in Bewegungsverbindungen in der Gruppe
Thema 6: Hüpffolge nach vorgegebener Musik
Thema 7: Hüpfen und Springen an der Mattenbahn
Thema 8: Hüpfen, Springen und Rollen an der Mattenbahn

Wie schon beim Thema Laufen sollen ebenso beim Thema Hüpfen durch die vorliegenden acht Planungsbeispiele Anregungen zur Unterrichtsgestaltung gegeben werden.

Die Reihenfolge läßt auch hier einen steigenden Schwierigkeitsgrad erkennen.

Unter Anpassung an spezielle Unterrichtssituationen könnten die ersten vier Planungsbeispiele eine Grundlage für eine Lehreinheit mit dem Thema „Hinführung und Erarbeitung des Hüpfens vorwärts und rückwärts“ darstellen.

Themen 2 und 4 würden dabei den Hauptteil einer Stunde beanspruchen, Themen 1 und 3 sind wegen des geringeren zeitlichen Umfanges als Teilthemen geeignet.

Die weiteren vier Planungsbeispiele stellen mit unterschiedlich hohem Leistungsanspruch Möglichkeiten des variablen Übens und Anwendens der verschiedenen Formen des Hüpfens vor und könnten wahlweise die Lehreinheit ergänzen oder auch zu einem späteren Zeitpunkt zur Vertiefung wiederaufgenommen werden.

Thema 1: Hüpfen vorwärts, rückwärts, seitwärts frei durch den Raum

Lernziele:

Die Schüler sollen in Anpassung an einen vorgegebenen Rhythmus am Ort und vorwärts, rückwärts, seitwärts frei durch den Raum hüpfen und selbständig zwei Hüpfformen in beliebiger Folge miteinander verbinden.

Hinweise zum methodischen Vorgehen und zur Organisation:

Die Hinführung zum Thema Hüpfen erfolgt in diesem Beispiel durch die Vorgabe der Musik. Die Schüler sollen zunächst versuchen, den Rhythmus aufzunehmen, eventuell durch Mitklatschen, und sich dann in Anpassung an die Musik durch den Raum bewegen.

Da die Schüler beim Hüpfen wahrscheinlich auf Vorerfahrungen zurückgreifen können, ist zu erwarten, daß mit Sicherheit die Formen Hüpfen vorwärts und Hüpfen am Ort, eventuell Seitgalopp oder auch Hüpfen rückwärts, gezeigt werden.

Durch Bewegungsaufgaben versucht der Lehrer, die Schüler möglichst selbst viele Formen des Hüpfens finden zu lassen, dabei können Bewegungsbeispiele einzelner Schüler aufgegriffen und von allen gemeinsam nachvollzogen werden.

Im weiteren Verlauf wird paarweise im Wechsel geübt. Die Hüpfform und die Dauer der Bewegungsfolge (z. B. einmal, zweimal oder viermal acht Zeiten) können jeweils wechselnd von einem Partner vorgegeben und von dem anderen aufgenommen werden. Die gleiche Organisationsform eignet sich beim Verbinden von zwei Hüpfformen, wobei die Aufgabenstellung das Nachvollziehen einer Bewegungsverbindung sein kann, die der Partner vorgegeben hat, oder aber der ablösende Partner immer eine neue Variante finden muß.

Abschließend können Bewegungsbeispiele gezeigt und von allen gemeinsam nachvollzogen werden.

Für das freie Bewegen im Raum mit einer größeren Gruppe eignen sich besonders Verbindungen mit der Form Hüpfen am Ort mit Drehungen, da durch Änderung in der Bewegungsrichtung ein gegenseitiges Ausweichen leichter möglich wird.

Thema 2: Hüpfen vorwärts in Reihen durch den Raum

Lernziele:

Die Schüler sollen unter Beachtung der wesentlichen Merkmale (in der Flugphase Abdruckbein strecken und Schwungbein locker nach vorn schwingen, in der Landephase mit den Zehenspitzen aufsetzen und zur Ferse abrollen, Arme locker mitschwingen in Gegenbewegung) den Hüpfer vorwärts gradlinig und in Anpassung an Musik ausführen können.

Hinweise zum methodischen Vorgehen und zur Organisation:

Wie in der ersten Stunde dieser Einheit hüpfen die Schüler frei durch den Raum, wobei unter erneuter Einstellung auf bereits bekannte Musik in erster Linie eine allgemeine Erwärmung erreicht werden soll.

Auf Zuruf finden sich zwei, drei und zuletzt vier Schüler zusammen, die hintereinander als Schlange durch den Raum hüpfen. Die Organisationsform kann für die im Hauptteil vorgesehene Aufstellungsform genutzt werden. Die Vierergruppen stellen sich dazu hintereinander auf.

Unter Beachtung der genannten Merkmale wird nun eine Formung der Bewegung vorgenommen. Zur Verdeutlichung der Bewegungsmerkmale dienen Bewegungsbeispiele des Lehrers oder der Schüler. Außerdem könnten Beobachtungsaufgaben (z. B.: Achtet darauf, ob immer die Zehenspitzen gestreckt aufgesetzt werden!) bei Bewegungsdemonstrationen der einzelnen Reihen eine Vertiefung der Bewegungsvorstellung bewirken, aber auch das Bewegungssehen schulen.

Der Einsatz zum Üben wird anfangs vom Lehrer durch akustische Hilfen vorgegeben und in der Phase der Bewegungsformung nicht verändert. Später sollen die Schüler in der Lage sein, den jeweiligen, auch zeitlich veränderten, Einsatz zu finden.

Thema 3: Anwendung des Hüpfens vorwärts

Lernziele:

Die Schüler sollen beim Hüpfen vorwärts in Anpassung an Musik vorher vereinbarte Einsätze einhalten.

Hinweise zum methodischen Vorgehen und zur Organisation:

Zur Erwärmung hüpfen die Schüler in vier Schlangen frei durch den Raum und stellen sich dann so an den Schmalseiten der Halle auf, daß sich je zwei Riegen versetzt gegenüberstehen (Abb. 1).

Der Hüpfer vorwärts wird nach bekannter Musik mit zeitlich veränderten Einsätzen geübt. Hierbei starten die vornstehenden Schüler jeder Gruppe gleichzeitig nach 8, 4, 2 Zeiten. Mit jedem Durchgang erfolgt ein Platzwechsel der gegenüberstehenden Gruppen.

Das Finden der Einsätze wird zuerst durch akustische Hilfen erleichtert, indem der Lehrer sie durch Klatschen vorgibt oder alle Schüler sie mitklatschen.

Später sollen die Einsätze selbständig gefunden werden.

Die Schwierigkeit der Aufgaben wird durch versetzte Einsätze gesteigert, d. h., die Gruppen 1 und 3 (bzw. die jeweils erste Schülerin dieser Gruppen) setzen zur gleichen Zeit ein, dann erst die Gruppen 2 und 4.

Wenn sich dieser Ablauf eingespielt hat, erfolgt eine weitere Steigerung der Schwierigkeit durch einen Wechsel der Organisationsform (Abb. 2). Alle vier Gruppen starten aus den Hallenecken und hüpfen über die Diagonale.

Abb. 1

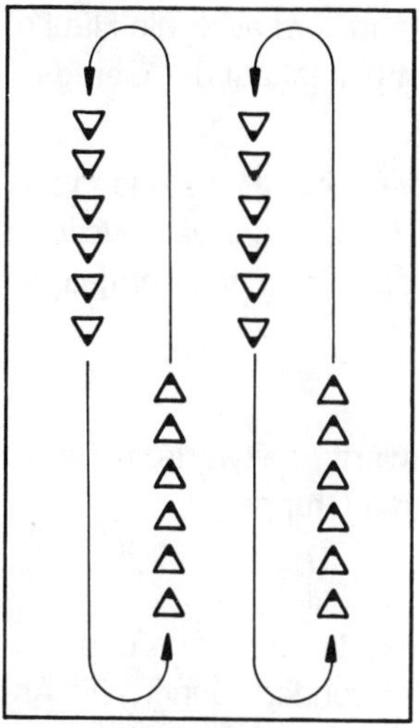

Abb. 2

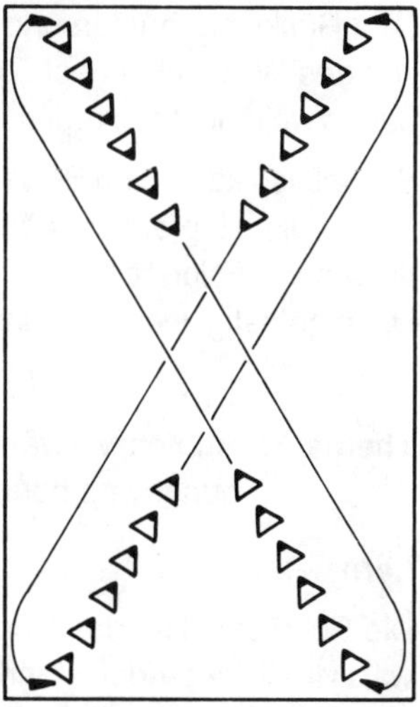

Thema 4: Hüpfen vorwärts und rückwärts

Lernziele:

Die Schüler sollen das Hüpfen rückwärts unter Beachtung der wesentlichen Merkmale (in der Flugphase Abdruckbein strekken und Schwungbein locker nach hinten schwingen, in der Stützphase mit den Zehenspitzen aufsetzen und zur Ferse abrollen, Arme locker in Gegenbewegung mitschwingen) ausführen können. Sie sollen das Hüpfen vorwärts und rückwärts fließend verbinden können.

Hinweise zum methodischen Vorgehen und zur Organisation:

Diese Stunde lehnt sich im organisatorischen Aufbau und in der Wahl der methodischen Maßnahmen eng an die 2. Stunde dieser Einheit an.

Nach Erarbeitung des Hüpfens rückwärts wird der Schwerpunkt auf die Entwicklung der Bewegungsverbindung von Vorwärts- und Rückwärtshüpfen gelegt, wobei besonders die Bewegungskoordination angesprochen wird.

Mit zunehmender Sicherheit beim Übergang vom Vorwärts- zum Rückwärtshüpfen und umgekehrt wird auch die Häufigkeit des Wechselns gesteigert (erst einmal auf der Geraden, dann zweimal, dann dreimal).

Schließlich kann eine Bewegungsverbindung, bestehend aus jeweils vier Hüpfern vorwärts, vier Hüpfern rückwärts usw., in fließender Folge entstehen, die dann durch mehrmaliges Üben gefestigt werden sollte.

Thema 5: Hüpfen vorwärts, rückwärts, seitwärts in Bewegungsverbindungen in der Gruppe

Lernziele:

Die Schüler sollen das Hüpfen vorwärts, rückwärts und seitwärts in Bewegungsverbindungen anwenden können. Die Anzahl von je vier Hüpfern ist vorgegeben, aber die Reihenfolge der Hüpfformen, die Aufstellungsformen der Gruppe und der Raumweg sollen variiert und gemeinsam verschiedene Möglichkeiten einer Hüpffolge erprobt werden. Es sollen fließende Verbindungen bei den Übergängen in die neue Bewegungsrichtung und gute Anpassung an vorgegebene Musik erreicht werden.

Hinweise zum methodischen Vorgehen und zur Organisation:

Gleich zu Beginn erfolgt die Gewöhnung an die gewählte Musik beim Hüpfen frei durch den Raum. Die Hüpfformen können beliebig gewählt werden. Danach werden sie in der Aufgabenstellung vorgegeben, damit alle drei für die spätere Bewegungsfolge erforderlichen Hüpfformen noch einmal geübt werden.

Da es im wesentlichen um die Erarbeitung der fließenden Übergänge bei der Verbindung verschiedener Hüpfformen geht, werden die Schüler aufgefordert, auf selbstgewählten Raumwegen diese drei Hüpfformen miteinander zu verbinden. Danach erfolgt die Festlegung der Hüpffolge von je vier Hüpfern (vorwärts – seitwärts – rückwärts – seitwärts) auf dem Raumweg des Vierecks.

Die Gruppe übt in Blockaufstellung. Zur Erleichterung der Übergänge in die neue Bewegungsrichtung kann der vierte Hüpfer jeweils ein Schlußhüpfer sein.

Einfache Variationen können nun durch Veränderung der Aufstellungsform, z. B. bei Teilung der Gruppe, entstehen (siehe Abb. 1.).

Abb. 1

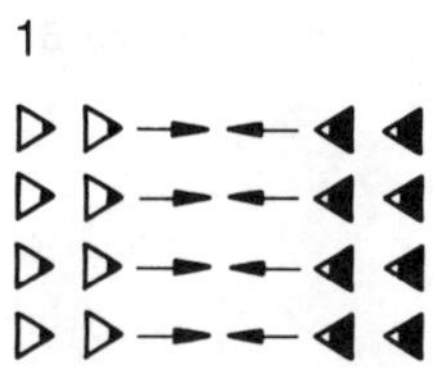

Eine weitere Steigerung im Schwierigkeitsgrad könnte sich durch eine Umstellung der Reihenfolge der Hüpfformen ergeben, indem z. B. mit dem Hüpfer rückwärts oder mit dem Hüpfer seitwärts begonnen wird.

Hierbei könnten die Gruppen in gleicher oder in entgegengesetzter Richtung beginnen.

Folgende Variationsmöglichkeiten ergeben sich
(siehe Abb. 2–6):

Abb. 2

2

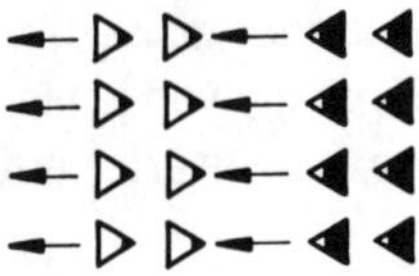

Abb. 3

3

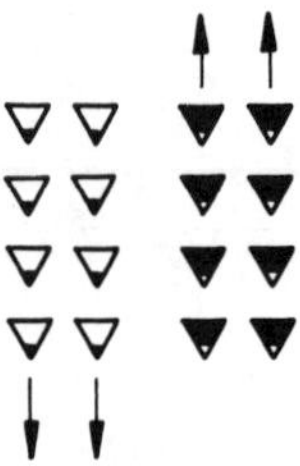

Abb. 4

4

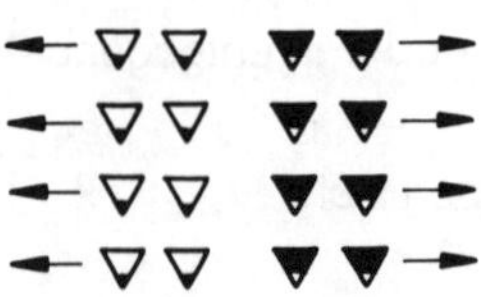

Abb. 5

5

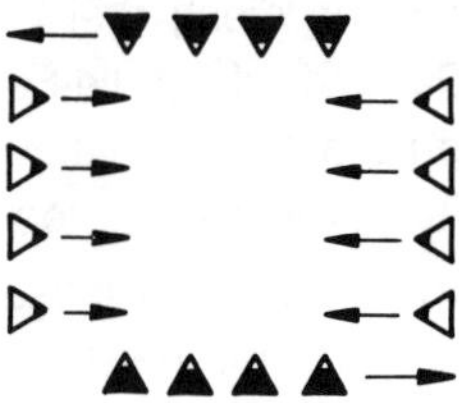

Abb. 6

6

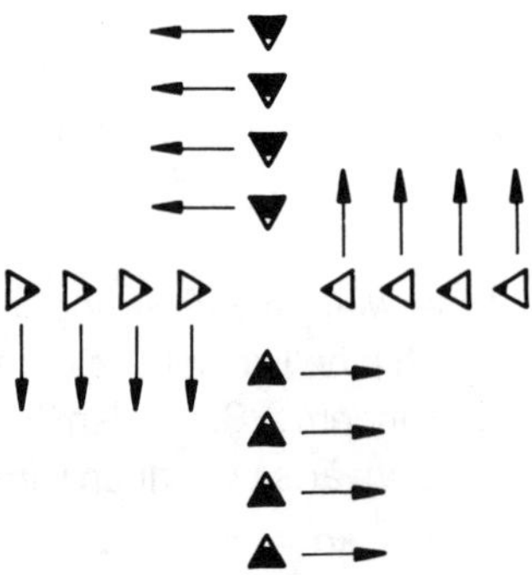

Thema 6: Entwicklung einer Bewegungsfolge nach vorgegebener Musik

Lernziele:

Die Schüler sollen ein einfaches Kinderlied von seinem musikalischen Aufbau her analysieren und selbständig danach in Kleingruppen eine Hüpffolge entwickeln.

Musik: „Ein Männlein steht im Walde"[1]

Aufbau der Musik:
Taktart: 2/4
Anzahl der Takte: 16
Zählzeiten: 32

Hinweise zum methodischen Vorgehen und zur Organisation:

Die Schüler werden aufgefordert, sich nach der Musik frei durch den Raum zu bewegen und dabei unterschiedliche Bewegungsmöglichkeiten zu erproben. Es ist damit zu rechnen, daß die Musik in erster Linie zum Hüpfen auffordert.

Durch gebundene Bewegungsaufgaben wird angestrebt, daß die aus den vorhergehenden Stunden bekannten Hüpfformen (Hüpfen vorwärts, rückwärts, seitwärts und am Ort) angewandt werden.

Die Musik wird mehrmals durchgespielt und von ihrem musikalischen Aufbau her analysiert. Es wird davon ausgegangen, daß die Schüler bisher keine Erfahrungen in der Musikanalyse haben, deshalb wurde ein einfaches Kinderlied mit einem leicht erkennbaren Aufbau gewählt.

Es erscheint günstig, den Text dabei an die Tafel zu schreiben und Markierungen hieran vorzunehmen. Bei Schülern mit guten musikalischen Vorkenntnissen könnte der in Notenwerten wiedergegebene Rhythmus des Liedes zugrunde gelegt werden (Abb. 1 und 2).

---

[1] Bei diesem Thema könnte eine moderne Version des Orchesters James Last zugrunde gelegt werden, hierbei wird das Lied dreimal durchgespielt. Platte: „Ännchen von Tharau, bittet zum Tanz", Polydor 249028.

Folgendes Vorgehen wird für die Musikanalyse empfohlen:

1. Betonungen erkennen, mitklatschen, kennzeichnen,
2. Takteinteilung vornehmen,
3. Grundschläge ermitteln und als Zählzeiten notieren (Jeder Takt bekommt 2 Schläge = 2 Zählzeiten. Das Lied besteht aus 16 Takten = 32 Zählzeiten. Es beginnt mit einem Auftakt – Auftakt und letzter Takt ergeben zusammen einen Volltakt),
4. Hüpfen und Zählzeiten zuordnen (auf jede Zählzeit kommt ein Hüpfer),
5. Phrasierung (Spannungsbögen) der Musik erkennen und kennzeichnen.

Beispiele Abb. 1 und 2

Abb. 1

Tafelbild

Takte: 1 2 3 4
Ein | Männlein steht im | Walde, ganz | still und | stumm. |
Zähleinheiten: 1 2 1 2 1 2 1 (2)

---

5 6 7 8
Es | hat von lauter | Purpur ein | Mäntlein | um. |
1 2 1 2 1 2 1 (2)

---

9 10 11 12
Sag, wer mag das | Männlein sein, | das da steht im | Wald allein, |
1 2 1 2 1 2 1 2

---

13 14 15 16
mit dem purpur | roten | Mänte | lein. |
1 2 1 2 1 2 1 (2)

Abb. 2

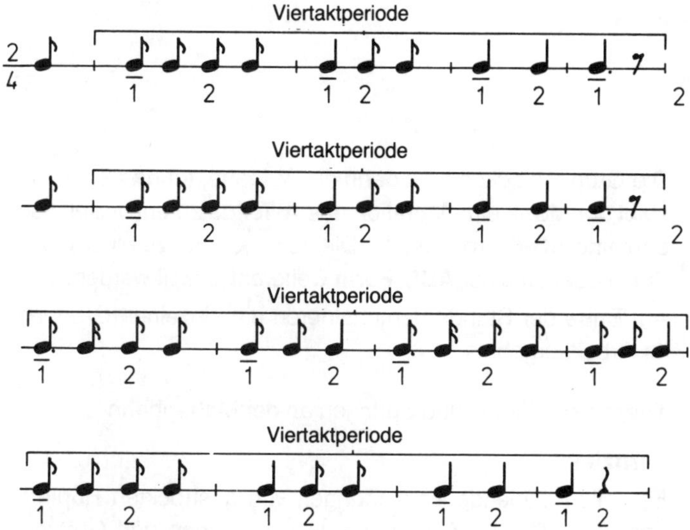

Unter Berücksichtigung von Schülervorschlägen könnte zunächst ein Durchspiel der Musik als A Teil gestaltet werden.

Folgender Ablauf könnte sich ergeben:

1– 8 4 Hüpfer vorwärts, 4 Schlußhüpfer;
9–16 4 Hüpfer rückwärts, 4 Schlußhüpfer;
17–24 4 Seitgalopp nach rechts, 4 Seitgalopp nach links;
25–32 mit 4 Hüpfern vorwärts einen Kreis nach rechts hüpfen, anschließend 4 Schlußhüpfer am Ort ausführen bzw. 3 Schlußhüpfer mit anschließendem Ausfedern.

Die Folge wird zunächst von allen Schülern gemeinsam erprobt, dann finden sich Vierergruppen zusammen und üben die Folge in einer von ihnen gewählten Aufstellung.

Folgende Aufstellungen bieten sich an:

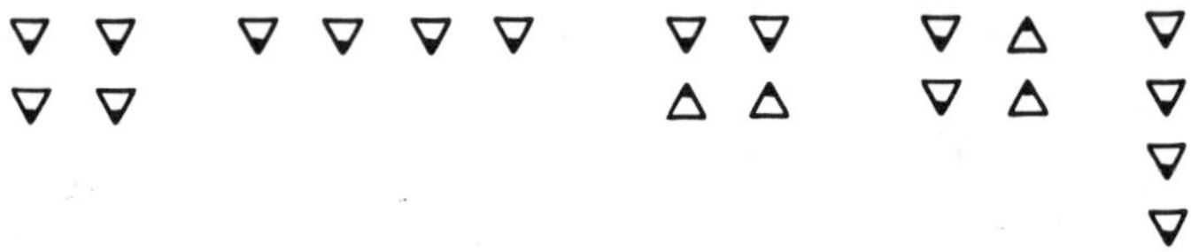

Die Gruppen bekommen dann die Aufgabe, für das 2. Durchspiel der Musik eine Variation des **A-Teiles** zu entwickeln, so daß eine **AB-Form** entsteht. Die Folge könnte zu einer **ABA-Form** oder zu einer **ABC-Form** weiterentwickelt werden.

Am Ende der Stunde demonstrieren die einzelnen Gruppen ihr Arbeitsergebnis.

Thema 7: Hüpfen und Springen an der Mattenbahn

Lernziele:

Es sollen fließende Verbindungen von gestreckten Hüpfern vorwärts mit Schlußsprüngen, Hocksprüngen und Grätschsprüngen erreicht werden. Die Schüler sollen sich dabei in Anpassung an vorgegebene Musik bewegen.

Hinweise zum methodischen Vorgehen und zur Organisation:

Es werden mehrere Mattenbahnen mit je 3 oder 4 Matten ausgelegt. Die Matten liegen quer im Abstand von ca. 5 Gehschritten. Vor und hinter den Mattenbahnen werden in der gleichen Entfernung Markierungslinien gezogen (Abb. 1).

Die Schüler hüpfen frei durch den Raum und nutzen dabei die Matten zum Umhüpfen aus. Neben der allgemeinen Erwärmung soll gleichzeitig die Einstellung auf die Musik erfolgen, die auch im weiteren Verlauf der Stunde eingesetzt wird (z. B. Chrysanthemum von Joplin).

Die Schüler nehmen in Riegen an den Markierungslinien vor den Mattenbahnen Aufstellung. Das Üben erfolgt als Hin- und Herarbeit.

Beim Überhüpfen der Mattenbahnen wird mit gebundenen Bewegungsaufgaben gearbeitet. Die Schüler werden aufgefordert, von Matte zu Matte zu hüpfen und auf jeder Matte Sprünge mit beidbeinigem Absprung auszuführen. Hierbei könnten z. B. Schlußsprünge, Schlußsprünge mit Drehungen, Hocksprünge und Grätschsprünge gefunden bzw. vom Lehrer angeregt werden. Einzelne Schülerlösungen werden demonstriert, von allen erprobt und gemeinsam rhythmische Folgen entwickelt, die mit Anpassung an die Partner in der Reihe, mit Anpassung an Klatschrhythmen, die vom Lehrer oder den jeweils passiven Schülern vorgegeben werden, zum Schluß in Anpassung an Musik geübt werden.

Bedingt durch die Abstände der Matten könnte sich folgender rhythmischer Ablauf ergeben:

„Hüpfer, Hüpfer, Hüpfer, Hupf,
Sprung – und – Sprung – und

(4 Hüpfer vorwärts – 2 Sprünge mit Nachfedern).

Unter Beibehaltung des rhythmischen Ablaufes können die Sprungformen variiert werden. Folgende Möglichkeiten bieten sich an:

- 4 Hüpfer vorwärts;
- 2 Schlußsprünge mit Nachfedern;
- 2 Schlußsprünge mit je 1/2 Drehung;
- 1 Schlußsprung ohne Drehung,
  1 Schlußsprung mit 1/1 Drehung;
- 1 Schlußsprung, ein Hocksprung (Grätschsprung);
- 2 Hocksprünge (Grätschsprünge);
- 1 Hocksprung, ein Grätschsprung.

An allen 3 (4) Matten könnten anfangs die gleichen Sprünge oder Sprungkombinationen ausgeführt werden, dann an jeder Matte eine andere Sprungform oder Sprungkombination.

Abb. 1

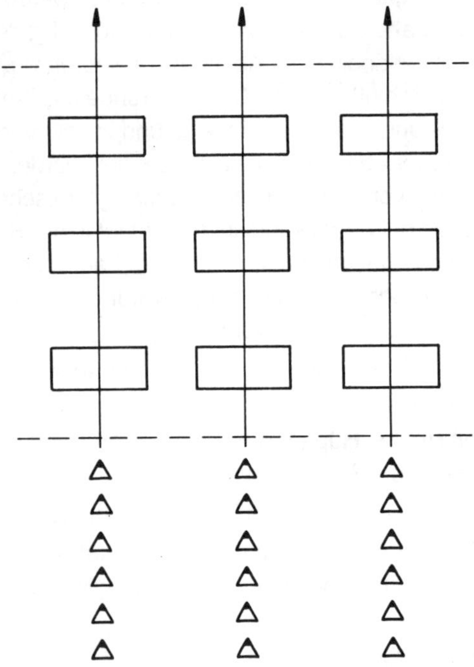

Thema 8: Hüpfen, Springen und Rollen an der Mattenbahn

Lernziele:

Es sollen Galopphüpfer seitwärts in Verbindung mit Schlußsprüngen, Rückenschaukeln und Rollen vorwärts als fließende Bewegungsfolgen in Anpassung an Musik ausgeführt werden.

Hinweise zum methodischen Vorgehen und zur Organisation:

In dieser Stunde sollen einfache turnerische Fertigkeiten wie Rückenschaukel und Rolle vorwärts mit einbezogen werden, wobei vorausgesetzt werden muß, daß die Schüler diese Fertigkeiten beherrschen.

Die Gruppierung der Schüler, die Organisation des Übungsablaufes und die Mattenlage entsprechen der vorangegegangenen Stunde, lediglich die Mattenabstände werden auf ca. vier Gehschritte verkürzt, weil der Raumgewinn beim Hüpfen seitwärts etwas geringer ist als beim Hüpfen vorwärts.

Ausgehend vom Seitgalopp neben der Mattenbahn wird durch die Aufgabe, vor jeder Matte zwei Schlußsprünge mit Nachfedern auszuführen, das aus der vorangegegangenen Stunde bekannte rhythmische Motiv wieder aufgegriffen. Es könnte in folgender Weise lautiert werden:

„Seit – seit – seit – seit – Sprung – und – Sprung – und“.

Der Ablauf der Bewegung von Matte zu Matte bleibt konstant, die Galopphüpfer seitwärts werden aber sowohl mit Blickrichtung zur Mattenbahn als auch mit dem Rücken zur Mattenbahn ausgeführt.

Variationen ergeben sich einmal durch Veränderung der Schlußsprünge, die z.B. mit Drehungen ausgeführt werden können, zum anderen dadurch, daß die Schlußsprünge durch Rückenschaukeln oder Rollen vorwärts auf der Matte ersetzt werden.

Es ergeben sich folgende Möglichkeiten der Ausgestaltung des rhythmischen Motivs:

- 4 Galopphüpfer seitwärts mit dem Rücken zur Mattenbahn, auf jeder Matte eine Rückenschaukel mit anschließendem Hochfedern;
- 4 Galopphüpfer seitwärts mit Blickrichtung zur Mattenbahn, auf jeder Matte eine Rolle vorwärts mit anschließendem Hochfedern mit 1/2 Drehung;
- 4 Galopphüpfer seitwärts mit Blick zur Mattenbahn, Rolle vorwärts mit Hochfedern auf der 1. Matte, 4 Galopphüpfer seitwärts mit dem Rücken zur Mattenbahn, Rückenschaukeln mit anschließendem Hochfedern mit 1/2 Drehung auf der 2. Matte usw.;
- ... auf der 1. und 3. Matte wird jeweils eine Rolle vorwärts mit Hochfedern ausgeführt, vor der 2. und 4. Matte 2 Schlußsprünge, wobei jeder 2. Schlußsprung mit 1/2 Drehung ausgeführt wird.

7.3 Die Grundform Springen

7.3.1 Charakteristische Merkmale der Grundform

Bei allen gymnastischen Sprüngen handelt es sich um formgebundene Sprungformen mit einer 3phasigen Struktur.

1. Ausholphase:

Jedem Sprung geht eine ausholende Tiefbewegung voraus, d. h., der Körperschwerpunkt wird vor dem Absprung durch eine leichte Kniebeuge nach unten verlagert. Diese Ausholbewegung kann einbeinig oder beidbeinig erfolgen.

Einbeinige Sprünge werden in der Regel aus einem kurzen Anlauf heraus gesprungen, z. B. aus einem 2-Schritt-Anlauf, einem 3-Schritt-Anlauf oder aus einem Nachstellhüpfer. Hierbei erfolgt die ausholende Tiefbewegung mit dem letzten Schritt, der gleichzeitig der Absprungschritt ist.

2. Absprung und Flugphase:

Mit Streckung des Sprungbeines (der Beine) erfolgt ein kräftiger Abdruck vom Boden, der durch die Bewegung der Arme unterstützt wird, z. B. durch Vorhochschwingen beider Arme, durch Armkreis, Gegenarmschwung oder Schwingen der Arme in die Seithalte.

Alle Sprünge zeigen eine ausgeprägte Flugphase, in der der Körper völlig gespannt ist. Der Rumpf bleibt in der Regel aufrecht.

3. Landephase:

Das Körpergewicht wird durch Abrollen des Fußes (der Füße) von der Zehenspitze zur Ferse hin und durch gleichzeitiges elastisches Nachgeben in Fuß-, Knie- und Hüftgelenk weich abgefangen. Die Landung sollte lautlos erfolgen.

7.3.2 Systematik der Sprünge

In der Fachliteratur liegt bisher keine einheitliche Systematik der Sprünge vor. Hier wird eine Einteilung nach Merkmalen des Absprungs und der Landung vorgenommen. Bei der Einordnung der Sprünge in diese Systematik werden nur solche Sprungformen berücksichtigt, die für die Schule relevant erscheinen.

1. **Sprünge mit einbeinigem Absprung und einbeiniger Landung**

Schrittsprünge (Laufsprünge)
Schrittsprung (Grundform)
Schrittsprung mit Anschlag
Schrittsprung mit gebeugtem Schwungbein
Durchschlagsprung

Wechselsprünge (ohne Drehungen)
Pferdchensprung (auch: Hockschersprung oder Galoppsprung)
Schersprung vorwärts (auch: Vorschersprung)
Schersprung rückwärts (auch: Rückschersprung)

Anschlagsprünge
Anschlagsprung vorwärts
Anschlagsprung seitwärts mit gestreckten Beinen
Anschlagsprung seitwärts mit gehockten Beinen

Drehsprünge
$^1/_2$ Drehung mit Landung auf dem Sprungbein (auch Walzersprung)
$^1/_2$ Drehung mit Landung auf dem Schwungbein (auch Drehschersprung)
$^1/_2$ Drehsprung mit gehockten Beinen (auch Pferdchensprung mit $^1/_2$ Drehung)
$^1/_1$ Drehsprung vorwärts
$^1/_1$ Drehsprung vorwärts mit gehockten Beinen (auch Pferdchensprung mit $^1/_1$ Drehung)
$^1/_1$ Drehsprung seitwärts

2. Sprünge mit beidbeinigem Absprung und beidbeiniger Landung (Schlußsprünge)

Schlußsprung (Grundform)
Schlußsprung als Drehsprung mit 1/4, 1/2, 1/1 Drehung
Strecksprung
Hocksprung
Grätschsprung (als Seit- oder Quergrätschsprung)
Grätschhocksprung, Grätschwinkelsprung
Schlußsprung mit Rückwinkeln der Beine

3. Sprünge mit einbeinigem Absprung und beidbeiniger Landung

Spreizsprung mit Vorspreizen (Rückspreizen, Seitspreizen)
Spreizsprung mit 1/4 oder 1/2 Drehung

4. Sprünge mit beidbeinigem Absprung und einbeiniger Landung

Schrittsprung vorwärts oder seitwärts aus beidbeinigem Absprung

7.3.3 Wesentliche Bewegungsmerkmale der gymnastischen Sprünge und häufig auftretende Fehler – Methodische Hinweise zur Schulung der Sprünge

Der Schlußsprung

Kräftiger beidbeiniger Absprung aus ausholender Tiefbewegung. In der Flugphase ist der Körper völlig gestreckt, die Zehenspitzen zeigen zum Boden. Bei der Landung wird das Körpergewicht durch Abrollen der Füße von den Zehen zur Ferse hin mit gleichzeitigem elastischen Nachgeben in Fuß-, Knie- und Hüftgelenken weich abgefangen.

Bei einer Aneinanderreihung werden die Schlußsprünge durch Zwischenfedern verbunden. Hierbei erfolgt nach der federnden Landung eine zweite Streck- und Beugebewegung in Fuß-, Knie- und Hüftgelenken, bei der die Füße Kontakt mit dem Boden behalten.

Die Arme schwingen beim Absprung vorhoch etwa bis zur Schulterhöhe. Beim Nachfedern schwingen sie zur erneuten Ausholbewegung nach hinten oder in die Seithalte.

Der Strecksprung:

Schlußsprung, bei dem die Arme bis zur Hochhalte geschwungen werden.

Häufige Bewegungsfehler:

- Der Körper ist in der Flugphase nicht völlig gestreckt.
- Der Körper schwingt während der Flugphase ins „Hohlkreuz".
- Bei der Landung werden die Füße nicht völlig gestreckt aufgesetzt und rollen nicht von der Zehenspitze zur Ferse hin ab.
- Die Arme werden nicht unterstützend in die Bewegung mit einbezogen.

Der Pferdchensprung

(Wechselsprung mit gebeugten Beinen)

Nach kurzem Anlauf, meist mit 3 Schritten oder aus einem Schritt vorwärts und auftaktiger Tiefbewegung, erfolgt der kräftige Abdruck mit dem Sprungbein.

Der Sprung wird mit geringem Raumgewinn ausgeführt, die Vertikalbewegung wird betont.

In der Flugphase schwingen Schwungbein und Sprungbein nacheinander gebeugt vorhoch. Die Oberschenkel werden dabei bis zur Waagerechten gebracht, die Unterschenkel und Füße senkrecht nach unten gestreckt. Die Arme unterstützen die Aufwärtsbewegung durch Vorhochschwingen aus ausholender Seitbewegung, der Oberkörper ist aufrecht und gespannt (siehe Foto 4).

Zur Landung setzt zunächst das Schwungbein dicht vor der Abdruckstelle auf, kurz darauf folgt das Sprungbein mit einer Schrittbewegung vorwärts. Das für die anderen Sprungformen beschriebene Abrollen der Füße und das elastische Auf-

Foto 4

fangen des Körpergewichts in der Landephase gelten auch für den Pferdchensprung.

Häufige Bewegungsfehler:

- Die Bewegung geht nicht in die Höhe, sondern in die Weite.
- Die Oberschenkel des Schwung- und Sprungbeines werden nicht bis zur Waagerechten geschwungen.
- Die Unterschenkel schlagen nach hinten aus.
- Die Arme werden nicht unterstützend in die Bewegung mit einbezogen.

Der Schersprung

(Wechselsprung mit gestreckten Beinen)

Anlauf, Absprung und Landung erfolgen wie beim Pferdchensprung. Beim Schersprung vorwärts scheren in der Flugphase die Beine gestreckt aneinander vorbei. Sie werden dabei mindestens bis zur Waagerechten geschwungen (siehe Foto 5).

Beim Schersprung rückwärts schwingen die Beine nacheinander gestreckt rückwärts aufwärts.

Häufige Bewegungsfehler:

- Die Beine sind in der Flugphase nicht gestreckt. Dieser Fehler tritt besonders häufig beim Schersprung rückwärts auf.
- Beim Schersprung vorwärts erfolgt die Landung mit Körperrücklage.

Foto 5

Methodische Hinweise zur Schulung des Pferdchensprunges und des Schersprunges

Der Pferdchensprung und der Schersprung sind bewegungsverwandte Sprünge, die dadurch gekennzeichnet sind, daß die Füße nacheinander abdrücken und die Beine in der Flugphase aneinander vorbeischwingen. Um die Beinbewegung und den damit verbundenen vertikalen Abdruckimpuls leichter zu erfassen, eignet sich in der Grundschulung ein Überspringen von Hindernissen.

Folgendes methodisches Vorgehen wäre denkbar.

Pferdchensprung

- Laufen frei im Raum mit Überspringen von Hindernissen.
  Es können Medizinbälle oder Keulen beliebig im Raum verteilt werden.
- Überspringen von Hindernissen aus dem 3-Schritt-Anlauf.
  Die Hindernisse werden im Abstand von ca. 5 Schritten in einer Reihe hintereinander aufgestellt.
- Rhythmisierung der Bewegung durch akustische Unterstützung

„lauf–lauf–Sprung–und–lauf–lauf–Sprung–und"

In der Phase des Übens sollte mit Hilfe von verbalen Hinweisen und Bewegungsvorbildern eine Verbesserung der Bewegungsausführung angestrebt werden. Besondere Beachtung sollten hierbei der unterstützende Armeinsatz, der kräftige Absprung, das Vorhochschwingen der Beine (Oberschenkel bis zur Waagerechten) und die Fußarbeit finden.

Auch andere Handgeräte, z.B. Stäbe oder Seile, lassen sich in Gruppenarbeit gut als Hindernisse zum Üben des Pferdchensprunges verwenden. Das gruppenweise Üben kann so gesteigert werden, daß auch der Wechsel von Üben und Geräthalten in den Gesamtablauf miteinbezogen wird.

Zunächst sollten die Gruppen nicht zu groß sein. Beispielsweise könnten jeweils zwei Schülerinnen ein Seil halten und zwei andere springen mehrmals in fließender Folge über das Seil. In vorher verabredeter Folge werden dann die Aufgaben getauscht (Abb. 1).

Danach können auch die Gruppen vergrößert und die Aufstellungsformen variiert werden (Abb. 2, 3, 4).

Abb. 1

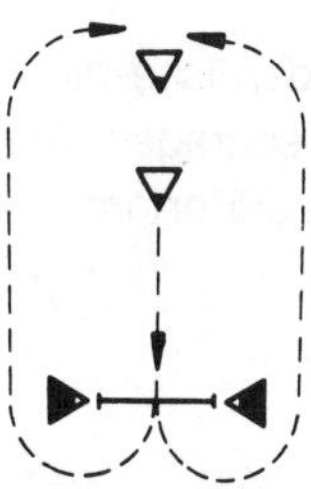

Abb. 3

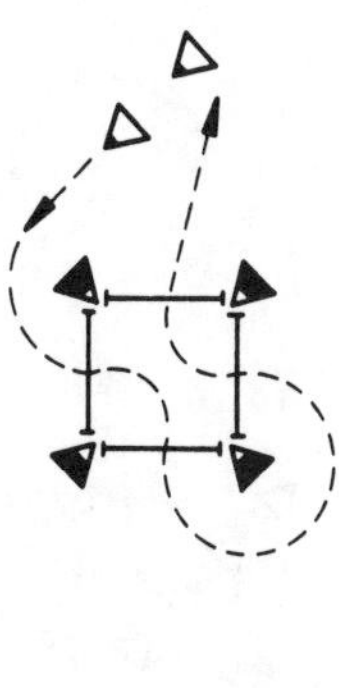

Abb. 2

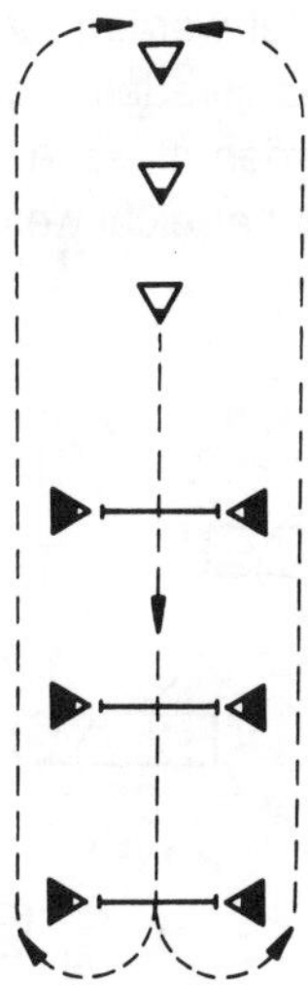

Abb. 4

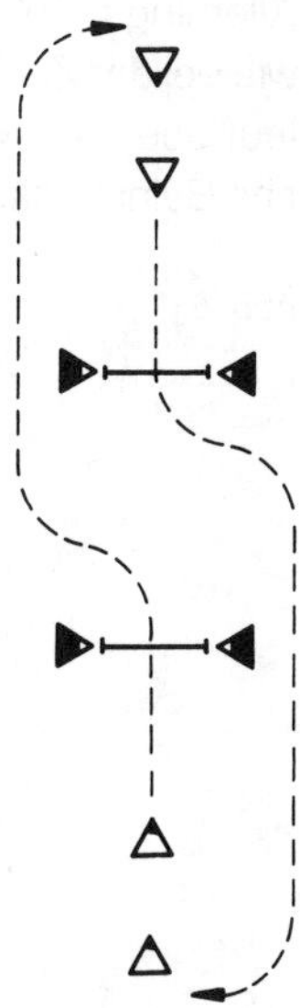

Schersprung

In Weiterentwicklung des bereits erarbeiteten Pferdchensprunges können die Merkmale des Schersprunges (Strekkung der Beine in der Flugphase) durch verbale Hinweise und Bewegungsbeispiele verdeutlicht werden.

Da sich der Schersprung vom Pferdchensprung nur durch die Streckung der Beine in der Flugphase unterscheidet, ist eine besondere methodische Entwicklung nicht unbedingt erforderlich.

Dennoch lassen sich aber auch hier für die Erarbeitung der Flugphase Hindernisse zum Überspringen einsetzen. Es eignen sich dazu Bänke oder Kastenteile, aber auch Seile oder Zauberschnüre (Abb. 5).

Allerdings muß beachtet werden, daß die Hindernisse nicht wie bei der Zielform aus geradem, sondern aus schrägem Anlauf übersprungen werden müssen, weil sonst die erforderliche Beinstreckung nicht erreicht werden kann.

Abb. 5

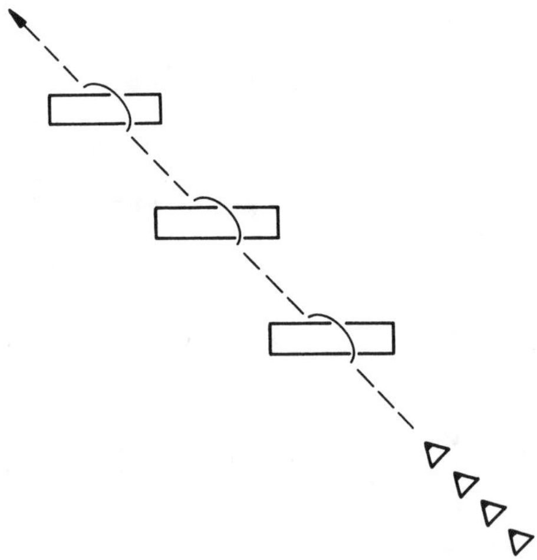

Der Schrittsprung

Foto 6

Nach kurzem Anlauf oder nach einem Auftaktschritt vorwärts drückt sich das Sprungbein kräftig vom Boden ab, während das Schwungbein gestreckt vorhoch geschwungen wird. Das Sprungbein schwingt nach dem Abdruck vom Boden gestreckt nach hinten. Die Betonung des Sprunges liegt in Weite und Höhe. In der Flugphase sollte bei aufrechtem Rumpf eine möglichst weite Schrittstellung erreicht werden (siehe Foto 6). Das Körpergewicht verlagert sich während der Flugphase mit deutlicher Hüftstreckung über das vordere Bein, damit der Körper bei der Landung senkrecht abgefangen werden kann.

Die Arme schwingen mit dem Absprung in die Seithalte und stabilisieren den Körper während des Fluges.

Die Landung erfolgt auf dem Schwungbein. Für die Ausführung der Landung gelten die in der Charakteristik der Sprünge genannten Merkmale.

Häufige Bewegungsfehler:
- Der Körper ist in der Flugphase nicht gespannt.
- Die Schrittstellung der Beine ist nicht weit genug.
- Das hintere Bein wird gebeugt.
- Es fehlt eine deutliche Hüftbewegung zur Gewichtsverlagerung auf das vordere Bein.
- Die Arme werden nicht unterstützend in die Bewegung mit einbezogen.

Der Schrittsprung mit Anschlag

Das Schwungbein schwingt zunächst wie bei der Grundform gestreckt vorhoch, kurz vor Erreichen des höchsten Punktes der Flugbahn wird das Schwungbein gebeugt und schlägt mit der Fußsohle kurz an den Oberschenkel des inzwischen nach hinten gestreckten Sprungbeines. Zur Landung wird das Schwungbein wieder nach vorn gestreckt.

Der Schrittsprung mit gebeugtem Schwungbein

Der Bewegungseinsatz erfolgt wie bei der Grundform des Schrittsprunges, aber das Schwungbein wird gebeugt vorhoch geschwungen und erst während der Flugphase gestreckt. Der Sprung kann so ausgeführt werden, daß die Streckung des Schwungbeines bereits kurz nach dem Absprung erfolgt oder erst kurz vor der Landung. Die zweite Variante wird auch als Anziehsprung bezeichnet. Hierbei wird der Unterschenkel zur Landung schlagartig nach vorn unten gestreckt.

Der Durchschlagsprung

Der Ansatz erfolgt wie bei der Grundform, das Schwungbein setzt gestreckt zur Schrittbewegung vorwärts an, das Sprungbein wird nach hinten gestreckt. Im Höhepunkt der Flugphase erfolgt ein Beinwechsel. Das Schwungbein wird gestreckt nach hinten geführt, während das Sprungbein zur Landung nach vorn schwingt. Absprung und Landung erfolgen hier auf demselben Bein.

Methodische Hinweise zur Schulung des Schrittsprunges

Die Schrittsprünge weisen eine enge Verwandtschaft zum Laufen auf. Es handelt sich hierbei um gesprungene Schritte. Die weite Schrittstellung wird in der Flugphase für einen Augenblick gehalten. Aufgrund dieser Bewegungsstruktur lassen sich Schrittsprünge am sinnvollsten über raumgreifendes Laufen und den Sprunglauf entwickeln.

Lernerleichterungen können durch den Einsatz von Mattengräben erreicht werden. Beim Überspringen der Gräben wird die Schrittweite in der Flugphase zwingend und die rechtzeitige Gewichtsverlagerung vom Absprungbein auf das Landebein wird unbewußt vorgenommen. Alle weiteren Merkmale, wie z. B. aufrechte Körperhaltung, Strecken der Beine und Füße, können dann durch verbale oder visuelle Maßnahmen vermittelt werden. Die in der Flugphase notwendige weite Oberschenkelspanne erfordert eine entsprechende Spreizfähigkeit, die in der Phase der Vorbereitung mit Hilfe von körperbildenden Übungen geschult werden müßte.

Im folgenden soll mit Aufgabenbeispielen ein möglicher methodischer Aufbau skizziert werden.

Mattenbahnen, bestehend aus sechs Matten, werden aufgebaut.

- Laufen über die Mattenbahn;
- Laufen mit weiten Schritten über die Mattenbahn;
- Sprunglauf über die Mattenbahn (jeder Schritt ist ein Sprung);
- Jeder zweite Schritt ist ein Sprung.

Die Matten werden auseinandergezogen. Zwischen der zweiten und dritten und zwischen der vierten und fünften entstehen 1 m breite Gräben.

- Beim Laufen auf die andere Seite werden die Gräben übersprungen.

  Durch die Länge von zwei hintereinanderliegenden Matten wird sich bei den meisten Übenden ein 3-Schritt-Anlauf ergeben.

- Beim Laufen auf die andere Seite werden mit weiten Sprüngen die Gräben übersprungen.

  Es soll noch kräftiger abgesprungen werden, darum werden die Gräben nach und nach erweitert.

- Schrittsprünge werden mit Partnerhilfe ausgeführt.

  Der Übende wird beim Sprung auf beiden Seiten von zwei Helfern gestützt (die Helfer laufen mit und fassen während des Übungslaufes den Übenden an den Ober- und Unterarmen).
  Durch die Partnerhilfe kann die Flugphase verlängert werden und dadurch die Bewegung kontrollierter ablaufen.
  Ein Überspringen von Hindernissen eignet sich nicht, weil in der Flugphase das Absprungbein dabei häufig gebeugt wird.

- Schrittsprünge werden ohne Partner und ohne Hilfe der Mattengräben ausgeführt.

Anschlagsprünge

Anschlagsprung vorwärts

Foto 7

Aus einem 3-Schritt-Anlauf oder einem Auftaktschritt vorwärts mit dem Sprungbein wird das Schwungbein gestreckt vorhoch geschwungen. Das Sprungbein drückt sich kräftig vom Boden ab, schwingt gestreckt vorhoch (siehe Foto 7), schlägt leicht mit dem Fußrist von unten gegen den Fuß des Schwungbeines, um sich sofort wieder zur Landung zu senken. Die Landung erfolgt auf dem Sprungbein, während sich das Schwungbein noch in der Vorhalte befindet. Der Sprung wird ohne Raumgewinn gesprungen.

Die nächste Schrittsfolge beginnt gegengleich, so daß sich bei der Aneinanderreihung ein ständiger Sprungbeinwechsel ergibt. Während der Flugphase ist der Körper gespannt, der Oberkörper bleibt aufrecht.

Die Arme schwingen während der Anlaufschritte ausholend in die Seithalte, um dann den Absprung durch Vorhochschwingen bis etwa zur Schulterhöhe zu unterstützen. Bei der Landung werden die Arme vorab durch die Tiefhalte wieder in die Seithalte geschwungen.

Häufige Bewegungsfehler:

- Der Körper ist in der Flugphase nicht gespannt.
- Der Abdruck vom Boden ist nicht kräftig genug, die Flugphase wird dadurch zu kurz, die Zeit reicht nicht für die Anschlagbewegung aus.
- Beine und Füße werden nicht harmonisch in die Bewegung mit einbezogen.
- Die Landung ist „hart“, es fehlt das elastische Nachgeben in den Gelenken.
- Die Landung erfolgt wie beim Schersprung auf dem Schwungbein.

Anschlagsprung seitwärts

Foto 8

Foto 9

Foto 10

Der Bewegungsansatz erfolgt mit einem Überstellschritt (z. B. rechts kreuzt vor links).

Das Schwungbein (hier links) schwingt gestreckt seithoch (siehe Foto 8). Das Sprungbein drückt sich kräftig vom Boden ab und folgt der Bewegung des Schwungbeines (siehe Foto 9). Im Höhepunkt der Flugphase kommt es zu einer kurzzeitigen Berührung der Füße (siehe Foto 10). Hüfte und Beine sind gestreckt, die Beine befinden sich in Parallelstellung, die Arme sind in der Seithalte oder Hochhalte.

Wie beim Anschlagsprung vorwärts wird das Sprungbein schnell wieder zur Landung gesenkt. Während der Landephase bleibt das Schwungbein in der Seithalte. Durch den Sprung wird kein Raumgewinn erzielt.

Bei der Aneinanderreihung beginnt der nächste Ansatzschritt gegengleich (hier kreuzt links vor rechts), so daß sich ein ständiger Sprungbeinwechsel ergibt.

Der Sprung kann auch aus einem 3-Schritt-Anlauf schräg vorwärts angesetzt werden. Dabei ergibt sich folgende Schrittfolge:

Kreuzschritt rechts vor links,
Schritt links seitwärts,
Kreuzschritt rechts vor links,
Absprung rechts, Landung rechts.

Die nächste Schrittfolge beginnt gegengleich.

Häufige Bewegungsfehler:

- Die Hüfte wird in der Flugphase nicht gestreckt.
- Das Sprungbein wird nicht an das Schwungbein herangeschlagen.
- Die Landung wird beidbeinig ausgeführt.
- Der Akzent des Sprunges geht nicht in die Höhe, sondern in die Weite.

Anschlagsprung seitwärts mit gehockten Beinen

Für Anlauf, Absprung und Landung gelten die gleichen Merkmale wie für den Anschlagsprung seitwärts gestreckt.

Im Höhepunkt der Flugphase werden die Beine gebeugt und ausgedreht, so daß die Knie nach außen zeigen. Der Anschlag erfolgt durch kurzzeitige Berührung der Fußsohlen.

Häufige Bewegungsfehler:
- Der Anschlag mit den Fußsohlen gelingt nicht.
- Das Sprungbein wird nicht so stark gebeugt wie das Schwungbein.

Methodische Hinweise zur Erarbeitung der Anschlagsprünge

Anschlagsprünge weisen in ihrer Grundstruktur eine enge Verwandtschaft zu Formen des Hüpfens wie Hochhüpfer und Spreizhüpfer auf. Auch hier erfolgen bei Betonung der Höhe Absprung und Landung auf demselben Bein. Darüber hinaus weist die Schwungbeintätigkeit bei Anschlagsprüngen und Spreizhüpfern gleiche Merkmale auf. Die Schwierigkeitssteigerung bei den Anschlagsprüngen liegt in der zusätzlichen Sprungbeintätigkeit, die eine längere Flugphase erforderlich macht und höhere Anforderungen an Sprungkraft und Koordinationsfähigkeit stellt. Aufgrund der dargestellten Bewegungsverwandtschaft könnte man bei der Erarbeitung der Anschlagsprünge vom Hüpfen ausgehen bzw. von einer aus mehreren Laufschritten und einem Hochhüpfer bestehenden Bewegungskombination. Die Zielübung kann dann durch schrittweises Aufschalten von Schwierigkeiten im Sinne der graduellen Annäherung angesteuert werden.
Folgendes Vorgehen wäre möglich:

Anschlagsprung vorwärts
- Mehrere Laufschritte mit einem Hüpfer verbinden;
- mit jedem dritten Schritt einen Hüpfer ausführen, z. B.

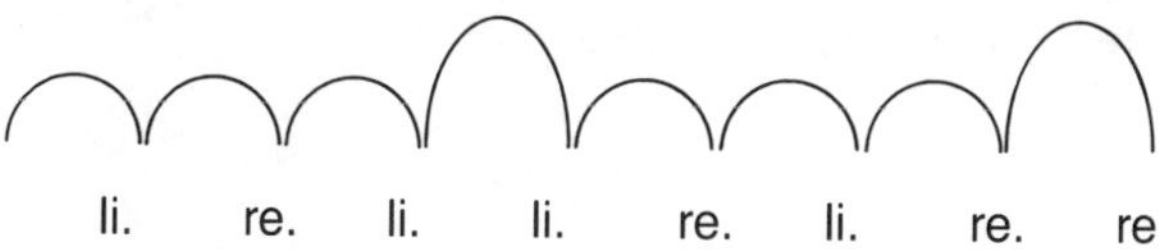

- Hochhüpfer aus dem 3-Schritt-Anlauf ausführen;
- Hochhüpfer aus dem 3-Schritt-Anlauf mit Armunterstützung ausführen:

  Die Arme werden bei den Anlaufschritten ausholend in die Seithalte geschwungen, zum Absprung schwingen sie vorhoch.
- Rhythmisierung des Ablaufs durch akustische Unterstützung, z. B.: „Lauf, lauf, Hupf";
- Spreizhüpfer aus dem 3-Schritt-Anlauf:

  Der Gesamtablauf bleibt der gleiche, aber das Schwungbein schwingt gestreckt vorhoch. Es sollte darauf geachtet werden, daß der Rumpf aufrecht bleibt und der Übende nicht in die Rücklage geht.
- Anschlagsprung vorwärts aus dem 3-Schritt-Anlauf:

  Erst wenn die Spreizhüpfer in rhythmischer Folge sicher beherrscht werden, sollte der Anschlag mit dem Fuß des Sprungbeines an den Fuß des Schwungbeines versucht werden.

  In dieser Phase ist damit zu rechnen, daß Landefehler auftreten, d. h., daß die Landung wie beim Schersprung auf dem Schwungbein erfolgt. Es empfiehlt sich, auf den Spreizhüpfer zurückzugehen, wenn dieser Fehler vorkommt.

  Die ersten Versuche des Anschlagsprunges können auch durch zwei Helfer erleichtert werden. Mit Griff an Ober- und Unterarmen des Übenden laufen sie neben dem Übenden mit, geben Stützhilfe beim Absprung und verlängern dadurch die Flugphase.

Anschlagsprung seitwärts

- Spreizhüpfer am Ort mit abwechselndem Seitspreizen des rechten und linken Beines;

- Spreizhüpfer in der Vorwärtsbewegung:

  Jeder Hüpfer wird durch einen Kreuzschritt eingeleitet, z. B. „Kreuzschritt rechts über links, Hüpfer rechts mit Seitspreizen des linken Beines – Kreuzschritt links über rechts, Hüpfer links mit Seitspreizen des rechten Beines“.

  Bereits auf dieser Lernstufe sollte darauf geachtet werden, daß in der Flugphase Hüfte und Schwungbein gestreckt werden und eine gute Körperspannung erreicht wird. Diese Merkmale müßten bei allen folgenden Aufgaben ebenfalls Berücksichtigung finden.

- Spreizhüpfer aus dem Angehen mit 3 Schritten:

  Das Angehen erfolgt schräg vorwärts, z. B. „Kreuzschritt rechts über links, Schritt links seitwärts, Kreuzschritt rechts über links, Hüpfer rechts mit Seitspreizen des linken Beines“. Die nächste Folge beginnt gegengleich.

- Spreizhüpfer aus dem Anlauf mit 3 Schritten;
- Rhythmisierung der Bewegung mit Hilfe von akustischer Unterstützung,

  z. B. „rüber – seit – **hopp**“;

- Anschlagsprung seitwärts aus dem 3-Schritt-Anlauf:

  Erst wenn der Spreizhüpfer aus dem 3-Schritt-Anlauf mit gestreckter Hüfte, gestrecktem Schwungbein und mit guter Körperspannung beherrscht wird, sollte der Anschlagsprung gefordert werden.

  Bei Landefehlern, die in dieser Phase häufig auftreten (z. B. beidbeinige Landung), empfiehlt es sich, zunächst wieder auf den Spreizhüpfer zurückzugehen. Oft erleichtert eine Verbindung von mehreren Spreizhüpfern mit einem Anschlagsprung das Erfassen des Bewegungsablaufes.

- Anschlagsprung seitwärts aus dem Ansatz mit nur einem Kreuzschritt:

Die schnellere Aneinanderreihung von Anschlagsprüngen, bei der jeder Sprung nur durch einen Schritt eingeleitet wird, fällt Schülern in der Regel schwerer als die Ausführung aus einem 3-Schritt-Anlauf. Diese Form sollte deshalb erst zu einem späteren Zeitpunkt gefordert werden.

– Anschlagsprung mit gehockten Beinen:

Hierbei handelt es sich um eine schwierigere Variante des Anschlagsprunges seitwärts, die die Beherrschung des Sprunges mit gestreckten Beinen voraussetzt und sicher nur mit leistungsstarken Schülern angestrebt werden kann.

1/2 Drehsprung

Der Auftakt erfolgt durch einen Schritt vorwärts mit dem Sprungbein. Das Schwungbein schwingt dabei gestreckt vorhoch bis zur Waagerechten (siehe Foto 11). Am Ende des Vorschwunges drückt sich das Sprungbein vom Boden ab, und mit energischer Hüftstreckung und Drehung des in der Vorhalte befindlichen Schwungbeines wird 1/2 Drehung nach der Sprungbeinseite hin eingeleitet. Der Rumpf bleibt dabei aufrecht.

Die Landung erfolgt ohne Raumgewinn auf dem Sprungbein, das Schwungbein bleibt in der Landephase in der Rückhalte (siehe Foto 12).

Die Arme schwingen beim Absprung vorhoch und werden bei der Landung vor-ab oder seit-ab geführt.

Bei der Aneinanderreihung von Sprüngen am Ort führt das Schwungbein nach der Landung eine Schrittbewegung rückwärts aus, das Sprungbein löst sich dabei leicht vom Boden.

Durch Aufsetzen des Sprungbeines und Gewichtsverlagerung auf dieses Bein wird der nächste Sprung angesetzt.

Die Aneinanderreihung in der Fortbewegung wird durch Hüpfer mit 1/2 Drehung auf dem Schwungbein oder durch Schrittdrehungen vorgenommen.

Foto 11

Häufige Bewegungsfehler:

- Bei der Drehung wird die Hüfte nicht energisch gestreckt.
- Das Schwungbein ist beim Ansatz der Drehung nicht in der Vorhalte.
- Das Sprungbein drückt sich nicht kräftig genug vom Boden ab.
- Bei der Landung ist das Schwungbein nicht mehr in der Rückhalte.
- Die Arme werden nicht durch lockeres Vorhochschwingen zur Unterstützung des Absprunges in die Bewegung mit einbezogen.

Foto 12

Methodische Hinweise zur Erarbeitung des 1/2 Drehsprunges

Dieser Sprung kann durch einbeinige Drehungen (Ballendrehungen) am Ort in Verbindung mit Beinschwüngen vorwärts vorbereitet werden. Hierbei wird der für den Absprung erforderliche Schwungbeineinsatz geschult und außerdem das Erfassen der Drehrichtung erleichtert.

Die Ballendrehung wird allmählich zum Drehsprung gesteigert. Der 1/2 Drehsprung erfordert eine gute Spreizfähigkeit, deshalb sollten spezielle Übungsformen zur Steigerung der Beweglichkeit im Hüftgelenk und zur Verbesserung der

Spreizfähigkeit der eigentlichen Erarbeitung des Sprunges vorgeschaltet werden.

Vorschlag zum methodischen Vorgehen:

- Lockere Beinschwünge mit Stütz an der Sprossenwand, an der Wand oder mit Partnerhilfe;
- Ausfallschritte, Dehnungsübungen an der Sprossenwand und am Boden:

  Durch diese Übungsformen soll die Fähigkeit zum Vor- und Rückspreizen entwickelt werden.
- Beinschwünge vorwärts mit gestreckten Beinen:

  Aus der Schrittstellung mit Gewicht auf dem hinteren Bein (re) erfolgt eine Gewichtsverlagerung auf das vordere Bein (li) bei gleichzeitigem Vorhochschwingen des gestreckten Schwungbeines (re). Das Schwungbein wird zurückgeschwungen und wieder mit Gewicht hinter dem Standbein aufgesetzt.
- Beinschwünge in rhythmischer Folge, auch mit Schwungbeinwechsel:

  Der Beinwechsel wird durch einen Wechselschritt vorgenommen, z. B.: „Schritt re rückwärts, Schritt li rückwärts mit Gewichtsverlagerung auf das li Bein, Schritt re vorwärts".
- Beinschwünge in Verbindung mit unterstützender Armbewegung:

  Die Arme schwingen gleichzeitig mit dem Schwungbein vorhoch, mit dem Senken des Schwungbeines werden sie vorab geführt.
- Beinschwünge in Verbindung mit leichtem Abdruck des Sprungbeines;
- Drehungen und Drehsprünge mit Partnerunterstützung:

  Der Übende schwingt das Schwungbein gestreckt vorhoch bis zur Hüfthöhe. Der Partner fixiert das Bein in dieser Höhe durch Griff am Fuß. Der Übende führt mit betonter Hüftstreckung mehrmals $1/2$ Drehungen zur Sprungbeinseite aus und wieder zurück. Es wird zunächst auf dem Ballen gedreht, dann mit leichtem Abdruck des Sprungbeines vom Boden. Die Übung sollte mit aufrechtem Rumpf und gestrecktem Schwungbein ausgeführt werden.

Durch diese Übungsform kann sowohl die bei der Ausführung des $1/2$ Drehsprunges erforderliche Hüftstrekkung verdeutlicht werden als auch die Rückhalte des Schwungbeines in der Landephase vorbereitet werden.

- Beinschwünge vorwärts in Verbindung mit $1/2$ Körperdrehungen:

  Wenn das Schwungbein vorn den höchsten Punkt erreicht hat, wird die Drehung auf dem Ballen mit betonter Hüftstreckung angesetzt. Das Schwungbein bleibt nach der Drehung zunächst in der Rückhalte.

- Drehsprünge am Ort:

  Die Ballendrehung wird allmählich zum Drehsprung gesteigert.

- Aneinanderreihung von Drehsprüngen am Ort:

  Das Schwungbein wird nach jedem Drehsprung mit Gewicht hinter dem Sprungbein aufgesetzt. Mit Gewichtsverlagerung auf das vordere Bein (Sprungbein) wird der nächste Sprung angesetzt. Der Drehsprung wird hierbei immer auf dem gleichen Bein ausgeführt.

- Aneinanderreihung von Drehsprüngen am Ort mit Sprungbeinwechsel durch Wechselschritt;
- Aneinanderreihung von Drehsprüngen in der Fortbewegung:

  Jeder $1/2$ Drehsprung wird mit einer als Schritt oder Hüpfer ausgeführten weiteren $1/2$ Drehung auf dem Schwungbein verbunden. Beide Drehungen erfolgen in der gleichen Richtung.

1/1 Drehsprung vorwärts

Der Sprung wird in der Regel durch einen 3-Schritt-Anlauf oder einen Nachstellhüpfer eingeleitet. Der Absprung und der erste Teil der Drehung entsprechen dem 1/2 Drehsprung. Im Höhepunkt der Flugphase, nachdem der Körper bereits 1/2 Drehung ausgeführt hat, wird das bisher senkrecht gehaltene Sprungbein energisch nach hinten (d.h. in Bewegungsrichtung) geschwungen. Mit dem Rückschwung des Sprungbeines, bei dem die Beine aneinander vorbeischeren, wird der 2. Teil der Drehung eingeleitet. Die Landung erfolgt auf dem Schwungbein, das Sprungbein befindet sich in der Landephase in der Vorhalte.

Die Arme schwingen im Absprung vorhoch, bleiben während der Flugphase in der Hochhalte und werden bei der Landung wieder vor-ab oder seit-ab geführt.

1/1 Drehsprung seitwärts

Hierbei verändert sich lediglich der Bewegungsansatz, der aus einem Schritt seitwärts oder aus dem Seitgalopp heraus erfolgt. Das Schwungbein schwingt seithoch in Bewegungsrichtung statt vorhoch.

Häufige Bewegungsfehler:

- Der Schwungbeineinsatz ist nicht kräftig genug, das Bein wird im Bewegungsansatz nicht bis zur Waagerechten geschwungen.
- Die Drehung wird nicht vollständig in der Luft ausgeführt, sondern erst nach der Landung durch Drehung auf dem Schwungbein beendet.
- Die Beine werden im Flug nicht gestreckt.
- Die Arme unterstützen den Absprung nicht durch Vorhochbewegung.
- Die Körperspannung wird in der Flugphase nicht gehalten.

Methodische Hinweise zur Erarbeitung des 1/1 Drehsprunges seitwärts

Der 1/1 Drehsprung seitwärts läßt sich am besten aus der Dreischrittdrehung seitwärts entwickeln, die allmählich zum Drehsprung seitwärts gesteigert wird. Hierbei kann eine Partnerhilfe zur Unterstützung der Drehbewegung und zur Verlängerung der Flugphase eingesetzt werden. Auch für diesen Sprung sind Beweglichkeit im Hüftgelenk und eine gute Spreizfähigkeit wesentliche Voraussetzungen, die zunächst durch spezielle Übungsformen entwickelt werden müssen (siehe 1/2 Drehsprung).

Vorschlag zum methodischen Vorgehen

- Dreischrittdrehung seitwärts im Wechsel nach re und li mit Schrittfolge:

  Schritt li seitwärts, dabei 1/2 Drehung auf dem li Bein ausführen, Schritt re seitwärts, dabei eine weitere 1/2 Drehung auf dem re Bein ausführen, Schritt li seitwärts.

- Dreischrittdrehung mit Partnerunterstützung:

  Die Partner stehen nebeneinander mit Kreuzhandfassung. Partner A dreht sich mit drei Schritten auf die andere Seite von Partner B und wieder zurück. Der jeweils passive Partner (hier B) unterstützt die Drehung durch Armführung. Jede Drehung wird mit einem Schritt in Richtung zum Partner angesetzt. Partner A und B üben im Wechsel.

- Drehsprung mit Partnerunterstützung:

  Die Drehung wird allmählich zum Drehsprung gesteigert. Der passive Partner unterstützt den Übenden und verlängert dadurch die Flugphase.

  Es sollte darauf geachtet werden, daß der Rumpf bei den Drehsprüngen aufrecht bleibt und die Beine gestreckt werden.

- Schulung des Schwungbeineinsatzes:

  Bei der Lösung der bisher gestellten Aufgaben wird in der Regel kein deutlicher Schwungbeineinsatz gezeigt. Der Schwungbeineinsatz muß jetzt verdeutlicht und am besten zunächst isoliert geübt werden.
- Drehsprung mit Partnerunterstützung unter Beachtung des Schwungbeineinsatzes:

  Die Sprünge werden im Wechsel nach rechts und links ausgeführt.
- Drehsprünge mit Partnerunterstützung als fortlaufende Bewegung durch den Raum:

  Partner A und B springen im Wechsel, alle Sprünge werden nach rechts (oder links) ausgeführt.
- Drehsprünge ohne Partnerunterstützung:

  Die Sprünge werden im Wechsel nach re und li oder als fortlaufende Bewegung nach re (li) ausgeführt. Hierbei erfolgt der Bewegungsansatz mit einem Nachstellschritt seitwärts.

7.4 Die Grundform Gehen

7.4.1 Charakteristische Merkmale der Grundform

Das Gehen wird in der Gymnastik vorwiegend als ein straffes, zielstrebiges Gehen mit großer Schrittweite und aufrechter Körperhaltung geschult, bei dem durch energische Streckung des Stützbeines das Gewicht sehr früh auf das ausgreifende Bein verlagert wird. Im Gegensatz zum gewöhnlichen Gehen als Alltagsbewegung, bei dem der Fuß mit der Ferse zuerst aufsetzt und zum Abdruck vom Boden zu den Zehen hin hochrollt, greifen beim gymnastischen Gehen die Zehen den Boden und der Fuß rollt zur Ferse ab, bevor das eigentliche Hochrollen des Fußes erfolgt.

Bei dieser Technik des Gehens können Beweglichkeit und Kraft der Füße in stärkerem Maße gefördert werden als bei der Alltagsbewegung, und die Aufrichtung des Körpers aus der Körpermitte kann leichter erreicht werden.

7.4.2 Wesentliche Bewegungsmerkmale der Formen des Gehens und häufig auftretende Fehler

Gehen vorwärts

Das Schwungbein schwingt mit leicht gebeutem Knie zu einer weiten Schrittbewegung nach vorn durch. Der gestreckte Fuß des Schwungbeines greift mit den Zehenspitzen den Boden und rollt elastisch zur Ferse hin ab, während sich das hintere Bein streckt, vom Boden abdrückt und als neues Schwungbein nach vorn durchschwingt. Das Körpergewicht wird durch energisches Strecken des Abdruckbeines sofort auf das vordere Bein verlagert.

Der Rumpf ist beim Gehen aufgerichtet, der Kopf bleibt in der Verlängerung des Rumpfes, die Arme schwingen locker aus der Schulter heraus gegengleich mit.

Häufige Bewegungsfehler:

- „Spreizgehen", das Körpergewicht bleibt zu lange über dem hinteren Bein.
- Der Rumpf bleibt nicht aufrecht.
- Der Fuß des Schwungbeines greift beim Aufsetzen nicht mit den Zehen den Boden und rollt zur Ferse hin ab, sondern die Ferse wird zuerst aufgesetzt.
- Die Schritte sind nicht raumgreifend.

Gehen rückwärts

Das Schwungbein greift weit nach hinten aus, wobei der Oberschenkel in die Rückwärtsbewegung mit einbezogen wird. Vor dem Aufsetzen streckt sich das Schwungbein, und der ebenfalls gestreckte Fuß greift mit den Zehen den Boden und rollt weich und elastisch zur Ferse hin ab.

Häufige Bewegungsfehler:

- Das Schwungbein greift nicht weit genug nach hinten aus.
- Nur die Unterschenkel greifen nach hinten aus.
- Das Schwungbein wird vor dem Aufsetzen nicht gestreckt.

- Der Fuß rollt nicht zur Ferse hin ab.
- „Anfersen", der Unterschenkel des Schwungbeines wird vor dem Ausgreifen nach hinten zunächst zu stark in Richtung Gesäß geschwungen.

7.4.3 Methodische Hinweise zur Schulung des Gehens

Das gymnastische Gehen erfordert eine Überformung der bereits bekannten Alltagsbewegung. Einige Bewegungserfahrungen im Hinblick auf die raumgreifende Schrittbewegung und die spezifische Abrolltechnik sollten durch die in der Regel vorausgegangene Schulung des Laufens vorhanden sein.

Unbedingt erforderlich ist außerdem eine gute Beweglichkeit der Füße, die, falls nur unzureichend ausgebildet, mit denselben körperbildenden Übungen entwickelt werden könnte, wie sie für das Federn vorgeschlagen werden (siehe S. 139).

Ansonsten müssen keine speziellen vorbereitenden Übungen vorausgehen.

Erlernen der Grundform

Gehen vorwärts

Die Erarbeitung der Merkmale des Gehens kann nach dem Prinzip der Anknüpfung an eine bereits bekannte Bewegungsfertigkeit mit dem Laufen beginnen. Die gemeinsamen Merkmale der beiden Schrittbewegungen, nämlich die Ab- und Aufrollbewegung über gestreckte Füße bei entsprechender Schrittweite, lassen sich leichter bei den Gehschritten anwenden, wenn sie vorher noch einmal bewußt bei den Laufschritten wiederholt worden sind. Alle weiteren Merkmale, die sich auf die aufrechte Körperhaltung, die Körperspannung oder die sofortige Gewichtsverlagerung auf das vorn aufsetzende Bein beziehen, lassen sich direkt schulen.

Vorschlag zum methodischen Vorgehen

- Laufen vorwärts unter besonderer Beachtung der Fußarbeit:

Hierbei sollen die Streckung der Füße und das vollständige Ab- und Aufrollen wiederholt werden.

- Raumgreifendes Laufen unter Beibehaltung guter Fußarbeit:

  Wiederholung des weiten Ausgreifens mit dem Schwungbein ist zu empfehlen.

- Gehen auf der Geraden:

  Die Fußstreckung und das Abrollen bei Gehschritten wird erarbeitet.

- Gehen mit großen Schritten auf der Geraden:

  Gehen mit möglichst wenig Schritten von einer Hallenseite zur anderen sollte geübt werden.

- Dem Vordermann dicht auf den Fersen bleiben, schnelles Gehen:

  Zielstrebige, raumgreifende Schritte werden ausgeführt.

- Beim Gehen schnell das Gewicht auf das vorn aufsetzende Bein bringen:

  Aufrichten des Körpers aus der Körpermitte, Lernerleichterungen können hier akustische Hilfsmittel bieten, z. B. Lautierungen wie: „vor – vor – vor – vor".

- Balancieren von Tennisringen oder ähnlichen Hilfsmitteln auf dem Kopf:

  Hinführung zu aufrechter Körperhaltung wird angestrebt.

Gehen rückwärts

Zur Erarbeitung des Gehens rückwärts können ähnliche Aufgabenstellungen verwendet werden wie beim Gehen vorwärts. Hinweise auf aufrechte Körperhaltung, Fußarbeit und große Schrittweite stehen im Mittelpunkt.

Die Erarbeitung der Schrittweite kann durch eine Partnerhilfe erleichtert werden. Die Schwierigkeit liegt in der Regel darin, daß beim Ausgreifen des Beines nach hinten nur der Unterschenkel zurückgeht und nicht der Oberschenkel mit einbezogen wird. Die Partnerhilfe besteht darin, daß ein vorwärtsgehender Partner mit Handfassung den rückwärtsgehenden führt und ihm dadurch beim Ausgreifen nach hinten mehr Sicherheit gibt.

Üben unter veränderten Bedingungen

Beispiele:

- Gehen mit Richtungsänderung;
- kurviges Gehen vorwärts um eine Reifenreihe;
- Gehen im Flankenkreis um einen liegenden Reifen;
- Gehen im Frontalkreis um einen liegenden Reifen;
- kurviges Gehen und Gehen auf der Kreislinie ohne optische Hilfsmittel;
- Gehen vorwärts mit einem Partner (mit und ohne Handfassung);
- ein Partner geht vorwärts, ein Partner geht rückwärts (erst mit, dann ohne Handfassung);
- Gehen vorwärts in Kleingruppen (Abb. 1–4).

Abb. 1

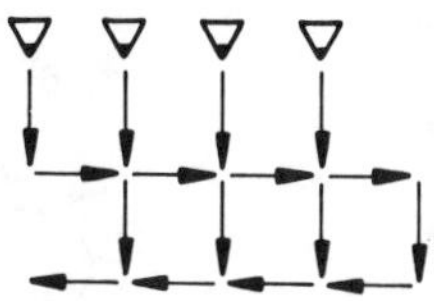

Abb. 2

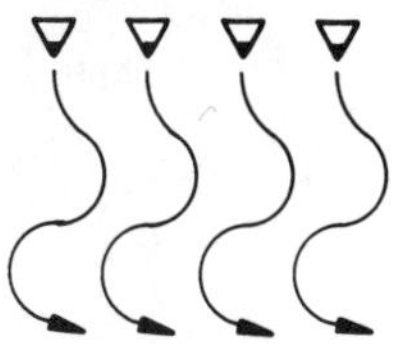

Abb. 3

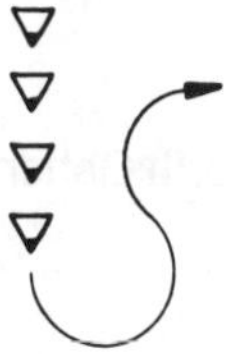

Abb. 4

Anwenden

1. Beispiele für Kombinationen von verschiedenen Formen des Gehens:
- Gehen vorwärts und rückwärts (Abb. 1);
- Gehen seitwärts und rückwärts (Abb. 2);
- Gehen vorwärts, rückwärts und seitwärts (Abb. 3);
- Gehen vorwärts, Gehen auf der Kreislinie (Flankenkreis Abb. 4);
- Gehen vorwärts, Gehen auf der Kreislinie (Frontalkreis) und Gehen rückwärts (Abb. 5);
- Kurviges Gehen vorwärts und Gehen rückwärts auf der Geraden (Abb. 6).

Abb. 1

Abb. 2

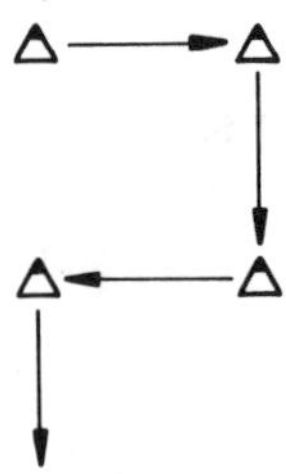

Abb. 3

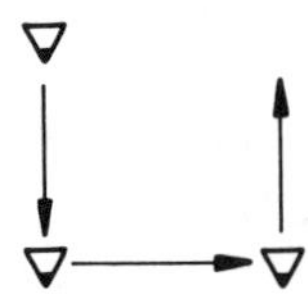

Abb. 4

Abb. 5

Abb. 6

2. Beispiele für Kombinationen der Grundform Gehen mit anderen Grundformen:
- Gehen vorwärts und Laufen vorwärts (Schritt – Schritt – Schritt – Schritt – Lauf – Lauf – Lauf – Lauf – Lauf – Lauf – Lauf – Lauf);

- Seitgalopp und Gehen vorwärts (Seitgalopp – Seitgalopp – Schritt – Schritt – Schritt – Schritt);
- Gehen vorwärts und gestreckter Hüpfer vorwärts (Schritt – Schritt – Schritt – Schritt – Hüpfer – Hüpfer – Hüpfer –Hüpfer);
- Gehen vorwärts und Pferdchensprung oder Anschlagsprung;
- Gehen seitwärts und Anschlagsprung.

3. Beispiele für Kombinationen der Grundform Gehen mit Bewegungselementen mit Handgeräten:

- Gehen vorwärts (rückwärts) in Verbindung mit Achterschwüngen in der Sagittalebene mit Band, Seil, Keule und Reifen;
- Gehen seitwärts in Verbindung mit Kreisschwüngen in der Frontalebene mit Band, Keule und Reifen (Schrittfolge „seit – rüber – seit“);
- Gehen vorwärts in Verbindung mit Bogenwurf vorwärts mit Ball und Reifen;
- Gehen seitwärts in Verbindung mit Bogenwurf seitwärts über den Kopf mit Ball und Reifen;
- Gehen seitwärts in Verbindung mit Rollen seitwärts mit Ball und Reifen.

Beispiel zur Bewegungsgestaltung:

Musik: Joe Dassin – Le chemain de papa
Aufbau: ABCA, jeder Teil umfaßt 32 Zählzeiten

Aufstellung: Block

1
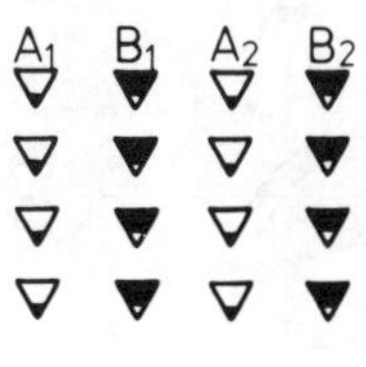

Teil A

1– 8	8 Schritte vorwärts
9–16	8 Schritte rückwärts
17–20	4 Schritte vorwärts, im letzten Schritt 1/2 Drehung
21–24	4 Schritte rückwärts
25–28	4 Schritte vorwärts
29–32	4 Schritte rückwärts

2

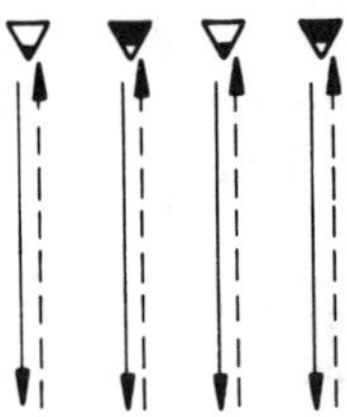

3

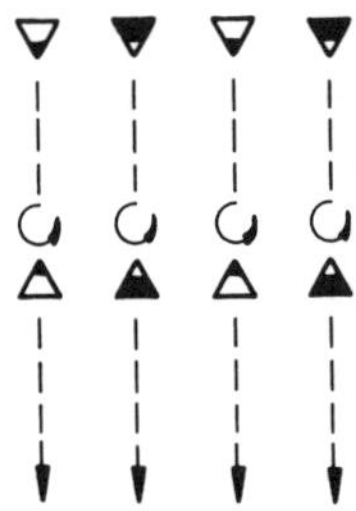

Teil B

Handfassung von Partner A_1 und B_1 sowie A_2 und B_2

1–16	Partner A_1 (A_2) geht mit 8 Schritten vorwärts einen Halbkreis um Partner B_1 (B_2), danach 8 Schritte rückwärts auf den Platz zurück;
17–32	Wiederholung von 1–16, jetzt geht Partner B_1 (B_2) um A_1 (A_2)

5

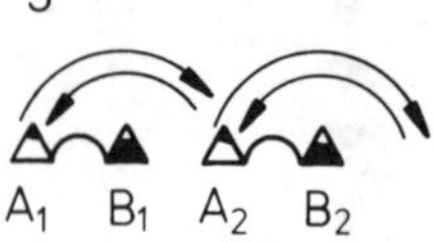

6

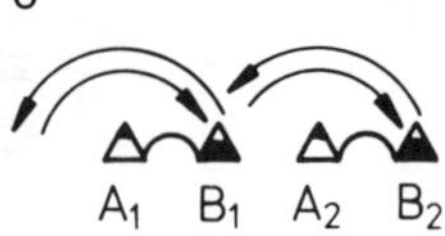

Teil C

Handfassung von allen 4 Partnern

1– 8	4 Schritte vorwärts, 4 Schritte rückwärts
9–16	Partner A_1 (A_2) gehen einen Halbkreis mit 4 Schritten vorwärts, 1/2 Drehung, 4 Schritten rückwärts um Partner B_1 (B_2);
17–24	Wiederholung von 1–8
25–32	Wiederholung von 9–16, jetzt geht Partner B_1 (B_2) um Partner A_1 (A_2)

7

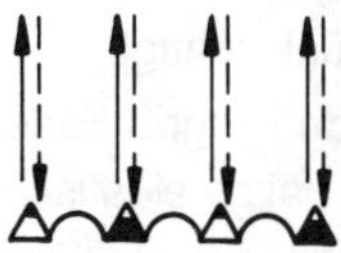

8

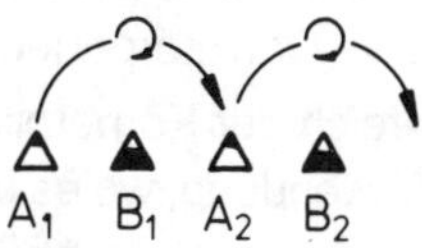

9

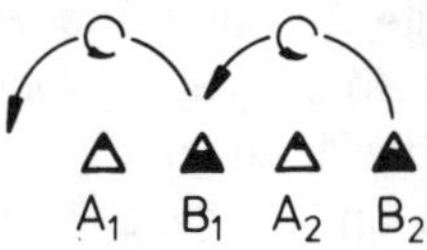

Teil A wird wiederholt

7.5 Grundform Federn

7.5.1 Charakteristische Merkmale der Grundform

Es handelt sich bei der Grundform Federn um eine in der Gymnastik entwickelte Schulungsform zur Ausbildung von Bewegungselastizität d.h. der Fähigkeit zum elastischen Spannen und Nachgeben in den Gelenken. Eine besondere Bedeutung wird hierbei der Federungsfähigkeit der Füße zugemessen, weil sie bei allen Formen der Fortbewegung das gesamte Körpergewicht elastisch nachgebend auffangen und wieder gegen die Schwerkraft bewegen müssen. Die Federungsfähigkeit der Füße spielt auch bei allen Niedersprüngen eine Rolle, bei denen ein einmaliges Abfangen des Körpergewichtes im Sinne von „Ausfedern“ oder „Tieffedern“ erforderlich ist. Bei den Schulungsformen des Federns werden in erster Linie Ganzkörperfederungen berücksichtigt.

Im Bereich der Körperbildung findet der Begriff Federn auch dort Anwendung, wo es um das mehrmalige elastische Spannen und Nachgeben in einzelnen Gelenken geht, z. B. bei Dehnungsübungen.

Die Schulungsformen des Federns sind gekennzeichnet durch eine ausgeprägte Auf- und Abbewegung des ganzen Körpers bei aufrechter Körperhaltung. Durch das in schneller Folge ablaufende schnellkräftige Strecken und elastische Beugen der Fuß-, Knie- und Hüftgelenke ergibt sich ein gleichmäßiger Wechsel von Spannen und Lösen. Federn weist im Gegensatz zum Laufen, Hüpfen und Springen keine bzw. nur eine kaum sichtbare Flugphase auf. Auch in der Streckphase des Körpers bleibt in der Regel ein Bodenkontakt erhalten.

Beim Federn in der Fortbewegung ist bei dominierender Vertikalbewegung der Raumgewinn gering.

Foto 13

7.5.2 Wesentliche Bewegungsmerkmale der Formen des Federns und häufig auftretende Fehler

Einfache Federung vorwärts

Mit einer Schrittbewegung vorwärts wird das Schwungbein bei leicht gebeugtem Knie und völlig gestrecktem Fuß dicht über dem Boden nach vorn geschwungen und mit den Zehenspitzen zuerst aufgesetzt (siehe Foto 13), während sich das Abdruckbein zur gleichen Zeit streckt und vom Boden löst (siehe Foto 14). Nach dem Lösen des gestreckten Abdruckbeines vom Boden (siehe Foto 15) rollt der Fuß des Schwung-

Foto 14

beines von den Zehenspitzen zur Ferse hin ab, wobei Fuß-, Knie- und Hüftgelenke elastisch nachgeben (siehe Foto 16). Das Körpergewicht verlagert sich mit dem Beginn der Abrollphase auf das vordere Bein.

Doppelfederung vorwärts

Bei der Doppelfederung erfolgt ein zweites Federn ohne Raumgewinn auf dem gleichen Bein, es hat die gleiche Höhe wie das erste Federn. Während der Doppelfederung schwingt das Schwungbein bei leicht gebeugtem Knie gleichmäßig nach vorn durch. Das Körpergewicht wird mit Beginn der ersten Federung auf das vordere Bein verlagert.

Foto 15

Häufige Bewegungsfehler:

- Kein elastisches Nachgeben im Knie- und Hüftgelenk beim Abrollen des Fußes in der Lösungsphase, das Landebein bleibt gestreckt.
- Seitliches Ausweichen mit der Hüfte, es wird kein deutliches Auf und Ab des Körpers sichtbar.
- Das Knie des jeweiligen Schwungbeines weicht durch starkes Beugen nach vorn aus, die rechtzeitige Gewichtsverlagerung auf das vordere Bein fehlt.
- Durch fehlende Hüftstreckung im höchsten Punkt der Bewegung entsteht eine „Sitzhaltung“.

Foto 16

- Deutliche Lösung vom Boden, es entsteht ein federndes Laufen.
- Starker Abdruck vom Boden, der Übende springt.
- Der Fuß des Schwungbeines ist beim Aufsetzen nicht völlig gestreckt.
- Beim Rückwärtsfedern tippt der Fuß des Schwungbeines vor dem Rückschwingen auf.
- Bei der Doppelfederung bleibt das Gewicht zu lange über dem hinteren Bein, es ergibt sich dadurch statt der Federung ein Hüpfer.
- Bei der Doppelfederung erfolgt das Nachfedern mit Raumgewinn.

Systematik der Federungen

Schlußfederungen

- als einfache Federungen am Ort
- als Doppelfederungen am Ort

Wechselfederungen

- als einfache Federungen am Ort, vorwärts, rückwärts oder seitwärts
- als Doppelfederungen am Ort, vorwärts, rückwärts oder seitwärts

7.5.3 Methodische Hinweise zur Schulung des Federns

Vorbereiten

Federn erfordert eine gute Beweglichkeit der Füße und eine kräftige Fuß- und Beinmuskulatur. Diese Voraussetzungen können mit Hilfe von speziellen körperbildenden Übungen geschaffen werden. Hierzu folgen einige Beispiele.

Dehnen und Kräftigen in der Entlastung:

- Im Hocksitz Zehen und Fersen im Wechsel dicht am Körper aufsetzen,
  in unterschiedlichem Tempo, mit Tempowechsel nur mit dem re (li) Fuß,
  mit gegengleicher Arbeit der Füße.
- Im Stand abwechselnd Ferse und Zehenspitze eines Fußes unbelastet aufsetzen.
- Im Hocksitz Ferse, Ballen und Zehen abwechselnd auftippen, auch einbeinig mit re (li).
- Im Strecksitz die Füße abwechselnd beugen und strecken,
  in unterschiedlichem Tempo,
  mit Tempowechsel,
  einbeinig re (li),
  mit gegengleicher Arbeit der Füße.
- In der Rückenlage, Beine senkrecht nach oben gestreckt, Füße im Wechsel beugen und strecken, dabei einmal die ganze Fußsohle, danach die Zehenspitzen zur Decke schauen lassen (Variationen wie oben).

Dehnen und Kräftigen in der Belastung:
- Im Fersensitz beide Hände vor dem Körper aufstützen, die Unterschenkel anheben und auf dem Fußrist federn.
- Aus der gleichen Ausgangsstellung im Wechsel Fußrist und Ballen aufsetzen, der Wechsel erfolgt über die Zehenspitzen, die den Bodenkontakt behalten,
  dgl. mit Abdruck vom Boden bei jedem Wechsel.
- Im Fersensitz Hände hinter dem Körper aufstützen, Unterschenkel anheben und einen Augenblick im Riststand verharren.

Erlernen der Grundform

Es empfiehlt sich, bei der Einführung des Federns von der Schlußfederung am Ort auszugehen, weil hierbei am leichtesten die starke Vertikalbewegung des Körpers aus dem Fußgelenk heraus erfaßt werden kann. Beim Federn sollte in jedem Fall barfuß geübt werden, weil dabei eine intensive Fußarbeit möglich ist.

Folgendes Vorgehen bietet sich an:
- Aus der Grundstellung muß man sich langsam zum Ballenstand erheben und wieder bis zur Ferse abrollen.
- Allmählich das Tempo steigern, so daß eine wippende Auf- und Abbewegung des ganzen Körpers erreicht wird. Die Knie bleiben zunächst gestreckt, um eine intensive Bewegung der Fußgelenke zu gewährleisten.
- Die Aufgabe wird mit geringer Mitbewegung im Kniegelenk gelöst.
- Der Bewegungsumfang in Höhe und Tiefe wird allmählich gesteigert, bis die Füße sich flüchtig vom Boden lösen.

  An dieser Stelle bietet sich der Einsatz von Stützhilfen an. Durch Aufstützen der Hände auf den hüfthohen Balken oder auf den Partner, der sich mit dem Oberkörper nach vorn beugt und damit einen Bock bildet, kann die Streckphase verlängert werden. Der Übende kann die Fußstreckung und das Abrollen über die Zehenkuppen bewußter vollziehen.

Das Aufstützen hat den Nachteil, daß häufig die Körperstreckung aufgegeben wird, noch besser eignet sich eine Stützhilfe, bei der der Helfer hinter dem Übenden steht und die Aufwärtsbewegung mit Griff an der Hüfte unterstützt. Der Übende faßt dabei die Unterarme des Helfers.

– Schlußfederung erfolgt ohne Partnerunterstützung.

Nach der Schulung der Schlußfederung bieten sich für die Erarbeitung der Wechselfederung folgende alternative Vorgehensweisen an:

A		B
Laufen vorwärts Federndes Laufen Wechselfederungen vw		Gehen am Ort Wechselfederungen am Ort Wechselfederungen vw Doppelfederungen
↓	↓	
Wechselfederungen am Ort	Doppelfederungen vw	

Bei A wird das Federn aus dem Laufen entwickelt. Das Laufen wird mit ständig geringerem Raumgewinn bei gleichzeitig stärker werdender Vertikalbewegung ausgeführt, bis die Flugphase völlig abgebaut ist und das jeweilige Abdruckbein mit den Zehenspitzen Bodenkontakt behält.

Bei B wird zunächst das Gefühl für das vollständige Abrollen der Füße entwickelt. Hierbei wird im Stand mit den Zehenkuppen aufgesetzt und mit Druck zur Ferse hin abgerollt, so daß ein „Gehen am Ort“ entsteht. Durch Steigerung des Tempos und stärkere Betonung der Vertikalbewegung wird die Wechselfederung erreicht.

Üben

In der Phase des Übens stellt der Spiegel ein gutes Hilfsmittel für die Selbstkontrolle dar. Die Beobachtung der Bewegung könnte sich dabei nacheinander auf folgende Gesichtspunkte richten:

- Ist eine deutliche Auf- und Abbewegung des ganzen Körpers sichtbar oder bleibt der Kopf immer auf gleicher Höhe? (Betrachtung von vorn)
- Bleibt die Hüfte bei Wechselfederungen senkrecht über den Beinen oder ist ein seitliches Ausweichen erkennbar? (Betrachtung von vorn)
- Wird bei Wechselfederungen das Landebein leicht gebeugt oder ist eine Blockierung des Kniegelenks erkennbar? (Betrachtung von der Seite)
- Wird der Fuß mit den Zehenkuppen aufgesetzt und vollständig abgerollt? (Betrachtung von der Seite)

Möglichkeiten des Übens unter veränderten und erschwerten Bedingungen

Veränderte Bedingungen ergeben sich beim Federn in erster Linie durch die Wahl unterschiedlicher Raumwege und Sozialformen. Erschwerte Übungsbedingungen können durch Hinzunahme eines Handgerätes geschaffen werden.

Beispiele:

- Einfache Federungen vw mit dem Seil;
- Doppelfederungen mit dem Seil;
- Schlußfederungen beim Prellen mit dem Ball;
- einfache Federungen vw in Verbindung mit Handumkreisen mit dem Reifen;
- einfache Federungen und Doppelfederungen vw in Verbindung mit Sagittalkreisschwüngen sowie Sagittalachterschwüngen mit dem Seil.

Anwenden

Beispiele zur Bewegungskombination:

- Verbindung von Wechselfederungen am Ort und in der Fortbewegung;

- Verbindung von einfachen und doppelten Wechselfederungen vw;
- Verbindung von Wechselfederungen vw, rw und sw.

Beispiel zur Bewegungsgestaltung:

Aufbau: ABC-Form, jeder Teil umfaßt 32 Zählzeiten
Aufstellungsform: Gasse
Musik: Lorenzen, Musik für Moderne Gymnastik (Lz. 1, Thema 6)

Teil A

1–8	8 einfache Wechselfederungen am Ort
9–16	8 einfache Wechselfederungen vw, auf „8“ 1/2 Drehung
17–24	8 einfache Federungen rw
25–32	8 einfache Federungen am Ort

Abb. 1

Teil B

1–8	8 einfache Federungen sw nach re
9–16	2 Doppelfederungen vw, 4 einfache Federungen vw
17–24	2 Doppelfederungen vw, 4 einfache Federungen vw, am Ende 1/2 Drehung
25–32	8 einfache Federungen sw nach re

Abb. 2

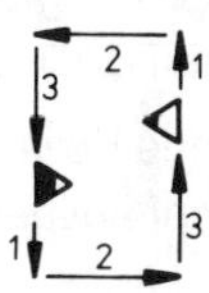

Teil C

1–8	8 einfache Federungen vw (Abb. 3.1)
9–16	8 einfache Federungen sw nach re (Abb. 3.2)
17–24	8 einfache Federungen rw (Abb. 3.3)
25–32	6 einfache Federungen sw nach li (Abb. 3.4)
	2 Schlußfederungen (Abb. 3.5)

Abb. 3.1

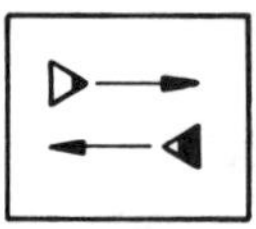

Abb. 3.2

Abb. 3.3

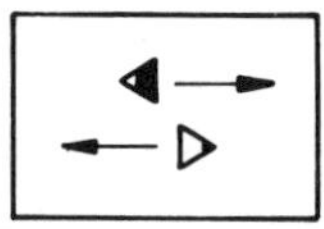

Abb. 3.4

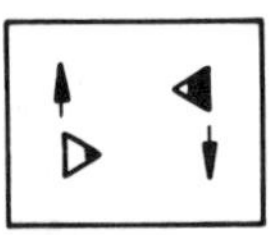

Abb. 3.5

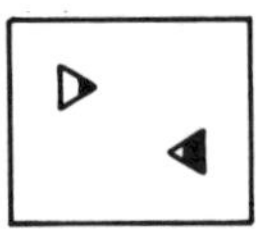

7.6 Die Grundform Schwingen

7.6.1 Charakteristische Merkmale der Grundform

Das Schwingen ist ebenso wie das Federn als ein grundlegendes Bewegungselement zu betrachten, das in vielen Bewegungen enthalten ist und sich in Bewegungsfluß und Bewegungselastizität äußert. Die Schwingungsfähigkeit wird in der Gymnastik durch vielfältige Schwungformen geschult, deren Entwicklung im wesentlichen auf Bode zurückgeht.

Schwünge sind ganzheitliche, fließende Bewegungen, bei denen der Bewegungsimpuls vom Rumpf ausgeht und sich von hier aus auf den ganzen Körper überträgt. Jeder Schwung weist eine dynamische Struktur auf, die im An- und Abschwellen der Bewegung deutlich wird, hierin liegt der Unterschied zu den geführten Bewegungen, die dagegen bei gleichbleibendem Krafteinsatz in gleichmäßigem Tempo verlaufen.

Alle Schwünge zeigen einen dreiphasigen Aufbau:

1. **Die Ausholphase – der Bewegungsauftakt**
   Die Ausholbewegung erfolgt in der Regel durch ein Anschwingen des Körpers in der dem Schwung entgegengesetzten Richtung.
2. **Die Hauptphase – der Bewegungsakzent**
   Die Hauptphase des Schwunges erfordert den eigentlichen Krafteinsatz, der bei einer beabsichtigten Betonung der Höhe stärker sein muß als bei Betonung der Tiefe, weil die Bewegung hier durch das Wirken der Schwerkraft beeinflußt wird.
3. **Die Endphase – der Bewegungsausklang**
   In der Endphase des Schwunges verlangsamt sich die Bewegung, der Körper kommt allmählich zur Ruhe.

Das Schwingen ergibt sich aus der fließenden Aneinanderreihung mehrerer Schwünge. Hierbei gibt es bei den Übergängen von einem Schwung zum anderen keine Haltepunkte.

Bei der Aneinanderreihung von Umkehrschwüngen verschmelzen Endphase und Ausholphase im Umkehrpunkt. Kreisschwünge gehen ohne erneutes Ausholen fließend ineinander über. Die Endphase des vorhergehenden Kreisschwunges stellt die Anschwungbewegung für den folgenden Kreisschwung dar.

7.6.2 Systematik der Schwünge

Wir unterscheiden: Armschwünge
Rumpfschwünge
Beinschwünge

Schwünge können ausgeführt werden als:

Umkehrschwünge (auch: Pendelschwünge)	Schwünge mit einem Bewegungsumfang unter 360°
Kreisschwünge	Schwünge mit einem Bewegungsumfang ab 360°
Achterschwünge	2 Kreisschwünge in der gleichen Ebene, die nach unterschiedlichen Richtungen hin angesetzt werden und einen gemeinsamen Schnittpunkt haben.
Spiralschwünge	2 übereinanderliegende horizontale Kreisschwünge, die in gleicher Richtung angesetzt werden. Spiralschwünge können als eine Sonderform der Achterschwünge betrachtet werden.

Schwünge können in unterschiedlichen Ebenen ausgeführt werden.

Wir unterscheiden:

DIE VERTIKALEBENEN
DIE HORIZONTALEBENE
DIE SCHRÄGE EBENE

Die Schwungebenen sind in ihrem Bezug zu den Körperachsen zu sehen (vgl. Wendt u. Hess, 1975, S. 16–19) und lassen sich in folgender Weise definieren:

DIE VERTIKALEBENEN

DIE FRONTALEBENE

Es handelt sich um die Ebene parallel zur Breitenachse des Körpers. Frontalschwünge können vor und hinter dem Körper als Umkehr-, Kreis- und Achterschwünge ausgeführt werden.

DIE SAGITTALEBENE

Es handelt sich um die Ebene im rechten Winkel zur Breitenachse. Sagittalschwünge können an der linken oder rechten Körperseite ausgeführt werden, und zwar als Umkehrschwünge über die Höhe oder durch die Tiefe, als Kreis- oder Achterschwünge.

DIE VERTIKALE ZWISCHENEBENE

Es handelt sich um die Ebene zwischen Frontal- und Sagittalebene. In dieser Ebene können Umkehr- und Kreisschwünge ausgeführt werden.

DIE HORIZONTALEBENE

Es handelt sich um die Ebene im rechten Winkel zur Längsachse des Körpers. Schwünge in dieser Ebene können als Umkehrschwünge, Kreisschwünge oder Spiralschwünge ausgeführt werden.

DIE SCHRÄGE EBENE

Die Ebene zwischen der senkrechten und der waagerechten Ebene. Schwünge in dieser Ebene werden auch als Diagonalschwünge bezeichnet. Sie können als Umkehr- oder Kreisschwünge ausgeführt werden.

Beispiele zur Systematik der Schwünge

Schwünge in der Frontalebene:

Bild 1
Umkehrschwung in der Frontalebene

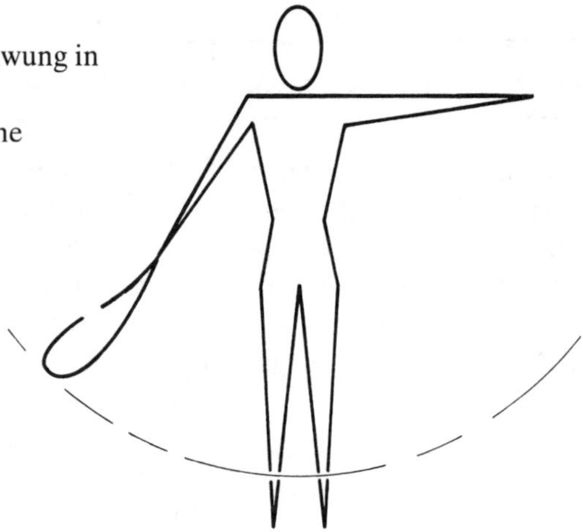

Bild 2
Kreisschwung in der Frontalebene

Bild 3
Achterschwung in
der Frontalebene

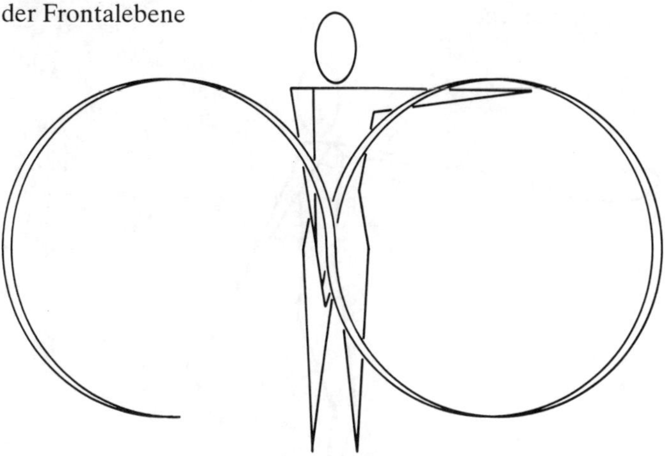

Schwünge in der Sagittalebene:

Bild 4
Kreisschwung in
der Sagittalebene,
auch: „Sagittal-
kreisschwung“

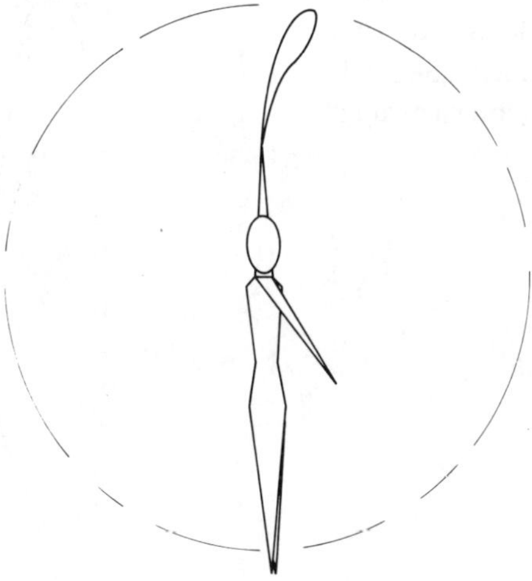

Bild 5
Umkehrschwung in der Sagittalebene

Bild 6
Achterschwung in der Sagittalebene, auch: „Sagittalachterschwung“

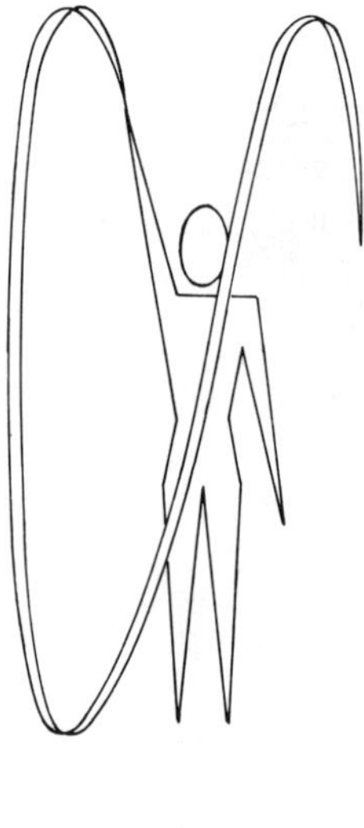

Schwünge in der Horizontalebene:

Bild 7
Kreisschwung in
der Horizontalebene,
auch: „Horizontal-
kreisschwung“

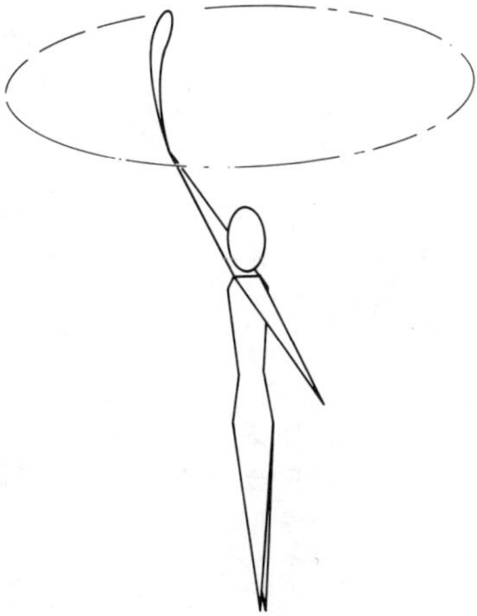

Bild 8
Umkehrschwung in
der Horizontalebene

Bild 9
Spiralschwung

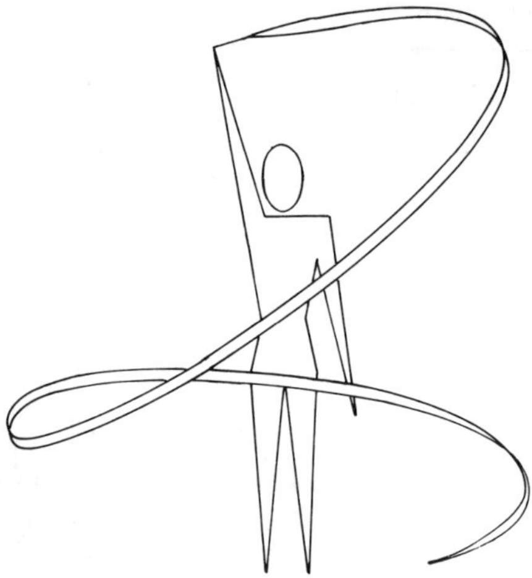

7.6.3 Wesentliche Bewegungsmerkmale der Formen des Schwingens und häufig auftretende Fehler

Rumpfschwünge

Als Rumpfschwünge werden solche Schwungformen bezeichnet, bei denen der Rumpf in der Bewegung stark führend ist. Meist werden diese Schwünge in Verbindung mit Rumpffällen ausgeführt, eine Ausnahme bilden hierbei die Körperwellen.

Rumpfschwünge werden in der Regel durch Armschwünge unterstützt.

Wir unterscheiden:

Rumpfpendelschwünge Rumpfkreisschwünge	Sie können in der Frontal- und Horizontalebene ausgeführt werden.

Tief-Hochschwünge	Sie entstehen durch die Kombination von Rumpfschwüngen vorwärts und Rumpfschwüngen aufwärts.
Körperwellen	Sie können als Körperwellen vorwärts, rückwärts oder seitwärts ausgeführt werden.

Tief-Hochschwung[1]

Aus dem Streckstand erfolgt mit Vorhochschwingen der Arme unter Mitbewegung des ganzen Körpers eine leichte Ausholbewegung nach rückwärts-aufwärts.

Durch diese Auftaktbewegung wird ein schwunghaftes Rumpffällen nach vorn-unten eingeleitet. Hierbei werden Fuß-, Knie- und Hüftgelenke gebeugt, die Wirbelsäule wird im Verlauf der Abwärtsbewegung gerundet, während der Kopf locker herunterhängt. Die Arme schwingen weit ausholend über vorn-unten am Körper vorbei nach hinten durch. Mit dem Rück-Hochschwingen der Arme kommt es zu einer Aufrichtung des Körpers bis zur Beinstreckung, evtl. bis zum Ballenstand, wobei die Rundung des Rückens beibehalten wird. Nach dem Erreichen des Umkehrpunktes wird der Hochschwung durch Beugen der Knie- und Fußgelenke und durch schwunghafte Vortiefbewegung des Rumpfes eingeleitet und führt in den Streckstand.

---

[1] In den Unterrichtsmaterialien zu den Rahmenrichtlinien von Hessen (Der Hessische Kultusminister, o. J., S. 127), ebenso bei Erbguth (1958, S. 225) wird dieser Schwung auch dann als Tief-Hochschwung bezeichnet, wenn er ohne Rumpffällen ausgeführt wird.

Häufige Bewegungsfehler:

- Es fehlt die schwunghafte Rumpfbewegung in den Hauptphasen, der Bewegungsimpuls kommt hauptsächlich aus den Knien.
- Der Bewegungsumfang ist zu gering.
- Beim Rumpfschwung vorwärts wird der Armschwung zu früh gebremst, es ist kein Rückhochschwingen der Arme erkennbar.
- Es sind keine erkennbaren Ausholbewegungen vorhanden.

Beinschwünge

Beinschwünge nehmen in der Gruppe der Schwünge eine Randstellung ein, weil hierbei keine Mitbewegung des ganzen Körpers möglich ist. Zur Stabilisierung des Gleichgewichts muß der Rumpf aufrecht bleiben, die Arme werden in der Regel in die Seithalte genommen.

Beinschwünge können ausgeführt werden als

Pendelschwünge
Achterschwünge
Kreisschwünge.

Armschwünge

Armschwünge sind ganzheitliche Bewegungen, die aber im Gegensatz zu den Rumpfschwüngen eine geringere Rumpfbeugung aufweisen. Das Beugen und Strecken des Rumpfes vollzieht sich hierbei primär im oberen Bereich der Wirbelsäule (Brustwirbelsäule).

Armschwünge sind als Umkehr-, Kreis- und Achterschwünge in allen Ebenen möglich. Diese Schwünge können ausgeführt werden als:

Einarmige Schwünge		

Beidarmige Schwünge als		
↓	↓	↓
Parallelarmschwünge	Gegenarmschwünge	Mühlarmschwünge
– Die Arme werden gleichzeitig parallel bewegt.	– Die Arme bewegen sich in entgegengesetzter Richtung, einmal aufeinander zu und einmal voneinander weg.	– Die Arme bewegen sich in gleicher Richtung, aber setzen nacheinander ein. Diese Schwünge werden meist als Vorwärts- oder Rückwärtsschwünge in der Sagittalebene ausgeführt.

Exemplarisch werden zwei Schwungformen im Bewegungsablauf beschrieben:

1. **Umkehrschwünge in der Sagittalebene einarmig**

Der Umkehrschwung in der Sagittalebene gliedert sich in Rück- und Vorschwung. Die Auftaktbewegung erfolgt durch Vorhochschwingen des locker gestreckten Armes bis über

Schulterhöhe unter Mitbewegung des ganzen Körpers, wobei der Übende am Ende der Auftaktbewegung aufrecht im Sohlen- oder Ballenstand steht und der ganze Körper gespannt ist.

In der Akzentphase wird der Arm dynamisch an der Körperseite zurückgeschwungen bis etwas über Schulterhöhe. Die Schulter und der Rumpf drehen in Bewegungsrichtung mit, so daß eine Körperverwringung entsteht, die einen größeren Bewegungsumfang ermöglicht. Die Rückschwungbewegung wird durch das elastische Beugen und Strecken der Fuß-, Knie- und Hüftgelenke und der Wirbelsäule begleitet. Am Ende des Rückschwunges ist der Körper wieder angespannt, und es erfolgt ein fließendes sofortiges Umkehren in den Vorschwung an der Körperseite, der wieder durch Mitbewegung des ganzen Körpers begleitet wird. Der passive Arm federt leicht in der Vorhalte mit. Werden mehrere Schwünge aneinandergereiht, verschmelzen Ausklang und Auftakt.

Die Übergänge vom Vor- in den Rückschwung und umgekehrt sind fließend.

2. **Kreisschwünge in der Frontalebene einarmig**

Kreisschwünge in der Frontalebene können als Links- oder Rechtskreisschwünge ausgeführt werden in der Grund- oder Grätschstellung. Hier soll vom Kreisschwung in der Grundstellung ausgegangen werden. Wird der Kreisschwung mit dem rechten Arm als Linkskreisschwung ausgeführt, erfolgt die Auftaktbewegung durch ein Seithochschwingen nach rechts außen des locker gestreckten Armes bis über Schulterhöhe unter Mitbewegung des ganzen Körpers. Der Übende steht aufrecht im Sohlen- oder Ballenstand, und am Ende des Auftaktes ist der Körper gespannt. Die Akzentphase beginnt mit einem dynamischen Schwingen des Armes über unten nach links außen.

Das Tempo des Schwingens verstärkt sich im Abschwung und verlangsamt sich nach oben hin. Die Kreisschwungbewegung wird durch das Mitschwingen des Körpers begleitet. Im höchsten Punkt des Kreisschwunges ist der Körper ganz gestreckt und gespannt. Der passive Arm schwingt leicht an der Körperseite mit.

Werden mehrere Kreisschwünge aneinandergereiht, gehen diese Schwünge fließend ineinander über, ohne erneutes Anschwingen.

Häufige Bewegungsfehler:

Zu 1:

- Der Arm wird geführt, ein An- und Abschwellen ist nicht erkennbar.
- Die Bewegung wird im Umkehrpunkt unterbrochen, der Bewegungsfluß fehlt.
- Die Körperverwringung fehlt, der Bewegungsumfang ist zu gering.
- Die Mitbewegung des Körpers fehlt, die Bewegung ist nicht ganzheitlich.
- Die Mitbewegung erfolgt als ruckhaftes Knicksen, die Bewegung ist nicht mehr fließend.

Zu 2:

- Der Arm wird geführt.
- Die Mitbewegung des Körpers fehlt.
- Die Aufwärtsbewegung wird ohne betonte Körperstreckung ausgeführt, der Bewegungsumfang ist zu gering.

7.6.4 Methodische Hinweise zur Schulung des Schwingens

Armschwünge

Diese Schwungformen lassen sich am besten mit Hilfe von Handgeräten erarbeiten, die durch ihre Form und Beschaffenheit das Erfassen der dynamischen Struktur der Bewegung und die Realisierung der Bewegungsphasen (Auftakt, Akzent,

Ausklang) erleichtern, gleichzeitig die Konzentration des Übenden auf die Lösung konkreter Aufgaben lenken. In der Literatur wird zumeist vom Schwingen mit der Keule ausgegangen, weil dieses Gerät den genannten Anforderungen am besten zu entsprechen scheint.

(Vgl. Medau u. Roedenbeck, 1957[3], S. 84; Dachsel, Grothe u. Poetzsch, 1980, S. 84; Metzger, 1970, S. 224.)

Durch das Wirken der Schwerkraft im Zusammenhang mit dem Gewicht der Keule kann das Gefühl für den Akzent der Bewegung (Tiefakzent) gut entwickelt werden.

Die heute in der Wettkampfgymnastik benutzten Keulen, die zunehmend auch Eingang in die Schule finden, sind allerdings wegen ihres geringen Gewichts nur bedingt für die Schwungschulung geeignet.

Eine Möglichkeit für die Einführung des Schwingens mit dem Hilfsmittel Keule soll nachfolgend in Anlehnung an Medau dargestellt werden. Medau wählt den Umkehrschwung in der Frontalebene mit einer Keule als erste Schwungform. (Vgl. Medau u. Roedenbeck, 1957[2], S. 87ff.)

Bei dem von ihm vorgeschlagenen methodischen Vorgehen lassen sich drei Lernschritte erkennen:

1. Leichtes Pendeln der Keule vor dem Körper in Grundstellung, zuerst ohne Körpermitbewegung. Durch zunehmenden Körpereinsatz wird das Pendeln zu einer schwunghaften Bewegung gesteigert. Das Köpfchen der Keule liegt dabei in der Handfläche, Daumen und Mittelfinger umfassen den Keulenhals, der Zeigefinger liegt auf dem Hals, um die Keule in Verlängerung des Armes zu halten. Durch diese ersten Aufgaben soll das Gefühl für die Schwere, für den Tiefakzent, entwickelt werden, wobei die Akzentuierung verdeutlicht wird durch das Lautbild:

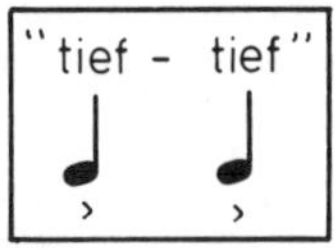

2. Erarbeiten des Bewegungsausklanges durch Streben nach oben und Bewußtmachen der Verlangsamung der Bewegung im Bewegungsanstieg. Zur Bewegungsunterstützung dient das Lautbild:

3. Erarbeitung des Bewegungsauftaktes durch eine leichte Streckbewegung, die entgegengesetzt zur Bewegungsrichtung eingeleitet wird. Medau versucht die Vorstellung für diesen Bewegungsansatz zu entwickeln, indem er von einem „Luftholen" zum Schwung spricht, das er mit dem Einatmen unmittelbar vor dem Sprechen vergleicht. (A. a. O., S. 88) Zur Unterstützung setzt er folgende Lautbilder ein:

oder

Die zweite Lautierung soll durch das Einschalten einer Pause zur noch deutlicheren Herausarbeitung des Auftaktes dienen.

Die Umkehrschwünge werden in vielfältigen Variationen und Kombinationen geübt und schließlich zu Kreis- und Achterschwüngen gesteigert.

Variationen ergeben sich durch:

- Veränderung der Akzentuierung durch Betonung der Hochbewegung;
- Ausführung in anderen Ebenen (hierbei bietet sich in erster Linie die Sagittalebene an);
- Ausführung in Grätsch- oder Schrittstellung mit Gewichtsverlagerungen;
- Ausführung von Umkehrschwüngen mit Handwechsel;
- Hinzunahme einer zweiten Keule.

Kombinationen können bestehen in:

- Überführung von einer Schwungebene in die andere (z. B. Umkehrschwünge in der Frontalebene überführen in Umkehrschwünge in der Sagittalebene);
- Verbindung von Umkehrschwüngen mit Abwürfen;
- Verbindung von Umkehrschwüngen mit Schlägen auf den Boden oder gegen die Keule eines Partners;
- Verbindung von Umkehrschwüngen mit Kreis- und Achterschwüngen, auch unter Einbeziehung von Schrittelementen.

Die Einführung des Schwingens mit dem Hilfsmittel Keule läßt sich nur schwer im Gymnastikunterricht in der Schule realisieren, weil dieses Handgerät Schüler in der Regel wenig anspricht. Mit Blick auf schulische Bedingungen erscheint uns das Band für den Einstieg in die Schwungschulung am besten geeignet, auch wenn sich wegen der Beschaffenheit dieses Gerätes nur Schwünge mit Betonung der Aufwärtsbewegung schulen lassen. Eine Akzentuierung des Schwunges durch Wirkenlassen der Schwerkraft, wie für die Keule beschrieben, würde durch langes Aufliegen des Bandes auf dem Boden zu einer Beeinträchtigung der runden, fließenden Bewegung führen.

Der Aufforderungscharakter des Bandes bietet gute Voraussetzungen für eine intensive Auseinandersetzung mit verschiedenen Schwungformen und für die Hinführung zu ganzheitlichen, fließenden, schwunghaften Bewegungen auch schon bei jüngeren Schülern (vgl. auch Rahmenrichtlinien Bayern, 5./6. Schuljahr). Das Band ermöglicht darüber hinaus die Kontrolle der eigenen Bewegung, denn fehlende Dynamik und mangelnder Bewegungsfluß zeigen sich durch Schlenker in der Bandzeichnung. Bei Schlangen und Spiralen läuft die Figur nicht bis zum Bandende durch.

Bei der Einführung des Schwingens mit dem Band beginnt man am günstigsten mit Kreisschwüngen und führt danach erst die Umkehrschwünge ein, weil die ständige Bewegungsumkehr durch die Länge des Bandes eine gewisse Schwierigkeit darstellt. So könnten nach einer Phase des Sammelns von Bewegungserfahrungen Kreisschwünge in der Frontalebene als erste Schwungform geschult werden. Bei Schwüngen in dieser Ebene ist die Kontrolle der eigenen Bewegung am besten möglich. Frontalkreisschwünge lassen sich nach der Erarbeitung der wesentlichen Bewegungsmerkmale in vielfältigen Variationen üben, z. B. mit Hand- und Richtungswechsel, in Verbindung mit Überstellschritten oder Galopphüpfern seitwärts oder mit Überspringen des Bandes bei Kreisschwüngen in der Vorwärtsbewegung. Umkehrschwünge in der gleichen Ebene über die Höhe und durch die Tiefe können in einem nächsten Lernschritt geschult werden. Bei Beherrschung dieser Elemente in der Frontalebene ergeben sich bereits viele Möglichkeiten der Bewegungskombination. (Vgl. auch S. 253) Die Erarbeitung von Kreis-, Achter- und Umkehrschwüngen in der Sagittalebene stellt eine weitere Lernstufe dar. Bei Schwüngen in dieser Ebene ergeben sich evtl. eher Schwierigkeiten als bei Schwüngen in der Frontalebene, insbesondere dann, wenn die Beweglichkeit im Schultergürtel noch schlecht ausgebildet ist und dadurch Schlenker in der Bandzeichnung sichtbar werden, wenn der Arm nach hinten durchschwingt.

Die Schulung von Schwungformen in der Horizontalebene bildet bei dem hier aufgezeigten Weg die letzte Lernstufe. Bei diesen Schwungformen ist es am schwierigsten, das Band in der gewählten Ebene zu halten und ein zu starkes Absinken des Bandendes zu vermeiden.

Auch der Ball kann zur Schulung schwunghafter Bewegungen eingesetzt werden, und zwar am einfachsten beim Üben des einhändigen Hochwurfes mit An- und Ausschwingen an der Körperseite. (Vgl. auch Medau, 1967, S. 122 und Priebitzer u. Zdarsky, 1978, S. 14).

Diese Bewegung enthält alle Elemente des Umkehrschwunges in der Sagittalebene. Durch den Abwurf und das Aufnehmen des Balles in der Körperstreckung wird die vordere Bewegungsumkehr akzentuiert, und das Gewicht des fallenden Balles unterstützt die Dynamik der Bewegung durch Verstärkung des Tiefakzentes. Übungsvariationen ergeben sich durch Überwürfe von einer Hand in die andere, durch Bogenwürfe zum Partner, durch Verbindung mit Schrittelementen oder durch Wahl anderer Schwungebenen. So können Hochwürfe mit dem Ball auch in Verbindung mit Umkehrschwüngen in der Frontalebene ausgeführt werden.

Im Gegensatz zu den Umkehrschwüngen sind die Kreisschwünge mit dem Ball wesentlich schwieriger und sollten deshalb zunächst besser mit anderen Geräten geschult werden. Der locker auf der Hand liegende Ball kann bei diesen Elementen nur dann unter Kontrolle gehalten werden, wenn bereits eine ausgeprägte Körpermitbewegung erreicht ist.

Für ältere Schüler, insbesondere auch für gemischte Gruppen, eignet sich der Schleuderball hervorragend für die Einführung des Schwingens.

Dieses Gerät wird allerdings in den Rahmenplänen kaum berücksichtigt.

Das Gewicht des Schleuderballes ermöglicht noch besser als die Keule das Erfassen der Dynamik des Schwunges. Durch die bewegliche Schlaufe kann darüber hinaus mangelnder Körpereinsatz und ungenügendes Ausschwingen durch Schlingern des Balles wahrgenommen werden.

Bei der Einführung des Schwingens mit dem Schleuderball empfiehlt sich ein ähnliches Vorgehen, wie Medau es für das Schwingen mit der Keule vorschlägt. Ausgehend von einer leichten Pendelbewegung vor dem Körper, durch die ein Gefühl für die Schwere des Balles vermittelt werden soll, wird durch zunehmenden Körpereinsatz das Pendeln zu einer schwunghaften Bewegung gesteigert. Der Übende erhält die Aufgabe, so mit dem Körper mitzugehen, daß die Schlaufe immer straff bleibt. Um die Lösung dieser Aufgaben zu erleichtern, wird die Schlaufe zuerst ganz kurz, allmählich erst länger gefaßt. Im Hinblick auf spätere Handwechsel sollte die Schlaufe immer doppelt gefaßt werden. Nach dem Schwingen in der Grundstellung kann durch Verlagerung in der Grätschstellung eine größere Bewegungsweite und ein intensiveres Mitschwingen des Körpers erreicht werden.

Umkehrschwünge in der Sagittalebene als leichte Rumpfschwünge (Tief-Hochschwünge) oder als Armschwünge mit Aufdrehen des Körpers folgen danach. Variationen entstehen durch Übergabe des Balles hinter dem Körper bei Rumpfschwüngen und Übergabe des Balles am Ende des Vorschwunges bei Armschwüngen. Eine weitere Steigerung der Anforderungen ist in Armkreisschwüngen in den senkrechten Ebenen zu sehen. Durch das Wirken der Zentrifugalkraft können großräumige Schwünge erreicht werden.

Schwünge mit Seil und Reifen, die in allen Rahmenrichtlinien vorgegeben sind, erfordern aufgrund der Beschaffenheit der Geräte, der Länge und Labilität des Seiles und der Größe und Starrheit des Reifens, ein bereits gut ausgeprägtes Bewegungsgefühl, wenn Körperbewegung und Bewegung des Gerätes in Einklang gebracht und ruhige, fließende Bewegungen erreicht werden sollen.

So zeigt sich beim Schwingen mit dem Seil eine solche mangelnde Übereinstimmung im „Schlingern“ oder „Überschlagen“ des Seiles. Beim Reifen besteht die besondere Schwierigkeit in der Einhaltung der Schwungebenen, die nur erreicht werden kann, wenn der Reifen sehr locker gehalten wird und der Körper gut mitschwingt. Bedingt durch den lockeren Griff kann es leicht zu Schlenkerbewegungen kommen. Schwünge in den vertikalen Ebenen erfordern beim Seil ebenso wie beim Reifen einen ständigen fließenden Wechsel von Beugen des Schwungarmes bei der Abwärtsbewegung und Strecken des Armes bei der Aufwärtsbewegung, wenn ein Aufschlagen des Gerätes auf den Boden vermieden werden soll.

Wegen der genannten Schwierigkeiten sind das Seil und der Reifen weniger zur Einführung des Schwingens als vielmehr für die Anwendung von Schwungformen geeignet, die vorher schon mit anderen Geräten geschult worden sind.

Bei der Schwungschulung mit dem Seil wäre ein methodisches Vorgehen vom kurzen Seil zum langen Seil, vom einhändig gefaßten Doppelseil zum beidhändig gefaßten Seil mit offener Seilschlinge möglich. Mit dem kurzen Seil (z.B. dem vierfach zusammengelegten Seil) können die Schwünge unter erleichterten Bedingungen vorbereitet werden, weil der Schwungarm gestreckt bleiben kann. Schwünge mit dem einhändig gefaßten Doppelseil stellen geringere Anforderungen an das Koordinationsvermögen als Schwünge mit dem beidhändig gefaßten Seil, das gilt besonders für solche Schwünge, bei denen die Arme kanonartig einsetzen (z.B. bei Spiralschwüngen).

Umkehrschwünge mit dem Seil, z.B. vor oder neben dem Körper, stellen wegen der Labilität des Gerätes in der Bewegungsumkehr erhöhte Anforderungen an das Anpassungsvermögen. Es ist deshalb ratsam, von Kreisschwüngen auszugehen und die Umkehrschwünge erst danach einzuführen (weitere Hinweise zum Schwingen mit dem Seil, siehe S. 223).

Beim Schwingen mit dem Reifen sind vom Schwierigkeitsgrad her Umkehrschwünge in der Frontal- und Sagittalebene mit Griff von oben als erste Schwungform am besten geeignet. Bei diesem Griff ist noch eine relativ gute Kontrolle des Gerätes möglich. Es könnte mit einem Pendeln des Reifens begonnen werden, das durch zunehmenden Körpereinsatz zu einer schwunghaften Bewegung gesteigert wird. Durch leichte Abwürfe am Ende jedes Schwunges, beim Üben in der Sagittalebene auch durch Überwürfe zum Partner, kann eine Steigerung des Bewegungsumfanges erreicht werden. Bei Schwüngen, bei denen der Reifen nur locker auf der Hand liegt, tritt die Schwierigkeit des Einhaltens der Ebenen in besonderem Maße auf, sie sollten deshalb erst in einem zweiten Lernschritt geschult werden.

Kreisschwünge lassen sich aus dem Handumkreisen vor oder neben dem Körper durch Betonung der Aufwärtsbewegung mit Streckung des Schwungarmes nach oben entwickeln.

Als schwierigste Schwungform mit dem Reifen muß wohl der Spiralschwung angesehen werden, weil der Reifen nur auf den oberen Fingergliedern gehalten werden kann und damit sehr labil wird. Außerdem erfordert die Ausführung mit einem so großen Gerät eine gute Rumpfbeweglichkeit. Diese Schwungform sollte erst dann mit dem Reifen erprobt werden, wenn Erfahrungen mit einfacheren Schwüngen gesammelt worden sind und außerdem bereits eine Bewegungsvorstellung vom Ablauf des Schwunges durch Üben mit anderen Geräten vorliegt.

Rumpfschwünge

Für die Einführung von Rumpfschwüngen bietet sich der Einstieg über den Tief-Hochschwung an (vgl. S. 157), der in vier Lernschritten erarbeitet werden kann:

1. Lockeres Rumpffällen vorwärts im Wechsel mit Aufrollen zum Streckstand. Die Beine bleiben am Anfang gestreckt, um ein bloßes Rumpfsenken bei starker Kniebeuge zu vermeiden und das Gefühl für die Fallbewegung des Rumpfes zu entwickeln, später werden die Knie beim Rumpffällen leicht gebeugt.

2. Rück- und Vorpendeln der Arme in der Rumpfbeuge in Verbindung mit elastischem Beugen und Strecken der Knie bei leichter Rumpfmitbewegung, aber ohne Aufrichten des Rumpfes.
3. Steigerung des Pendelns zum Schwingen durch verstärkten Rumpfeinsatz, Aufrichten des Rumpfes beim Vorschwung, weites Durchschwingen der Arme in Verbindung mit Strecken der Beine beim Rückschwung.
4. Schulung des Schwungansatzes aus dem Streckstand.

Eine Alternative zu diesem Vorgehen findet man bei Erbguth (Erbguth, 1958, S. 226–227). Sie entwickelt alle Schwungformen aus einem Tief-Hochschwung ohne Rumpffällen, den sie als grundlegende Schwungform betrachtet. Sie geht in folgender Weise vor:

1. Aus dem Streckstand mit Schräghochhalte der Arme, Einleitung des Schwunges durch Fallbewegung der Arme in Verbindung mit Absenken des Beckens. Die Arme pendeln rückwärts und vorwärts bei leichter Mitbewegung des Rumpfes durch Runden und Strecken der Wirbelsäule, das durch Beugen und Strecken in Knie- und Hüftgelenken unterstützt wird.
2. Steigerung zum Rumpftiefschwung durch Verstärkung der Tiefbewegung in Verbindung mit Rumpffällen.

Für das Üben und Anwenden des Tief-Hochschwunges (als Rumpftiefschwung) ergeben sich u. a. folgende Möglichkeiten:

– Aus der Grätschstellung erfolgt der Bewegungsansatz mit $1/8$ Drehung, so daß der Tiefschwung über dem rechten oder linken Bein ausgeführt wird.
– Der Tief-Hochschwung wird verbunden
  mit Armkreisschwüngen rückwärts in der Sagittalebene, die ein- oder beidarmig ausgeführt werden,
  mit Armkreisschwüngen vorwärts in der Sagittalebene,
  mit Körperwellen,

mit Schrittelementen, z. B. Gehen vorwärts im Dreierrhythmus, auch in Verbindung mit $^1/_2$ oder $^1/_1$ Körperdrehungen am Ende des Hochschwunges,
mit Schlägen auf den Boden und Handklatsch über dem Kopf.

Nach der Erarbeitung des Tief-Hochschwunges kann der Rumpfpendelschwung in der Frontalebene ebenfalls auf dem Weg über das Rumpffällen und das Rumpfpendeln in der Rumpfbeuge zum Rumpfschwung aus dem Streckstand in den Streckstand entwickelt werden. Wenn dabei großräumige Bewegungen erreicht werden sollen, wird am besten die Grätschstellung als Ausgangsstellung gewählt, wobei allerdings die Gewichtsverlagerung von einem Bein auf das andere als zusätzliche Schwierigkeit auftritt.

8. Zur Arbeit mit Handgeräten

8.1 Die Bedeutung der Handgeräte im Gymnastikunterricht in der Schule

Die Arbeit mit Handgeräten umfaßt einen ganz wesentlichen Bereich in der Gymnastik.

Zu unterscheiden sind dabei Bewegungselemente mit Handgeräten, die als gerätespezifisch zu bezeichnen sind (z.B. Prellen und Rollen), oder aber Bewegungsgrundformen, die durch die Verwendung von Handgeräten entweder leichter erlernbar sind (z.B. Schwingen mit der Keule) oder unter veränderten Bedingungen gefestigt und stabilisiert werden können (z.B. Laufen mit dem Seil).

Aber nicht nur zur Bewegungsformung, sondern auch zur Steigerung konditioneller Fähigkeiten lassen sich die unterschiedlichsten Handgeräte für vielfältige Aufgabenstellungen einsetzen.

Die besondere Bedeutung der Handgeräte allerdings liegt in ihrem Aufforderungscharakter und darin, daß im Umgang mit dem Gerät die Bewegungsphantasie und die Spontaneität der Schüler angeregt werden. Außerdem lassen sich leicht spielerische, variable Aufgaben finden, die das Interesse der Schüler immer wieder neu wecken.

Darüber hinaus können auch Bewegungshemmungen gelöst werden, weil die Konzentration des Übenden sich zunächst auf die Lösung der konkreten Aufgabe mit dem Gerät richtet.

Einzelne Handgeräte fordern aufgrund ihrer Eigenart zur Zusammenarbeit mit dem Partner oder der Gruppe auf. So sind Werfen und Fangen des Balles, Rollen des Reifens zum Partner und Schwingen und Springen mit dem Seil in der Dreiergruppe Aufgaben, durch die die Entwicklung kooperativer Fähigkeiten gefördert werden können.

Für einige der genannten Zielsetzungen, die sich mit Handgeräten realisieren lassen, sollen nachfolgend Aufgabenbeispiele gegeben werden.

Die Bewegung verbessert sich durch die Notwendigkeit der Anpassung an das Gerät

Beispiele:

Beim Prellen mit dem Ball vor dem Körper können Höhe und Richtung des Balles nur genau bestimmt werden, wenn der Körper das Auf und Ab des springenden Balles als Ganzkörperfederung mitvollzieht.

Beim Anrollen kann der Ball nur dann ohne „Hopser“ auf den Boden aufgesetzt und seine Richtung genau bestimmt werden, wenn die Ausholbewegung mit dem ganzen Körper mitvollzogen wird.

Beim Schwingen mit dem Band ist eine großräumige, klare Bandzeichnung nur bei ganzheitlichem Körpereinsatz zu erreichen.

Durch das Gewicht der Keule kann die Dynamik des Schwunges leichter erfaßt werden.

Mehrmaliges Überspringen eines geschwungenen Seiles gelingt nur bei gut koordinierter, rhythmisch ablaufender Bewegung.

Das Gerät ermöglicht die Kontrolle der Bewegung

Beispiele:

Beim Schwingen mit dem Band zeigt sich mangelnder Bewegungsfluß in der Bandzeichnung, zu starker Krafteinsatz wird für den Übenden im „Knallen“ des Bandes hörbar, zu geringer Krafteinsatz läßt das Band in sich zusammenfallen.

Beim Laufen rückwärts mit dem Seil bleibt der Übende nach wenigen Versuchen hängen, wenn das Schwungbein zunächst nach vorn hochgezogen wird, statt gleich nach hinten auszugreifen.

Fehlendes Mitgehen des Körpers beim Fangen eines Balles ist für den Übenden hörbar.

Mit Hilfe von Handgeräten können Geschicklichkeit und Gewandtheit entwickelt werden

Beispiele:

Balancieren mit dem Stab,
Drehen des Reifens,
Durchwinden durch den Reifen,
Springen durch den geschwungenen Reifen,
Spielen mit zwei Bällen,
Spielen mit Ball und Reifen,
Lösen vielfältiger Aufgaben mit dem springenden, fliegenden, rollenden Ball.

Mit Hilfe von Handgeräten kann die Fähigkeit zur Doppelkoordination gesteigert werden

Beispiele:

Koordination von Laufen und Schwingen beim Laufen mit dem Seil;
Koordination von Hüpfen und Schwingen bei Frontalschwüngen mit dem Band in der Seitwärtsbewegung.

Mit Hilfe von Handgeräten können die motorischen Eigenschaften verbessert werden

Beispiele:

Springen mit dem Seil in längeren Folgen,
Springen über liegende Reifen oder Seile,
Springen über vom Partner gehaltene Stäbe oder Reifen (Sprungkraftschulung);
Prellen mit dem springenden Medizinball (Kräftigung der Rumpf- und Armmuskulatur);
in der Bauchlage einen Ball mit beiden Händen prellen (Kräftigung der Rückenmuskulatur);
im Sitz mehrmals einen Ball mit den Füßen hochwerfen und mit den Händen wieder fangen

(Kräftigung der Bauchmuskulatur);
Schwingen mit dem Band, der Keule, dem Seil
(Beweglichkeit im Schultergelenk);
Greifen des Seiles mit den Füßen,
Figurenlegen mit den Füßen
(Beweglichkeit der Füße);
Rollen mit dem Ball,
Durchwinden durch den Reifen
(Beweglichkeit der Wirbelsäule);
Ausführen von Schlangen und Spiralen
(Beweglichkeit des Handgelenkes).

Handgeräte können als Mittel zur Orientierung im Raum dienen

Beispiele:

Laufen um Reifen, die im Raum frei verteilt sind;
Laufen um Keulen, die in einem Kreis aufgestellt sind.

8.2 Bewegungselemente mit dem Ball – ihre Erarbeitung und Anwendung

8.2.1 Der Ball als Mittel der Bewegungsschulung

Der Ball ist sicherlich das Handgerät mit dem größten Aufforderungscharakter. Es regt in erster Linie zum Werfen, Fangen und Rollen an, fordert aber auch zum Zusammenspiel mit Partner und Gruppe auf.

Im Hinblick auf die gezielte Bewegungsbildung bietet der Ball vielfältige Möglichkeiten zur Schulung der Bewegungselemente Federn und Schwingen. Federungsfähigkeit kann besonders durch die Mitbewegung das ganzen Körpers beim Prellen geschult werden, Schwingungsfähigkeit wird bei allen Formen des Werfens und Fangens, beim Rollen und durch die Arbeit an speziellen Schwungformen angesprochen (vgl. S. 166). Darüber hinaus fördert das Üben mit dem Ball die Entwicklung von koordinativen Fähigkeiten, insbesondere die Fähigkeit zur motorisch-dynamischen Anpassung und die

Geschicklichkeit, die erforderlich sind, um den Ball in unterschiedlichen Situationen unter Kontrolle zu halten.

Das umfangreiche Übungsgut ermöglicht abwechslungsreiche Aufgabenstellungen auch im Bereich der Körperbildung (vgl. S. 174).

Die gerätespezifischen Fertigkeiten: **Prellen, Werfen** und **Fangen** und **Rollen** sollen nachfolgend in ihren wesentlichen Merkmalen beschrieben und Möglichkeiten ihrer Schulung am Beispiel von methodischen Übungsreihen vorgestellt werden.

8.2.2 Das Prellen mit dem Ball – wesentliche Bewegungsmerkmale und häufig auftretende Fehler

Beidhändiges Prellen vor dem Körper

Foto 17

Beide Hände drücken den Ball von oben senkrecht gegen den Boden und passen sich dabei der runden Form des Balles an (siehe Foto 17). Der zurückprellende Ball wird möglichst früh wieder angenommen. Die Hände legen sich dabei von oben auf den Ball und vollziehen die Aufwärtsbewegung des Balles zunächst mit, um ihn dann wieder nach unten zu drücken.

Die Hände sollen möglichst lange am Ball bleiben, damit eine sichere Ballführung erreicht wird.

Die locker gestreckten Arme schwingen aus der Schulter heraus mit. Die Bewegung der Arme überträgt sich als federnde Bewegung auf den ganzen Körper, der das „Auf und Ab“ des Balles durch elastisches Beugen und Strecken in allen Gelenken (Fuß-, Knie-, Hüftgelenk, Wirbelsäule) mitvollzieht.
Der Oberkörper bleibt aufrecht.

Häufige Bewegungsfehler:

- Die flachen Hände „schlagen“ auf den Ball. Die Kontrolle über den Ball geht verloren, das Prellen wird ungenau.
- Der Ball wird nur durch isolierte Bewegung im Handgelenk geprellt. Der Arm schwingt nicht locker aus dem Schultergelenk heraus mit.
- Der Ball wird zu dicht am Körper geprellt, die Oberarme werden angeklemmt. Die Bewegungsfreiheit geht verloren, der Ball wird nur aus dem Unterarm heraus bewegt.
- Der Ball wird zu weit vom Körper entfernt geprellt. Der Oberkörper bleibt nicht aufrecht.
- Bei der Prellbewegung bleiben die Beine gestreckt. Das „Auf und Ab“ des Balles wird nicht vom ganzen Körper als federnde Bewegung mitvollzogen.
- Der Hauptimpuls der Bewegung liegt in der übertriebenen Kniebewegung („Knicks“). Der Bewegungsfluß wird unterbrochen, häufig wird dabei die schwingende Bewegung der Arme und der Wirbelsäule vernachlässigt.
- Die Hände greifen den Ball und halten ihn kurzzeitig fest. Die fließende Bewegung wird unterbrochen.

Einhändiges Prellen vor dem Körper

Der Ball wird genau vor dem Körper geprellt. Die Schulter des prellenden Armes wird leicht nach vorn gedreht, der freie Arm schwingt locker mit.

Richtungsprellen – Prellen in der Fortbewegung

Der Ball wird nicht senkrecht gegen den Boden, sondern schräg in die Bewegungsrichtung hineingedrückt.

8.2.3 Eine Übungsreihe zum Prellen mit dem Ball

Grundschulung der Bewegung

---

1. Vorbereiten:

Beim Sammeln vielfältiger Bewegungserfahrungen mit dem springenden Ball sollen die Schüler ihre Geschicklichkeit steigern, Sicherheit im Umgang mit dem Ball erwerben und den Prellstoß dosieren lernen.

Aufgaben:

- Prellt den Ball mit beiden Händen!
- Prellt ihn langsam (schnell),
  so schnell wie möglich,
  in der Hocke,
  schnell und langsam im Wechsel.
- Laßt ihn bis in Kniehöhe – Bauchhöhe – Kopfhöhe springen.
- Prellt den Ball so stark, daß er fast bis an die Decke springt.
- Wer kann ihn dabei aus der Luft holen und fangen?
- Versucht, vor dem Fangen in die Hände zu klatschen,
  euch zu drehen,
  zweimal herum,
  mit beiden Händen auf den Boden zu tippen.
- Versucht, den liegenden Ball zum Springen zu bringen, laßt ihn wieder einschlafen.

- Prellt den Ball im Stand, fangt ihn im Sitzen (und umgekehrt)!
- Prellt den Ball mit einer Hand!
- Wer schafft es mit der linken und der rechten Hand im Wechsel?
- Wer schafft es zehnmal hintereinander, ohne den Ball zu verlieren?
- Wer kann den Ball mit der rechten (linken) Hand prellen, dabei klein werden und groß werden, ohne daß der Ball aufhört zu springen? Wer kann dabei in die Hocke gehen,
  in den Kniestand gehen,
  sich hinlegen,
  Rückenlage einnehmen,
  Bauchlage einnehmen?
- Wer kann den Ball um den Körper herumprellen,
  im Stand,
  im Kniestand,
  im Schneidersitz?
- Wer kann den Ball durch die Beine prellen (∞)?
- Wer kann den Ball mit anderen Körperteilen prellen (Fuß, Kopf, Faust, Ellenbogen)?
- Wer kann sich mit dem prellenden Ball durch die Halle bewegen?
- Wer kann verschiedene Formen verbinden?

Geeignete Organisationsformen:

Freie Aufstellung im Raum oder Kreisaufstellung

2. Erarbeiten der Bewegungsmerkmale

Aufgaben	Didaktischer Kommentar
Prellt den Ball mit beiden Händen vor dem Körper.	Die Bewegungsmerkmale des Prellens können am leichtesten am beidhändigen Prellen erarbeitet werden.
Laßt den Ball bis in Augenhöhe springen.	
Hüpft mit dem springenden Ball mit.	Die Mitbewegung des ganzen Körpers wird dadurch zwingend.
Wippt mit (federt locker mit)! Geht mit dem ganzen Körper mit, wenn der Ball sich auf und ab bewegt, nicht nur mit den Knien.	Übertriebene Kniebewegungen („Knicks“) müssen gegebenenfalls hier abgebaut werden, evtl. mit Hilfe von Bewegungsvorbildern.
Drückt von oben auf den Ball. Könnt ihr ihn lautlos herunterdrücken?	Das gelingt nur, wenn die Hände sich der Form des Balles anpassen und die Bewegung begleiten.
Bleibt mit den Händen lange am Ball! Geht dem Ball früh entgegen.	Sichere Führung des Balles soll erreicht werden.
Laßt eure Arme locker auf und ab schwingen.	Lockeres Mitschwingen der Arme aus der Schulter heraus soll erreicht werden.
Prellt den Ball so weit vom Körper entfernt auf den Boden, daß ihr die Arme fast strecken müßt.	

Geeignete Organisationsformen:
Kreis, Gasse, Halbkreis

Bewegungsvariation

Üben der Grundform unter veränderten und erschwerten Bedingungen

1. Zeitliche Veränderung und rhythmische Veränderungen

Beispiele:

- Gemeinsames Prellen im gleichen Tempo, ein Schüler gibt Tempo vor.
- Echoprellen, der Lehrer oder ein Schüler gibt bestimmte Anzahl von „Prellern" vor, die Gruppe prellt das Echo.
- Rhythmen prellen, z. B.

  Sie entstehen durch schnelles und langsames Prellen in unterschiedlicher Folge.
- Namen prellen, z. B. Katrin Zimmermann

Hannelore Peters

Lieder prellen – auch in Form von Liederraten.

Rhythmische Motive gestalten, z. B.

kurz kurz lang / kurz kurz lang

♪ ♪ ♩ | ♪ ♪ ♩

vier Preller mit mittlerer Dosierung
zwei Preller mit starker Dosierung

| ♩ ♩ ♩ ♩ | 𝅗𝅥 𝅗𝅥 |

lang lang kurz kurz lang / lang lang lang lang

♩ ♩ ♪ ♪ ♩ | ♩ ♩ ♩ ♩

2. Formveränderung

Beispiele:

- Prellen und Fangen,
  Aufprellen, Ball in Schulterhöhe (Kopfhöhe) fangen,
  starkes Aufprellen, den Ball aus der Luft holen (in der Körperstreckung fangen),
  starkes Aufprellen, vor dem Fangen Körperdrehungen ausführen oder in die Hocke gehen,
  Aufprellen, den Ball auf beiden Handrücken fangen;
- Einhändiges Prellen,
  Prellen rechts oder links, vor oder neben dem Körper,
  Prellen vor dem Körper mit Handwechsel.

3. Die räumliche Veränderung

Beispiele:

- Richtungsprellen,
  den Ball vor dem Körper von links nach rechts prellen,
  um den Körper herum prellen;

- Prellen in der Fortbewegung in Verbindung mit Gehen, Laufen oder Hüpfen,

  vorwärts, rückwärts, seitwärts,

  geradlinig und kurvig auf unterschiedlichen Raumwegen.

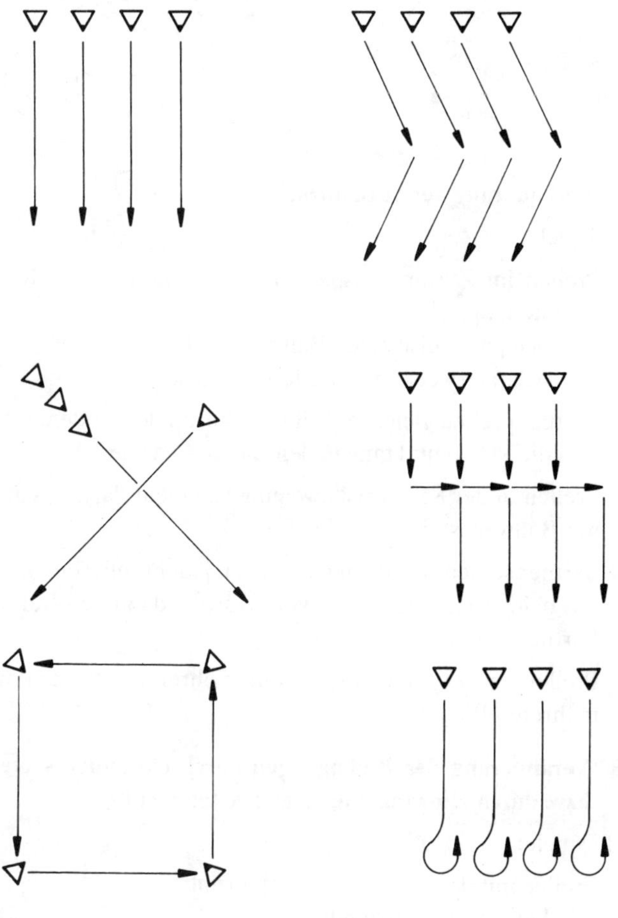

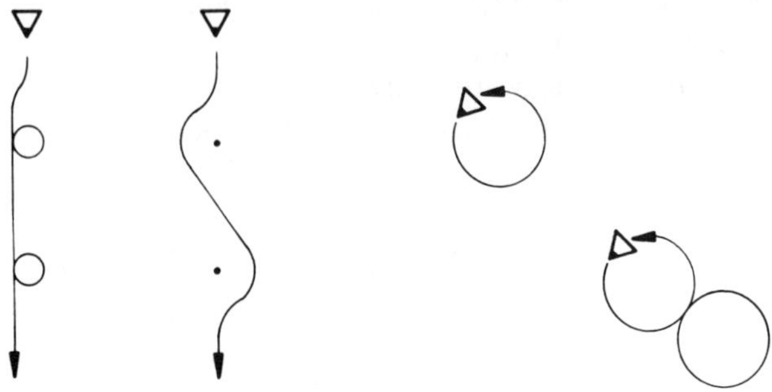

4. Veränderung der Sozialform

Beispiele:

- Prellen im Zusammenspiel mit einem Partner in Gegenüberstellung,
  sich paarweise einen Ball zuprellen,
  sich paarweise zwei Bälle zuprellen;
- Partner prellen gleichzeitig ihre Bälle auf den Boden, wechseln die Plätze und fangen den Ball des Partners;
- Prellen in der Seitwärtsbewegung an einem Partner vorbei mit Ballwechsel;
- Partner stehen sich dicht gegenüber, jeder prellt seinen Ball mit beiden Händen rechts vom Körper, dann den Ball des Partners auf der linken Seite;
- Prellen im Zusammenspiel mit mehreren Partnern und mehreren Bällen.

5. Veränderung der Bedingungen durch ein anderes Gerät bzw. durch Hinzunahme eines zweiten Gerätes

Beispiele:

- Prellen mit dem springenden Medizinball,
  beidhändig, einhändig,
  am Ort und in der Fortbewegung,
  im Zusammenspiel mit Partner und Gruppe;

- Prellen mit zwei Bällen,
  vor dem Körper gleichzeitig zwei Bälle prellen,
  rechts und links nacheinander prellen,
  mit zwei Bällen Rhythmen prellen;
- Prellen von zwei Bällen im Strecksitz, Grätschsitz oder Kniestand,
  abwechselnd im Strecksitz neben den Beinen und im Grätschsitz zwischen den Beinen prellen;
- Prellen und Fangen verbinden,
  dasselbe im Zusammenspiel mit einem Partner;
- Prellen durch den Reifen im Zusammenspiel mit einem Partner,
  der Partner hält den Reifen waagerecht in Hüfthöhe,
  in den Reifen hineinprellen,
  Gerätewechsel mit dem Partner ohne Unterbrechung der Prellbewegung;
- fortgesetztes Prellen des einen Partners, der zweite schiebt den Reifen unter den Ball und schwingt ihn wieder heraus, ohne den springenden Ball zu stören.

Bewegungskombination

Anwenden der erlernten Variationen des Prellens in einfachen Bewegungsverbindungen

Beispiele:

- Beidhändiges Prellen am Ort in Verbindung mit Prellen und Fangen

prel-len, prel-len/ prellen – fangen, prellen – fangen

- Beidhändiges Prellen am Ort in Verbindung mit beidhändigem Prellen in der Seitbewegung (Seitgalopp)

prel-len, prel-len/ seit, seit, seit, seit

- Beidhändiges Prellen am Ort in Verbindung mit einhändigem Prellen, dabei
  4mal beidhändiges Prellen vor dem Körper,
  4mal einhändiges Prellen
  mit Handwechsel rechts, links vor dem Körper;
- 4mal einhändiges Prellen vor dem Körper und 4mal einhändiges Prellen in Verbindung mit 4 Hüpfern um den Ball herum

- Verbindung von beidhändigem Prellen in der Seitbewegung und einhändigem Prellen in der Vorwärts- und Rückwärtsbewegung, dabei
  4 Hüpfer vorwärts mit Prellen rechts,
  4 Seitgalopp nach rechts mit beidhändigem Prellen,
  4 Hüpfer rückwärts mit Prellen links,
  4 Seitgalopp nach links
  (Raumweg: Quadrat);
- Verbindung von beidhändigem und einhändigem Prellen im Zusammenspiel mit einem Partner, dabei
  4mal beidhändiges Prellen vor dem Körper,
  2mal einhändiges Prellen zum Partner
  und den ankommenden Ball fangen

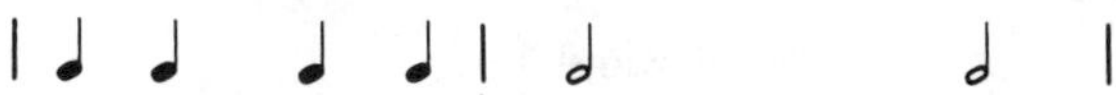

prel-len, prel-len, rüber – fangen, rüber – fangen

- 4mal beidhändiges Prellen vor dem Körper,
  starkes Aufprellen und Fangen,
  starkes Aufprellen, auf den Platz des Partners laufen und dessen Ball fangen.

Bewegungsgestaltung

Entwicklung von Bewegungsspielen unter Ausnutzung der beherrschten Grundform und verschiedener Variations- und Kombinationsmöglichkeiten

Beispiele:

Prellspiel im Kreis

Aufbau: Teil A – 16 Zählzeiten
Teil B – 16 Zählzeiten

Teil A

1– 8 Den Ball 8mal beidhändig vor dem Körper prellen,

9–16 4mal zum linken Partner prellen und den vom rechten Partner kommenden Ball fangen;

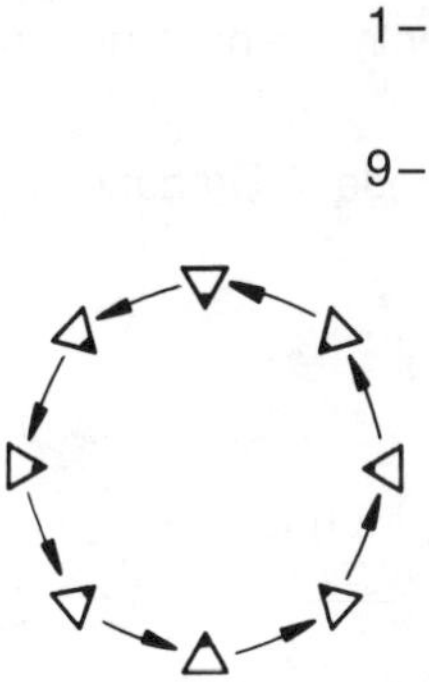

Teil B

1– 8 wie A 1–8,

9–12 den Ball stark aufprellen, fangen,

13–16 den Ball stark aufprellen, auf den Platz des linken Partners laufen und den vom Partner geprellten Ball fangen.

Prellspiel in der Vierergruppe

Aufbau: Teil A –32 Zählzeiten
Teil B –32 Zählzeiten
Teil C –32 Zählzeiten

Teil A

Abb. 1

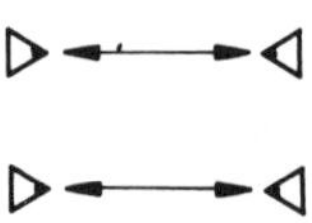

1– 4 Den Ball 4mal beidhändig vor dem Körper prellen,

5– 8 den Ball zum Partner prellen, den vom Partner kommenden Ball fangen, (Abb. 1), 1/4 Drehung zum neuen Partner;

Abb. 2

9–16 wie 1 bis 8, aber mit einem neuen Partner (Abb. 2),

17–32 wie 1 bis 16, am Ende 1/8 Drehung zur Mitte (Abb. 3);

Abb. 3

Teil B

Abb. 4

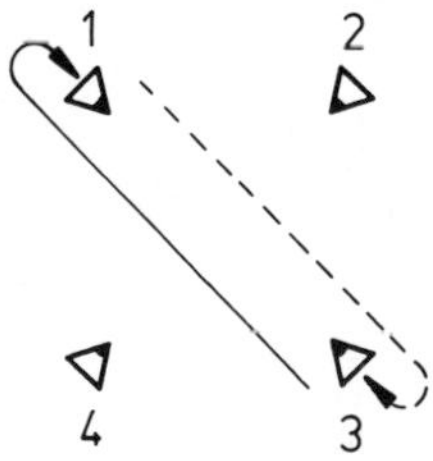

1– 8 Partner (1) und (3) führen mit 4 Hüpfern einen Platzwechsel aus, der Ball wird dabei 4mal einhändig neben dem Körper geprellt, anschließend hüpfen sie mit 4 Hüpfern einen Halbkreis um den am Ort geprellten Ball (Abb. 4),
Partner (2) und (4) prellen 8mal rechts und links im Wechsel am Ort;

Abb. 5

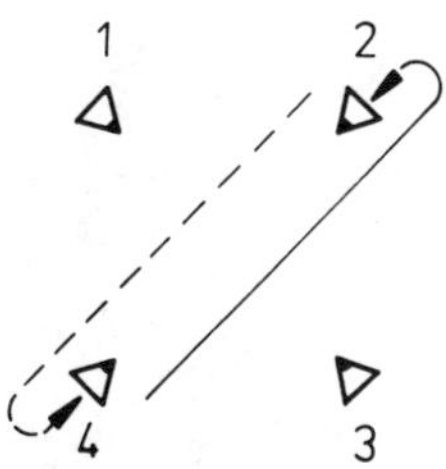

9–16 Partner (2) und (4) führen den Platzwechsel aus, Partner (1) und (3) prellen am Ort (Abb. 5),

17–32 wie 1–16, am Ende Drehung zum Partner;

Teil C

Abb. 6

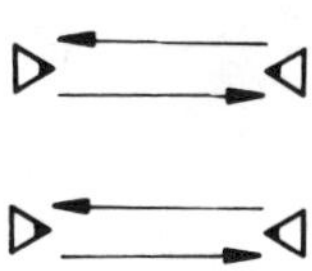

1– 8 4mal beidhändig vor dem Körper prellen und fangen,

9–12 den Ball stark aufprellen, fangen,

13–16 den Ball stark aufprellen, auf den Platz des Partners laufen und den Ball des Partners fangen (Abb. 6), 1/4 Drehung zum neuen Partner,

Abb. 7

17–32 wie 1–8, aber Platzwechsel mit dem neuen Partner (Abb. 7).

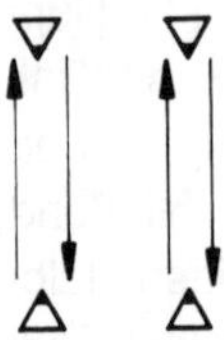

Prellspiel in der Gasse

Aufbau: Teil A – 16 Zählzeiten
Teil B – 16 Zählzeiten
Teil C – 16 Zählzeiten

Teil A

Abb. 1

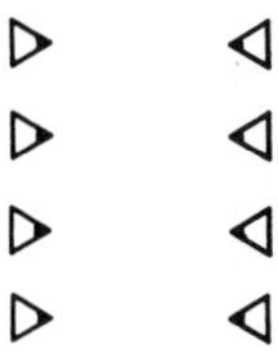

1– 4 4mal beidhändig vor dem Körper prellen,
5– 8 4mal einhändig prellen – rechts, links, rechts, links,
9–16 wie 1–8;

Teil B

Abb. 2

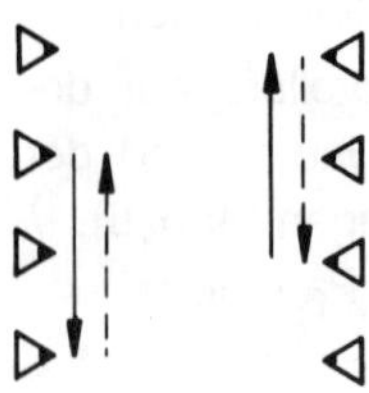

1– 4 4 Seitgalopp nach rechts, dabei den Ball 4mal beidhändig prellen (Abb. 2),

5– 8 wie 1–4, aber Seitgalopp nach links,

9–12 4 Hüpfer vorwärts, rechtsschultrig am Partner vorbei, den Ball dabei 4mal einhändig prellen (Abb. 3),

13–16 mit 3 Hüpfern einen Halbkreis um den 3mal am Ort geprellten Ball hüpfen (Abb. 3),
zur Schlußstellung kommen,
Ball fangen;

Abb. 3

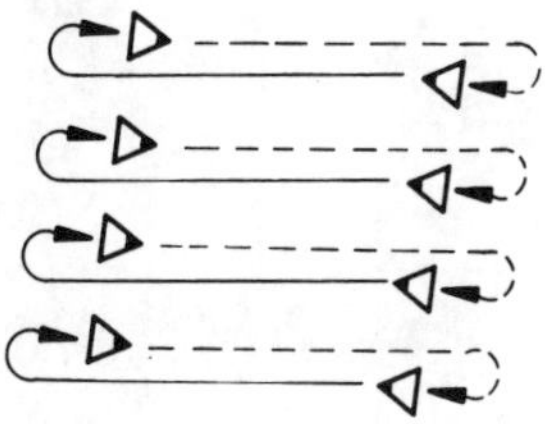

Teil C

1– 4 2mal den Ball beidhändig vor dem Körper prellen und fangen,

5– 8 den Ball kräftig zum Partner prellen und den vom Partner kommenden Ball fangen,

9–16 wie 1–8.

8.2.4 Werfen und Fangen mit dem Ball – wesentliche Bewegungsmerkmale und häufig auftretende Fehler

Der beidhändige Hochwurf

Foto 18

Der Ball liegt auf den gewölbten Handtellern, die kleinen Finger sind fast parallel, die Arme sind leicht gebeugt. Der Anschwung erfolgt entgegengesetzt zur Bewegungsrichtung unter Beteiligung des ganzen Körpers, d. h., Fuß-, Knie-, Hüftgelenk und Rücken werden leicht gebeugt, die Arme strecken sich nach unten.

Foto 19

Die Arme werden vorhoch geschwungen, der Ball wird schräg nach vorn abgeworfen, er sollte bei völliger Körperstreckung über die Fingerspitzen aus der Hand herausrollen (siehe Foto 18).

Zum Fangen strecken sich Arme und Körper dem Ball entgegen, die Handflächen zeigen zum Körper, damit der Ball lautlos über die Fingerspitzen in die Hände hineinrollen kann. Der gesamte Körper folgt der Fallbewegung des Balles. Fuß-,

Knie- und Hüftgelenk werden leicht gebeugt, der Rücken rundet sich, die Arme fallen locker herunter. Die Fallinie des Balles soll dabei nicht unterbrochen werden. Die Bewegung endet mit einem Ausfedern vor den Oberschenkeln (siehe Foto 19).

Häufige Bewegungsfehler:

- Der Ball liegt nicht auf den Händen, sondern wird seitlich gefaßt. Die Folge sind isolierte Armbewegungen bei stark gebeugten Ellenbogengelenken („Rollen“).
- Der Ball verläßt die Hände zu früh, d.h. bevor der Körper und die Arme völlig gestreckt sind. Der Abwurf erfolgt nicht unter Beteiligung des ganzen Körpers, die Streckbewegung des Körpers wird unterbrochen.
- Der gefangene Ball wird im Moment der Ballannahme festgehalten. Der Bewegungsfluß wird unterbrochen, die Fallbewegung des Balles wird gebremst.
- Der Ball wird zu spät gefangen. Arme und Körper gehen dem Ball nicht entgegen.
- Der Ball wird „laut“ gefangen, er wird „gegriffen“ und rollt nicht in die Hand hinein.
- Der Rücken bleibt in der Auftakt- und Endphase der Bewegung gestreckt. Es wird keine ganzheitliche Bewegung erreicht, die Wirbelsäule schwingt nicht mit.

Der einhändige Hochwurf

Alle Merkmale des beidhändigen Hochwurfes gelten auch hier, aber die Schulter des aktiven Armes wird beim Abwurf und Fangen leicht nach vorn gedreht, der passive Arm schwingt locker mit. Auftakt und Ausklang der Bewegung erfolgen vor dem Körper.

Variationen:

Anschwingen und Ausschwingen erfolgen an der Körperseite, der Körper öffnet sich dabei zur Wurfarmseite.

Der beidhändige Bogenwurf vorwärts

Auch hier gelten die Merkmale des beidhändigen Hochwurfes, aber der Ball verläßt die Hände bereits unmittelbar nach Passieren der Schulterhöhe. Durch Druck der oberen Fingerglieder während des Herausrollens wird die Flugbahn bestimmt.

Der einhändige Bogenwurf vorwärts

Es gelten die Merkmale des beidhändigen Bogenwurfs. Der Anschwung kann vor dem Körper oder an der Körperseite erfolgen.

Der einhändige Bogenwurf seitwärts über den Kopf

Der Anschwung erfolgt an der Körperseite. Der Ball wird abgeworfen, wenn der Wurfarm sich über Schulterhöhe befindet. Der Fangarm streckt sich dem Ball entgegen, die Fallbewegung klingt an der Körperseite dicht am Oberschenkel aus. Der Flugbogen verläuft senkrecht über dem Kopf. Bei Würfen ohne Seitwärtsbewegung ist der freie Flug des Balles relativ kurz.

8.2.5 Eine Übungsreihe zum Werfen und Fangen mit dem Ball

Grundschulung der Bewegung

---

1. Vorbereiten:

Sammeln vielfältiger Bewegungserfahrungen beim Werfen und Fangen mit dem Ball und Steigerung der Geschicklichkeit im Umgang mit dem fliegenden Ball. Erlernen der Dosierung des Schwunges beim Abwurf.

Aufgaben:

- Werft den Ball hoch und fangt ihn wieder auf.
- Werft ihn bis zur Höhe der Fenster,
  bis zur Höhe der Ringe,
  fast bis an die Decke.

- Klatscht vor dem Fangen in die Hände,
  dreht euch herum,
  tippt mit den Fingern auf den Boden,
  klatscht hinter dem Rücken in die Hände.
- Werft den Ball so mit beiden Händen, daß ihr ihn auf dem Rücken fangen könnt.
- Werft ihn von hinten hoch, fangt ihn vorn wieder auf.
- Werft ihn mit einer Hand hoch, fangt ihn mit beiden Händen auf.
- Werft ihn rechts hoch, fangt ihn rechts (links) wieder auf.
- Werft den Ball im Stand hoch, fangt ihn im Sitz wieder auf und umgekehrt.
- Werft euch zu Paaren einen Ball zu (zwei Bälle).
- Wer kann allein zwei Bälle hochwerfen und wieder fangen?
- Lauft durch die Halle, ohne euch gegenseitig zu behindern, werft und fangt euren Ball dabei.

2. Erarbeiten der Bewegungsmerkmale

Aufgaben	Didaktischer Kommentar
Nehmt den Ball vom Boden auf, werft ihn hoch, fangt ihn, legt ihn wieder hin! Versucht, den Ball nach dem Fangen ohne Pause wieder hinzulegen! Auch beim Aufnehmen und Hochwerfen soll keine Pause entstehen. Lauft frei durch den Raum, nehmt irgendeinen Ball auf, werft ihn hoch, fangt ihn ohne Pause, legt ihn hin, lauft weiter und nehmt einen neuen Ball auf.	Der Bewegungsansatz und die Endphase der Bewegung werden vorbereitet, die Ausholbewegung nach unten und das Mitgehen mit dem fallenden Ball. Beide Merkmale werden hier zunächst „übertrieben“.

Wir finden einen gemeinsamen Ablauf, zum Beispiel: „und hoch – fangen – ablegen – richtet euch auf“.	Die Rhythmisierung unterstützt den Bewegungsfluß.
Werft den Ball etwas schräg nach vorn!	Ein zu steiler Wurf führt beim Fangen oft zur Unterbrechung der Fallbewegung des Balles.
Legt den Ball auf beide Hände, er muß wie in einer Schüssel liegen!	Laßt die Finger möglichst geschlossen! Vermieden werden soll ein seitliches Greifen des Balles.
Holt von unten Schwung, werft den Ball ab und laßt ihn aufprellen!	Der Bewegungsansatz wird isoliert geschult.
Nicht nur mit den Armen Schwung holen, der ganze Körper vollzieht die Bewegung nach unten mit!	Verdeutlichung mit Hilfe von Bewegungsvorbildern.
Laßt den Ball möglichst spät aus der Hand rollen (oder: bleibt möglichst lange am Ball)! Fangt den Ball wieder auf, holt ihn dabei aus der Luft heraus!	Die Abwurfphase wird geschult unter besonderer Berücksichtigung der Körperstreckung.
Wer kann den Ball lautlos fangen?	Das „weiche“ Annehmen des Balles wird vorbereitet.
Laßt den Ball über die Fingerspitzen in die Hand rollen!	Das „Hineinrollen“ des Balles in die Hände soll erreicht werden.
Versucht, den Ball möglichst weit oben zu fangen, streckt euch dem Ball entgegen!	Verdeuchtlichung an Bewegungsvorbildern.
Schaut auf eure Handflächen, wenn ihr den Ball erwartet!	Es soll erreicht werden, daß die Hände immer wieder unter den Ball gebracht werden und ihn nicht seitlich fassen.

Laßt die Arme mit dem Ball locker herunterfallen! Laßt die Bewegung durch Abfedern auf den Oberschenkeln ausklingen!	Die Endphase der Bewegung wird geschult.

Bewegungsvariation

Üben der Grundform
unter veränderten und erschwerten Bedingungen

1. Zeitliche und rhythmische Veränderungen

1.1 Zeitliche Veränderung entsteht durch unterschiedliche Wurfhöhe.

1.2 Rhythmische Veränderung entsteht durch Verbindung von unterschiedlich hohen Würfen oder durch Verbindung von Würfen mit und ohne Zwischenfederung.

Beispiel: Hoch – und – fan – gen
Hoch – und – fan – gen
Hoch – und – hoch – und – hoch – und hoch – und

2. Räumliche Veränderungen

Sie ergeben sich durch eine Veränderung des Flugweges und sind nur mit Hilfe des Bogenwurfes (siehe Formveränderung) möglich.

Beispiel: Bogenwurf nach vorn, nach hinten, zur Seite, Bogenwurf in Verbindung mit Formen der Fortbewegung, z. B. Gehen, Laufen unter Ausnutzung unterschiedlicher Raumwege:

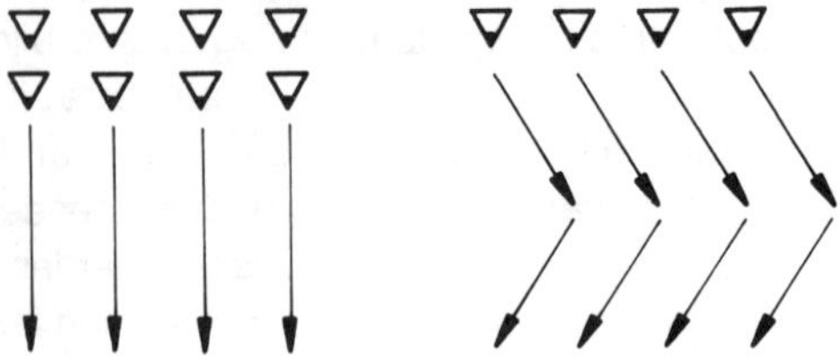

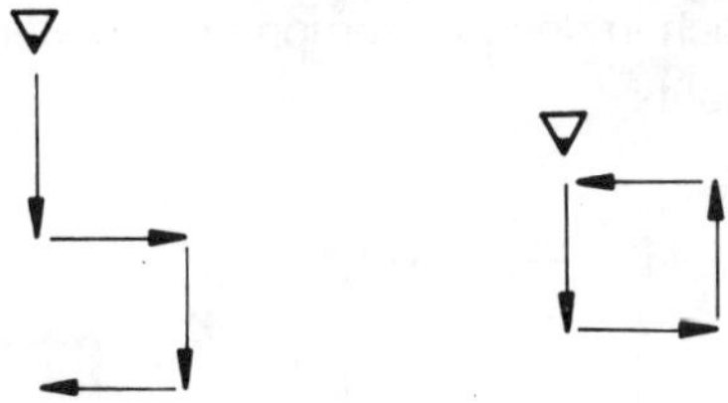

3. Formveränderungen

Sie ergeben sich durch:

- Erschwerung des Hochwurfes durch Armkreise oder Körperdrehungen vor dem Fangen,
- beidhändigen Hochwurf mit Fangen des Balles auf beiden Handrücken,
- einhändige Hochwürfe,
- einhändige Hochwürfe mit Handwechsel,
- beidhändige Bogenwürfe,
- einhändige Bogenwürfe,
- einhändige Bogenwürfe seitswärts über den Kopf.

Beispiele zur Schulung des Bogenwurfes:

- Den Ball nach hinten über den Kopf werfen,
- den Ball nach vorn im Bogen über ein Hindernis werfen,
- den Ball zu einem Partner werfen,
- den Ball seitwärts über den Kopf werfen.

4. Veränderung der Sozialform

Sie entsteht beim Werfen und Fangen im Zusammenspiel mit Partner und Kleingruppe.

Beispiele:

- Den eigenen Ball aufnehmen, hochwerfen, ohne Pause hinlegen und auf den Platz des Partners laufen usw., einen bestimmten rhythmischen Ablauf finden.

Abb. 1

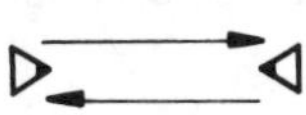

– Dasselbe auch in der Vierergruppe mit Weiterlaufen nach links oder rechts.

Abb. 2

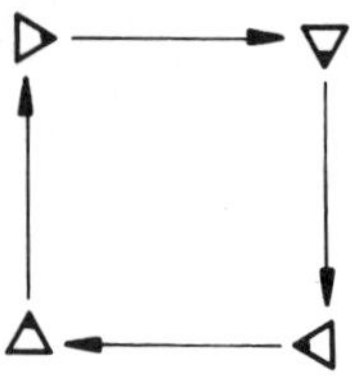

Zusammenspiel in der 3er-, (4er-) Gruppe mit einem Ball: (1) wirft den Ball hoch, läuft sofort an das Ende der Gruppe, (2) fängt den Ball, wirft ihn hoch und läuft ans Ende der Gruppe usw.

Abb. 3

5. Veränderungen der Bedingungen

Durch ein anderes Gerät oder durch Hinzunahme eines zweiten Gerätes können Veränderungen erfolgen.

Beispiele:

– Hoch- und Bogenwürfe mit dem Medizinball,
– Hoch- und Bogenwürfe mit 2 Bällen,
– Hoch- und Bogenwürfe mit Stab, Reifen, waagerecht gehaltener Keule,
– Hoch- und Bogenwürfe mit Stab und Reifen im Zusammenspiel mit einem Partner.

Bewegungskombination

Verbindung verschiedener Variationen des Werfens und Fangens – Verbindung des Werfens und Fangens mit anderen schon beherrschten Grundformen

Beispiele:

– Verbindung von Hochwürfen und Bogenwürfen (einhändig oder beidhändig) im Zusammenspiel mit einem Partner

Abb. 1

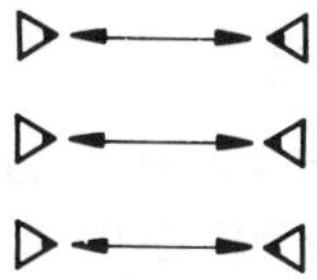

Hochwurf – fangen
Hochwurf – fangen
Bogenwurf zum Partner, Ball des Partners fangen
Bogenwurf zum Partner, Ball des Partners fangen.

– Dasselbe auch in der Vierergruppe mit wechselnden Partnern

Abb. 2

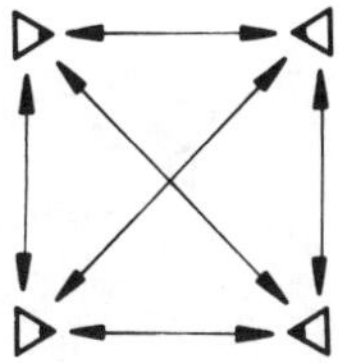

– Verbindung von Hochwürfen und Bogenwürfen vorwärts

Hochwurf – fangen
Hochwurf – fangen

Bogenwurf – hinterherlaufen – fangen
Bogenwurf – hinterherlaufen – fangen.

- Dasselbe auch mit Richtungsänderungen unter Ausnutzung unterschiedlicher Raumwege (siehe räumliche Variation)
- Verbindung von Hochwürfen und Bogenwürfen seitwärts über den Kopf

  Hochwurf – fangen
  Hochwurf – fangen
  Bogenwurf seitwärts – fangen
  Bogenwurf seitwärts – fangen
  oder
  Hochwurf – fangen
  Bogenwurf nach vorn – hinterherlaufen – fangen
  Bogenwurf seitwärts – fangen
  Bogenwurf seitwärts in Verbindung mit Seitbewegung und Fangen.
- Verbindung von Hochwürfen und Bogenwürfen mit Ball und Reifen im Zusammenspiel mit einem Partner entsteht, wenn die Partner sich gegenüberstehen, einer den Ball wirft, der andere den Reifen. Beim Bogenwurf wird der Ball durch den Reifen geworfen. Der Reifen muß so geworfen werden, daß die Öffnung zum Partner zeigt.

  Hochwurf – fangen
  Hochwurf – fangen
  Bogenwurf – fangen
  Bogenwurf – fangen

Abb. 3

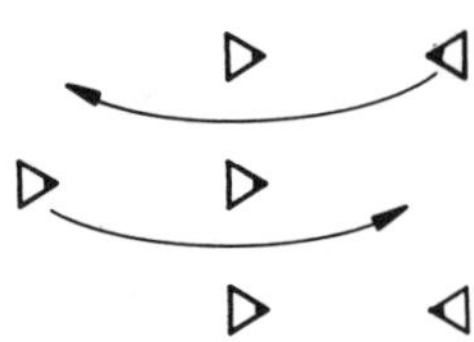

oder

- (P1) führt Hochwürfe mit dem senkrechten Reifen aus,
  (P2) wirft den Ball im einhändigen Bogenwurf durch den Reifen, läuft hinterher und fängt ihn auf der anderen Seite wieder auf (Abb. 3).

Bewegungsgestaltung

Entwicklung von Bewegungsspielen unter Verwendung verschiedener Variationen des Werfens und Fangens

Beispiel: Bewegungsspiel in Vierergruppen

Aufbau: Teil A–16 Zeiten
Teil B–16 Zeiten
Teil C–16 Zeiten

Teil A

Abb. 1

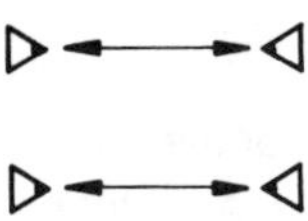

1– 2 Beidhändiger Hochwurf, fangen.

3– 4 Beidhändiger Bogenwurf zum Partner, den vom Partner kommenden Ball fangen (Abb. 1).

Abb. 2

5– 8 Wie 1 bis 4, am Ende 1/4 Drehung zum neuen Partner (Abb. 2).

9–16 Wie 1 bis 8, aber mit einem neuen Partner, am Ende Drehung zur Mitte.

Teil B

Abb. 3

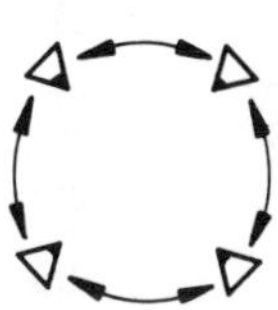

1– 2 Beidhändiger Hochwurf, fangen.

3– 4 Bogenwurf zum linken Partner, vom rechten Partner kommenden Ball fangen (Abb. 3).

5– 8 Wie 1 bis 4.

9–16 Wie 1 bis 8, aber den Ball zum rechten Partner werfen und den Ball des linken Partners fangen.

Teil C

Abb. 4

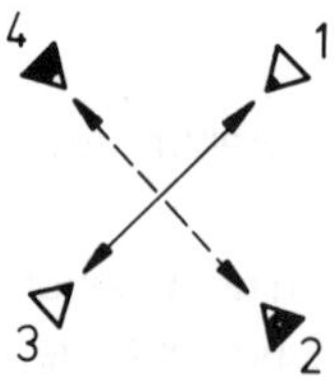

1– 2 (1) und (3) Bogenwurf vorwärts über die Diagonale, den ankommenden Ball fangen, (2) und (4) Hochwurf, fangen (Abb. 4).

3– 4 (2) und (4) Bogenwurf, (1) und (3) Hochwurf.

5– 8 Wie 1 bis 4.

9–12 (1) und (3) Bogenwurf über die Diagonale, hinterherlaufen, den eigenen Ball fangen, 1/2 Drehung zur Mitte, (2) und (4) führen 2 beidhändige Hochwürfe am Ort aus (Abb. 5).

Abb. 5

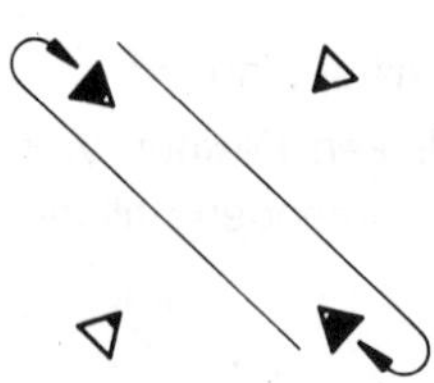

13–16 Wie 9 bis 12, aber (2) und (4) führen Bogenwürfe mit Nachlaufen aus, (1) und (3) Hochwürfe am Ort, am Ende Drehung in die Ausgangsstellung von Teil A, damit die Gesamtfolge wiederholt werden kann.

Beispiel: Bewegungsspiel im Kreis

Aufbau: Teil A – 16 Zeiten
Teil B – 16 Zeiten
Teil C – 16 Zeiten

Teil A

Abb. 1

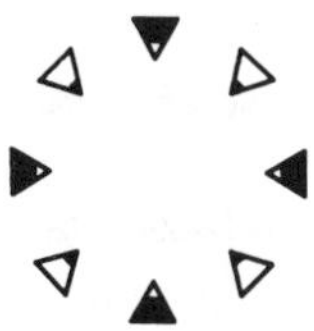

1– 2 Beidhändiger Hochwurf, fangen.

3– 4 Wie 1–2.

5– 6 Beidhändiger Hochwurf, $^{1}/_{1}$ Armkreis rückwärts, fangen.

7– 8 Wie 5–6.

9–12 Wie 1–4.

13–14 Beidhändiger Hochwurf, dem Ball entgegenspringen, fangen.

15–16 Wie 13–14.

Teil B

Abb. 2

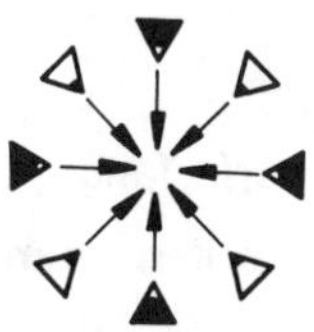

1– 4 (1) Bogenwurf zur Mitte, hinterherlaufen, fangen $^{1}/_{2}$ Drehung
(2) zwei Hochwürfe, fangen.

5– 8 (2) Bogenwurf zur Mitte
(1) zwei Hochwürfe, fangen.

9–16 Wie 1–8, aber die Bogenwürfe werden nach außen ausgeführt.

Teil C

Abb. 3

1– 2 Beidhändiger Hochwurf, fangen.

3– 4 Bogenwurf zum linken Partner, den vom rechten Partner kommenden Ball fangen.

5– 8 Wie 1–4.

9–10 Beidhändiger Hochwurf, fangen.

11–12 Beidhändiger Hochwurf, auf den Platz des linken Partners laufen, dessen Ball fangen.

13–16 Wie 9–12.

Beispiel: Bewegungsspiel in Vierergruppen

Aufbau: Teil A_1 – 8 Zeiten
Teil A_2 – 8 Zeiten
Teil B – 16 Zeiten
Teil A_2 – 8 Zeiten
Teil A_1 – 8 Zeiten

Teil A_1

Abb. 1

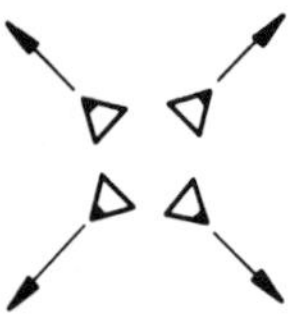

1– 4 Zwei beidhändige Hochwürfe, fangen.

5– 8 Bogenwurf vorwärts, hinterherlaufen, fangen, (Abb. 1), 3/8 Drehung links.

Teil A_2

Abb. 2

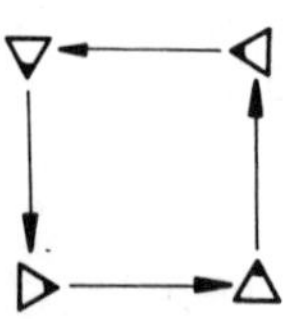

1– 4 Zwei beidhändige Hochwürfe, fangen.

5– 8 Bogenwurf vorwärts, Laufen zum Platz des rechten Partners, den eigenen Ball fangen, 1/8 Drehung zur Mitte.

Teil B

Abb. 3

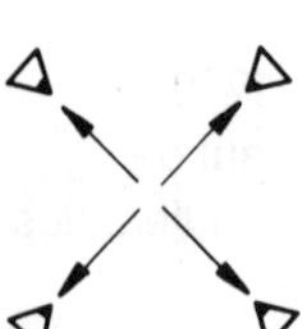

1– 4 Die Partner (1) und (3) wechseln 2 mal mit Bogenwürfen über die Diagonale ihre Bälle.
Die Partner (2) und (4) führen zwei Bogenwürfe seitwärts über den Kopf aus, (Wurf rechts, Fangen links, Wurf links, Fangen rechts).

5– 8 Wie 1–4, aber (2) und (4) führen Bogenwürfe zum Partner aus, (1) und (3) Bogenwürfe über den Kopf.

9–16 Wie 1–8

Teil A Wiederholung in der Reihenfolge A_2, A_1 (Abb. 4 und 5), am Ende von A_1 wird 1/2 Drehung (Abb. 6) ausgeführt, damit die Gesamtfolge wiederholt werden kann.

Abb. 4

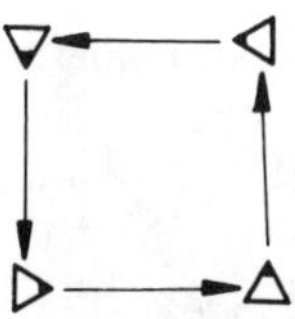

Abb. 5

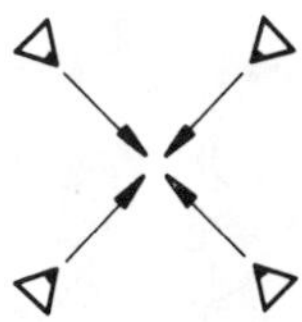

Abb. 6

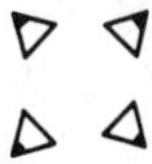

8.2.6 Rollen mit dem Ball – wesentliche Bewegungsmerkmale und häufig auftretende Fehler

Rollen vorwärts aus der Schrittstellung

Der Ball liegt auf der gewölbten rechten (linken) Hand. Die Ausholbewegung erfolgt durch Rückschwingen des rechten (linken) Armes an der Körperseite in Verbindung mit schwunghaftem Tiefgehen des Rumpfes und Beugen der Knie. Der Ball wird am Ende des Anschwunges mit leichtem Druck der Hand gegen den Boden weich und geräuschlos abgerollt. Der Handrücken berührt dabei den Boden. Beim Aufsetzen des Balles auf den Boden bleibt die Hand lange am Ball (siehe Foto 20). Richtung und Geschwindigkeit des Balles werden durch die Intensität der Anschwungsbewegung, durch die lange Führung mit der abrollenden Hand und den Druck der oberen Fingerglieder bestimmt.

Foto 20

Aufnehmen des Balles:

Der Rumpf und das Knie werden gebeugt, der Handrücken auf den Boden aufgelegt, der Ball rollt über die Fingerspitzen in die Hand. Der aufnehmende Arm schwingt in Bewegungsrichtung weiter.

Häufige Bewegungsfehler:

- Der Ball rollt nicht glatt über den Boden, sondern er „hopst“. Der Ball wird nicht auf dem Boden angerollt, sondern abgeworfen. Er verläßt die Hand zu früh.
- Der Ball rollt nicht gerade. Die abrollende Hand begleitet den Ball nicht lange genug, um seine Richtung bestimmen zu können.

– Der Ball rollt zu langsam.
  Die schwungvolle Ausholbewegung fehlt.

Fehler beim Aufnehmen:
– Die Aufrollbewegung wird unterbrochen.
  Die Hand greift den Ball.
  Die Hand, die den Ball aufnimmt, schwingt nicht in Bewegungsrichtung weiter.

8.2.7 Eine Übungsreihe zum Rollen mit dem Ball

Grundschulung der Bewegung

---

1. Vorbereiten:

Sammeln vielfältiger Bewegungserfahrungen mit dem rollenden Ball.
Aufgaben:
– Bewegt euch durch die Halle und rollt den Ball dabei. Rollt den Ball im Wechsel, mal mit der linken und mal mit der rechten Hand.
– Rollt den Ball immer wieder in eine andere Richtung. Bleibt beim Rollen immer in der Nähe des Balles.
– Richtet euch nach jeder Rollbewegung auf.
– Rollt den Ball um ein Hindernis herum.
– Rollt den Ball rückwärts, dreht euch um und lauft hinterher, um ihn wieder aufzunehmen.
– Rollt den Ball durch die gegrätschten Beine und lauft ihm hinterher.
– Rollt den Ball mit dem Fuß.
– Rollt den Ball im Grätschstand um die Beine herum, so daß eine Acht entsteht.

- Rollt den Ball im Kniestand, Schneidersitz, Strecksitz, Grätschsitz im weiten Bogen um den Körper herum.
- Rollt den Ball im Sitz mit den Füßen vor und zurück.

Geeignete Organisationsformen:

Aufgaben 1– 9: Bewegung in Gruppen geradlinig durch den Raum

Aufgaben 10–12: Freie Aufstellung im Raum

2. Erarbeiten der Bewegungsmerkmale

Aufgaben	Didaktischer Kommentar
Rollt den Ball irgendwie auf die andere Seite, lauft hinterher. Holt von hinten Schwung. Setzt den Ball so auf, daß er glatt über den Boden rollt und nicht springt. Geht beim Anrollen tief herunter, ihr müßt den Handrücken auf dem Boden spüren.	Das Verdeutlichen und Bewußtmachen des Bewegungsansatzes erfordert zusätzlich Bewegungsvorbilder (visuelle Information).
Begleitet den Ball möglichst lange mit der Hand. Rollt den Ball durch die Seilgasse. Versucht, die am Ende der Halle aufgestellten Keulen zu treffen.	Die Schüler sollen die Richtung des Balles bestimmen lernen.
Holt kräftig aus und rollt den Ball so schnell wie möglich auf die andere Seite. Rollt ihn so, daß ihr ihn gerade am Ende der Halle noch erreicht. Rollt ihn so, daß ihr ihn im schnellen Lauf überholen und am Ende der Halle aufnehmen könnt, bevor er an die Wand rollt.	Die Schüler sollen das Tempo der Rollbewegung dosieren lernen. Steigerung der Gewandtheit

Lauft unterwegs einen Kreis um den Ball, nehmt ihn am Ende auf. Rollt so, daß ihr immer neben dem Ball laufen könnt.	
Überholt den Ball unterwegs und laßt ihn am Ende der Halle auf beide Hände laufen. Geht zum Aufnehmen des Balles in die Hocke und legt die Handrücken auf den Boden. Wer kann den Ball aufnehmen, ohne ihn zu „greifen"?	Beim Aufnehmen des Balles soll der Bewegungsfluß nicht unterbrochen werden.
Nehmt den Ball mehrmals unterwegs auf und rollt ihn neu an. Wer schafft das Aufnehmen mit einer Hand?	Die Schüler sollen Sicherheit im Aufnehmen und Anrollen des Balles erreichen.

Geeignete Organisationsformen:

Die Schüler bewegen sich reihenweise nacheinander durch den Raum.

Bewegungsvariation – Bewegungskombination

Üben und Anwenden des Rollens unter unterschiedlichen Bedingungen

Aufgaben	Didaktischer Kommentar
Den Ball anrollen, hinterherlaufen, ihn von hinten auf die Hand laufen lassen, den Arm ausdrehen und den Ball neu anrollen.	Erschwerende Formveränderung beim Aufnehmen des Balles.

Dasselbe, dabei unterschiedliche Raumwege suchen.	Räumliche Variation
Dasselbe mit einhändigem Hochwurf nach dem Aufnehmen des Balles.	Kombination mit Hochwurf
Dasselbe mit einhändigem Bogenwurf von hinten nach vorn.	
Den Ball durch den Raum rollen, ihn überspringen, ein Rad schlagen neben dem Ball, ihn wieder aufnehmen.	Steigerung der Schwierigkeit durch Kombination mit anderen Bewegungsformen
Sich paarweise einen Ball zurollen, ohne ihn aufzunehmen. Dasselbe, aber der Ball wird jedesmal aufgenommen und neu angerollt. Dabei einen rhythmischen Ablauf finden,	Veränderung der Sozialform: Üben mit einem Partner
z. B.: „und – rollen – und – rollen – und – rollen“. Dasselbe mit 2 Bällen, der eigene Ball wird jeweils rechts angerollt und aufgenommen, der Ball des Partners links.	„und“ bedeutet Aufnehmen und Anschwingen des Balles
Dasselbe mit Abwurf und Fangen nach dem Aufnehmen, z. B.: „und – rollen – und – Hochwurf – fangen“. Dasselbe, aber nach dem Aufnehmen Bogenwurf zum Partner, z. B.: „und – rollen – und – Bogenwurf – fangen.“	Kombination von Rollen, Werfen und Fangen
Dasselbe auch im Zusammenspiel in der Vierergruppe mit wechselnden Partnern.	Veränderung der Sozialform in der Kleingruppe

Ein Partner hat beide Bälle und rollt sie gleichzeitig zum anderen Partner. Dasselbe auch in Verbindung mit Hochwürfen und mit Bogenwürfen zum Partner.	Veränderung der Bedingungen durch Hinzunahme eines zweiten Gerätes
Den Ball an der Körperseite mit schwungvollem Rumpfeinsatz hin- und herrollen (s. Abb. 1), z. B.: „vor – rück – vor – rück (links und rechts).	Rollen am Ort als eine weitere Möglichkeit der Variation
Dasselbe in Verbindung mit Rollen durch den Raum (s. Abb. 2), z. B.: „vor – und – rück – vor – und – rück – rollen – laufen – aufnehmen – hochwerfen – fangen."	Kombination verschiedener Rollformen
Dasselbe auch im Zusammenspiel mit Partnern, z. B.: „vor – rück – vor – rück – rüber zum Partner – hochwerfen – fangen".	Steigerung der Schwierigkeit, Einstellung auf Gerät und Partner wird erforderlich.
Rollen vor dem Körper am Ort, der Ball wird im Wechsel mit der rechten und mit der linken Hand gerollt. Dasselbe, aber der Ball wird jedesmal aufgenommen und wieder neu aufgerollt. Dasselbe auch in Verbindung mit Geh- oder Laufschritten seitwärts.	Durch die schnell aufeinanderfolgenden Phasen des Anrollens und Aufnehmens kann der Bewegungsfluß geschult werden.
Rollen vor dem Körper in Verbindung mit Bogenwürfen seitwärts über den Kopf.	Kombination von Rollen und Bogenwürfen seitwärts über den Kopf

Dasselbe auch als Partneraufgabe (s. Abb. 3)
- die Partner stehen nebeneinander und üben zunächst mit einem, dann mit zwei Bällen.

Abb. 1

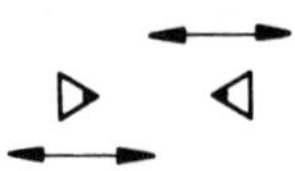

Abb. 2

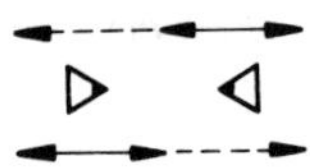

Abb. 3

Bewegungsgestaltung

Entwicklung von Bewegungsspielen unter Verwendung der Grundformen, Prellen, Werfen, Fangen, Rollen und verschiedener Variationen dieser Grundformen

Bewegungsspiel in einer Vierergruppe

Aufbau:	Teil A – Prellen	– 64 Zählzeiten
	Teil B – Werfen und Fangen	– 32 Zählzeiten
	Teil C – Rollen, Werfen und Fangen	– 64 Zählzeiten

Teil A 1– 8 Beidhändiges rhythmisches Prellen vor dem Körper.

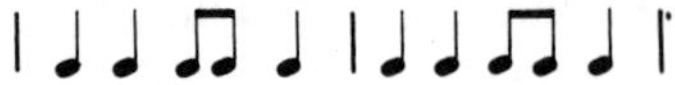

Abb. 1

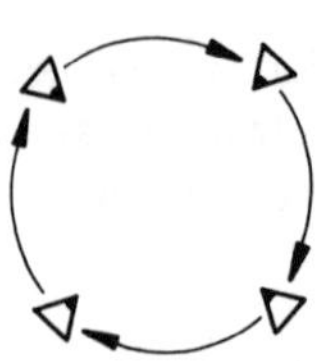

9–16 Ball mit beiden Händen aufprellen und fangen,
Ball zum linken Partner prellen, den vom rechten Partner kommenden Ball beidhändig fangen (Abb. 1), wiederholen.

17–24 Wie 9–16

25–32 Den Ball stark aufprellen, $^{1}/_{1}$ Körperdrehung ausführen, fangen, den Ablauf wiederholen.

Abb. 2

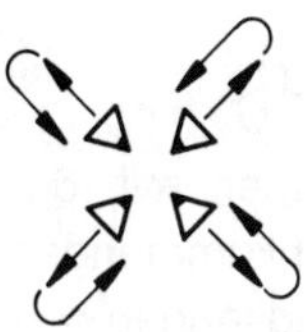

33–36 4 Hüpfer rückwärts, den Ball dabei einhändig neben dem Körper prellen (Abb. 2).

37–40 Mit 4 Hüpfern einen Kreis um den am Ort geprellten Ball hüpfen.

41–48 Den Ball zweimal stark aufprellen und fangen.

49–52 4 Hüpfer vorwärts mit einhändigem Prellen des Balles neben dem Körper.

Abb. 3

53–56 Mit 4 Hüpfern einen Kreis um den am Ort geprellten Ball hüpfen.

57–64 Den Ball zweimal stark aufprellen und fangen, am Ende eine Drehung in die neue Bewegungsrichtung ausführen (s. Abb. 3).

Teil B

1– 8 2 beidhändige Hochwürfe

Abb. 4

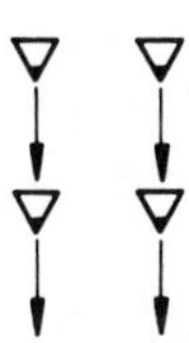

9–16 Wie 1–8, aber dem Ball zum Fangen entgegenspringen.

17–20 Bogenwurf vorwärts, (Abb. 4) dem Ball hinterherlaufen, fangen, $^{1}/_{4}$ Drehung zum Partner ausführen.

Abb. 5

21–24 Bogenwurf vorwärts, dabei Platzwechsel mit dem Partner (Abb. 5), $^1/_4$ Drehung nach vorn ausführen (wie Abb. 4),

25–28 wie 17–20,

29–32 wie 21–24.

Teil C

Abb. 6

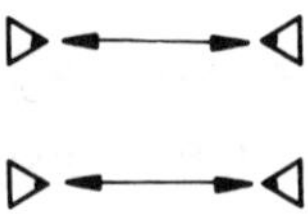

1–8 Rollen rechts zum Partner, den ankommenden Ball mit der linken Hand aufnehmen, Rollen links zum Partner, den ankommenden Ball mit der rechten Hand aufnehmen.

9–16 Bogenwurf zum Partner mit der rechten Hand, den ankommenden Ball mit der linken Hand fangen, Bogenwurf zum Partner mit der linken Hand, den ankommenden Ball mit der rechten Hand fangen, $^1/_4$ Drehung zum neuen Partner ausführen (Abb. 6),

Abb. 7

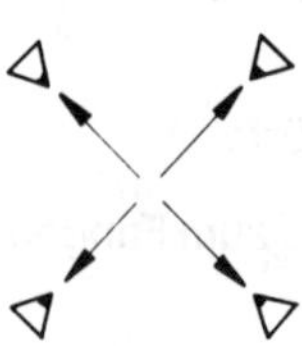

17–32 wie 1–16 mit dem neuen Partner, beim letzten Fangen nach außen drehen (Abb. 7),

33–40 Rollen rechts, hinterherlaufen, Ball von hinten auf die rechte Hand laufen lassen, hochwerfen, links fangen,

41–48 wie 33–40, aber gegengleich, am Ende $^1/_2$ Drehung zur Mitte (Abb. 7).

Abb. 8

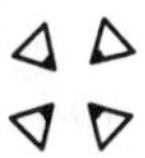

49–56 Kräftiges Rollen rechts zur Mitte, hinterherlaufen, Ball von hinten auf die rechte Hand laufen lassen, hochwerfen, beidhändig fangen (Abb. 8).

57–64 Starkes Prellen, fangen, starkes Prellen, 1/1 Körperdrehung, fangen.

Bewegungsspiel im Kreis

Aufbau: Teil A–32 Zählzeiten – Prellen
Teil B–32 Zählzeiten – Werfen und Fangen
Teil C–32 Zählzeiten – Rollen
Teil A–32 Zählzeiten – Prellen

Teil A

1– 4 4mal beidhändig vor dem Körper prellen.

Abb. 1

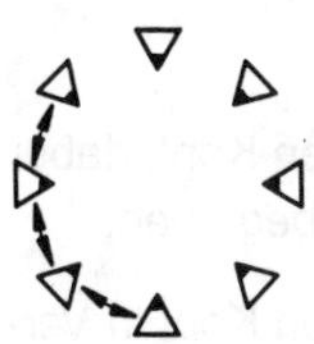

5– 8 Mit 4 Hüpfern einen Kreis um den am Ort geprellten Ball hüpfen, den Ball dabei mit der rechten Hand prellen, fangen.

9–12 Den Ball stark aufprellen, fangen.

13–16 Wie 9–12, aber nach dem Aufprellen auf den Platz des linken Partners laufen und den Ball des Partners fangen (Abb. 1).

17–24 Wie 9–16, aber nach rechts laufen und den Ball des rechten Partners fangen (Abb. 1).

25–32 Wie 1–8, am Ende den Ball mit der rechten Hand fangen.

Teil B

1–8 Den Ball in Seitgrätschstellung vor dem Körper hin- und herrollen – rechts, links, rechts, links –.

Abb. 2

9–12 Rollen zum linken Partner, Aufnehmen des vom rechten Partner kommenden Balles.

13–16 Wie 9–16, aber den Ball zum rechten Partner rollen und den Ball des linken Partners aufnehmen.

17–24 Den Ball in Schrittstellung an der rechten Körperseite hin- und herrollen
– rück, vor, rück, vor – (Abb. 2).

25–32 Den Ball rückwärts anrollen, nachlaufen, überholen, ihn von vorn auf beide Hände rollen lassen und aufnehmen (Abb. 2).

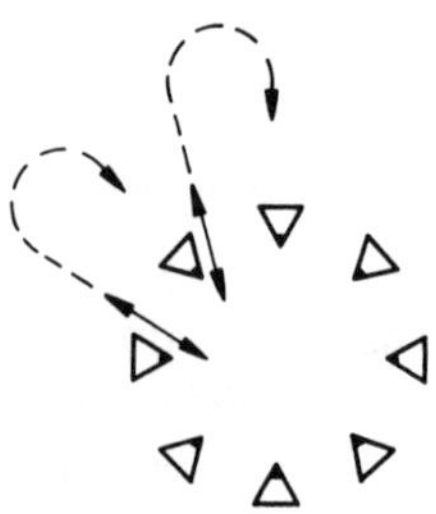

Teil C

1– 8 2 Bogenwürfe über den Kopf, dabei von rechts nach links beginnen.

Abb. 3

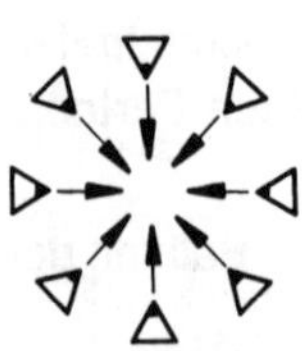

9–16 2 Bogenwürfe über den Kopf in Verbindung mit Überstellschritten.

17–24 2 beidhändige Hochwürfe.

25–28 Bogenwürfe nach vorn, nachlaufen, fangen (Abb. 3).

29–32 Hochwurf, Ball aufprellen lassen, fangen.

Teil A wird wiederholt

8.3 Bewegungselemente mit dem Seil – ihre Erarbeitung und Anwendung

8.3.1 Das Seil als Mittel der Bewegungsschulung

Das Seil ist in erster Linie ein Mittel vielseitiger Koordinationsschulung. Laufen, Hüpfen und Springen mit dem Seil erfordern eine ständige Anpassung der Körperbewegung an die Bewegung des Gerätes.

Ein mehrmaliges Überlaufen oder Überspringen in fließender Folge gelingt nur, wenn Arm- und Beinbewegungen gut aufeinander abgestimmt sind. Hierbei werden hohe Anforderungen an die Fähigkeit zur Doppelkoordination gestellt.

Bereits einfache Bewegungskombinationen, wie eine Verbindung von Schlußsprüngen mit und ohne Nachfedern, entwickeln die Fähigkeit zu dosiertem Krafteinsatz und fördern ebenso das räumliche und zeitliche Differenzierungsvermögen. Sprünge mit dem Seil setzen eine gute Körperspannung voraus und schulen damit die Fähigkeit zum Körperzusammenschluß.

Die vielseitige körperliche Beanspruchung, die beim Üben mit dem Seil gegeben ist, wirkt sich auch positiv auf die Körperbildung aus, so können z. B. bei ausreichender Übungsintensität Fuß- und Beinmuskulatur gekräftigt und die Ausdauerleistungsfähigkeit verbessert werden.

Darüber hinaus ist bei Beachtung entsprechender Bewegungsmerkmale, wie federnde Landung und weiträumige Armbewegung, eine Steigerung der Beweglichkeit der Füße und des Schultergürtels zu erreichen.

Wird das Seil als Schwungseil genutzt, d.h. von mehreren Partnern im Wechsel geschwungen, überlaufen oder übersprungen, so können neben der Schulung der motorisch-dynamischen Anpassung auch kooperative Fähigkeiten angesprochen werden.

8.3.2 Laufen, Springen und Schwingen mit dem Seil – wesentliche Bewegungsmerkmale und häufig auftretende Fehler

Laufen mit dem Seil

Das Seil wird locker zwischen Zeigefinger und Daumen gehalten, es sollte etwa so lang sein, daß es dem Übenden bis zur Achselhöhe reicht, wenn er mit beiden Füßen auf dem Seil steht. Bei einem zu langen Seil kann der Seilschwung durch Aufschlagen des Seiles auf den Boden beeinträchtigt werden, ein zu kurzes Seil erschwert großräumige Bewegungen und läßt eine völlige Körperstreckung beim Überspringen, z. B. bei Schlußsprüngen, nicht zu.

Das Kreisen des Seiles erfolgt je nach beabsichtigter Geschwindigkeit des Seildurchschlages entweder aus dem Schultergürtel heraus oder nur aus dem Unterarm oder der Hand.

Langsame Seildurchläufe, z.B. bei Schlußsprüngen mit Nachfedern oder beim Überlaufen des Seiles im Vierer-, Dreier- oder Zweierrhythmus, werden als weiträumige Armkreisschwünge ausgeführt. Die Arme schwingen dabei gestreckt durch die Schräghochhalte und sollten nicht bereits in Schulterhöhe gebremst werden. Bei der Abwärtsbewegung werden die Arme leicht gebeugt, um ein Aufschlagen des Seiles auf den Boden zu verhindern.

Schnelle Seildurchschläge, wie sie z.B. bei Schlußsprüngen ohne Nachfedern oder beim Überlaufen des Seiles bei jedem Schritt erforderlich sind, werden aus dem Handgelenk und dem Unterarm geschwungen. Doppeldurchschläge erfordern ein hohes Tempo, das Drehen des Seiles erfolgt hierbei allein aus der Hand heraus.

Das Seil sollte bei allen Bewegungen straff bleiben und nicht schlingern.

Für die Ausführung des Laufens und Springens gelten die für die Grundformen beschriebenen Merkmale.

Folgende Beobachtungskriterien können die Bewegungskorrektur beim Laufen und Springen mit dem Seil erleichtern:

Foto 21

Ist der Körper in der Flugphase völlig gestreckt (siehe Foto 21)?

Mögliche Fehler:

- Gebeugte Knie,
- gebeugte Fußgelenke,
- gebeugte Hüfte,
- ruckhafte Überstreckung des Körpers.

Schwingen die Arme bei Schlußsprüngen mit Nachfedern durch die Schräghochhalte?

Mögliche Fehler:

- Die Arme werden in Schulterhöhe gebremst.
- Das Seil wird aus dem Handgelenk gedreht.

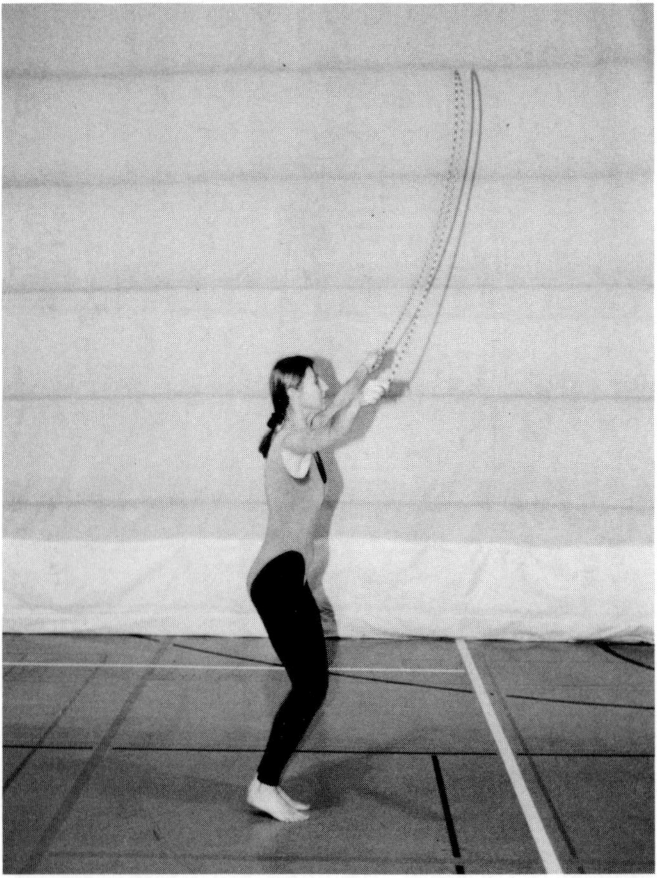

Foto 22

Ist die Landung „leise" und federnd? Werden die Zehen zuerst aufgesetzt? Rollt der Fuß ab (siehe Foto 22)?

Mögliche Fehler:

- Die Landung ist deutlich hörbar.
- Aufsetzen des Ballens erfolgt statt der Zehen.
- Landung erfolgt auf dem ganzen Fuß.
- Kein Nachgeben in Fuß-, Knie- und Hüftgelenken vorhanden.
- Es erfolgt kein Abrollen des Fußes.

Bleibt die Seilschlinge immer straff?

Möglicher Fehler:

- Das Seil schlingert.

Erfolgt der Durchschlag ohne Bodenberührung?

Möglicher Fehler:

- Das Aufschlagen des Seiles ist deutlich hörbar.

Laufen mit dem Seil

Wird das Seil gleichmäßig überlaufen?

Möglicher Fehler:

- Das Seil wird übersprungen.

Wird das Seil beim Überlaufen im 2er-, 3er- oder 4er-Rhythmus aus der Schulter heraus geschwungen?

Möglicher Fehler:

- Die Arme werden in Schulterhöhe oder darunter gebremst.

Schwingen mit dem Seil

Alle Schwungformen mit dem Seil erfordern eine intensive Mitbewegung des ganzen Körpers. Mangelnder Körpereinsatz zeigt sich im Schlingern oder Überschlagen des Seiles, das grundsätzlich bei allen Schwungformen straff bleiben sollte.

Schwünge mit dem Seil können mit einhändig gefaßtem Doppelseil oder aber mit beidhändig gefaßtem Seil bei offener oder geschlossener Seilschlinge ausgeführt werden.

Das Seil ermöglicht Kreis- und Achterschwünge in der Frontal-, der Sagittal- und der Horizontalebene, wobei Kreisschwünge in der Horizonalebene in der Regel nur mit einhändig gefaßtem Doppelseil ausgeführt werden, z. B. als Kreisschwünge über dem Kopf oder flach über dem Boden mit gleichzeitigem Überspringen des Seiles. Bei Spiralschwüngen (Horizontalachterschwüngen) dagegen wird das Seil meist beidhändig gefaßt. Umkehrschwünge sind aufgrund der Eigenart des Gerätes nur in den vertikalen Ebenen möglich.

Bedingt durch die Länge und die Labilität des Gerätes, müssen bei der Ausführung der Schwünge folgende Merkmale beachtet werden:

- Kreis- und Achterschwünge in den vertikalen Ebenen erfordern bei langsamer, großräumiger Ausführung einen ständigen Wechsel von Beugen und Strecken des Schwungarmes bzw. beider Arme.
  Bei der Aufwärtsbewegung schwingen die Arme gestreckt durch die Hochhalte, bei der Abwärtsbewegung werden sie gebeugt, um ein Aufschlagen auf den Boden zu vermeiden.
- Auch bei Umkehrschwüngen in der Sagittal- oder Frontalebene ist dieser Wechsel von Beugen und Strecken erforderlich, wenn großräumige Bewegungen erreicht werden sollen.
- Bei schnellen Kreis- und Achterschwüngen, die wie schnelle Seildurchschläge aus dem Handgelenk heraus geschwungen werden, beibt der Schwungarm bzw. bleiben beide Arme gebeugt.

8.3.3 Planungsbeispiele zur Lehreinheit Laufen, Springen und Schwingen mit dem Seil

Grobziele:

Die Schüler sollen ihre Fertigkeiten im Laufen, Springen und Schwingen mit dem Seil verbessern und diese Fertigkeiten unter Beachtung wesentlicher Bewegungsmerkmale in fließenden Bewegungsfolgen anwenden können.

Sie sollen Möglichkeiten der Zusammenarbeit mit Partner und Kleingruppe bei der Entwicklung einfacher Bewegungsfolgen erproben.

Darüber hinaus sollen koordinative Fähigkeiten, insbesondere die Anpassungsfähigkeit und die Geschicklichkeit im Umgang mit dem Seil, entwickelt werden.

Didaktisch / methodische Vorüberlegungen

Es handelt sich um eine Lehreinheit über sieben Stunden, in der folgende Teilthemen Berücksichtigung finden:

Thema 1: Laufen und Springen am kreisenden Seil (Schwungseil)
Thema 2: Laufen durch das kreisende Seil als Gruppenarbeit
Thema 3: Springen und Schwingen mit dem Seil als Partnerarbeit
Thema 4: Schlußsprünge mit dem Seil in Verbindung mit Kreisschwüngen vorwärts
Thema 5: Schlußsprünge mit dem Seil in Verbindung mit Kreisschwüngen rückwärts
Thema 6: Laufen vorwärts und rückwärts mit dem Seil
Thema 7: Laufen, Springen und Schwingen mit dem Seil als Bewegungskombination.

Die Themen 1, 4 und 7 könnten den Hauptteil einer Stunde darstellen, die Themen 2, 3, 5 und 6 eignen sich eher als Teilthemen einer Stunde.

Die einzelnen Themen bauen methodisch aufeinander auf, aber je nach Voraussetzungen der Schüler läßt sich die hier dargestellte Lehreinheit auch in kleinere Themenkomplexe gliedern. Folgende Untergliederungen bieten sich an:

Themen 1–3
Schwerpunkt: Laufen und Springen am kreisenden Seil (Schwungseil)

Themen 4 und 5
Schwerpunkt: Schulung von Schlußsprüngen und Kreisschwüngen

Themen 4–7
Schwerpunkt: Laufen, Springen und Kreisschwünge – Hinführung zu Bewegungskombinationen.

Es wird von der Annahme ausgegangen, daß Bewegungserfahrungen mit dem Seil vorliegen, bisher aber noch nicht systematisch an der Formung der Bewegung gearbeitet worden ist. Im Rahmen dieser Lehreinheit werden das Laufen und Springen am Schwungseil (Langseil) an den Anfang gestellt, weil dadurch ein lebendiger, spielerischer Einstieg in die Thematik ermöglicht wird. Auch die Anforderungen an die koordinativen Fähigkeiten sind zunächst noch geringer als bei der Bewegung mit dem selbstgeschwungenen Seil. Die für die zweite Stunde vorgesehene Kleingruppe stellt ein Üben unter veränderten Bedingungen dar, gleichzeitig aber auch eine Vorbereitung auf die spätere Erarbeitung des großräumigen Schwingens. Außerdem sind gute Möglichkeiten zur Schulung von Kooperationsfähigkeit und zur Verwirklichung kreativer Ansätze gegeben. Die Schulung der Zusammenarbeit mit Partnern steht auch in der 3. Stunde im Vordergrund. Darüber hinaus soll in spielerischer Form die Sicherheit beim Überspringen des Seiles gefördert werden, ohne daß bereits Formvorschriften beachtet werden müssen. Auf der Grundlage der gesammelten Erfahrungen sollen die Formung des Schlußsprunges, des Laufens mit dem Seil und die Erarbeitung einfacher Schwungformen in den nächsten Stunden im Mittelpunkt stehen. Als Schwungformen werden Kreis- und Achterschwünge in der Sagittalebene gewählt, die eine enge Bewegungsverwandtschaft mit Seildurchschlägen beim Laufen und Springen aufweisen. Die großräumigen Armbewegungen, die bei Schlußsprüngen mit Nachfedern und beim Überlaufen des Seiles im Zweierrhythmus geschult werden, finden bei diesen Schwungformen in gleicher Weise Berücksichtigung. Die genannten Fertigkeiten stellen die Grundlage für Gestaltungsversuche in der Gruppe in der letzten Stunde dar.

Thema 1: Laufen und Springen am kreisenden Seil (Schwungseil)

Lernziele: Die Schüler sollen sich so auf den Rhythmus des kreisenden Seiles einstellen, daß sie in der Lage sind, einzeln und in Kleingruppen zwei im gleichen Rhythmus geschwungene Seile in fließender Folge zu durchlaufen. Sie sollen hierbei ihre Einsätze selbständig finden und Leerschwünge vermeiden.

Sie sollen außerdem in der Lage sein, nacheinander von der Seite in ein kreisendes Seil einzulaufen, es mehrmals mit Schlußsprüngen zu überspringen und wieder hinauszulaufen, ohne den Seilschwung zu unterbrechen. Das Seil soll dabei niemals leer schwingen.

Hinweise zum methodischen Vorgehen und zur Organisation:

Auftakt der Stunde bildet die Spielform „Hüpfender Kreis“, die eine rasche Erwärmung ermöglicht und gleichzeitig auch eine bewegungsmäßige Vorbereitung auf das später geforderte Springen im kreisenden Seil darstellt.

Die Schüler bilden hierzu einen Kreis bzw. bei größeren Gruppen auch zwei Kreise. Der Lehrer oder auch ein Schüler lassen ein durch einen Tennisring oder Turnschuh beschwertes Seil dicht über dem Boden kreisen, das so häufig wie möglich mit Schlußsprüngen übersprungen werden soll. (Abb. 1)

Danach stellen sich die Schüler in lockerer Form an einer Schmalseite der Halle auf. Der Lehrer schwingt gemeinsam mit einem Schüler das Schwungseil (Langseil, Zauberschnur oder zwei zusammengeknotete kleine Seile). Hierbei müßte das Seil so kreisen, daß es von oben zur Gruppe hin schwingt. Die Schüler erproben das Durchlaufen mehrmals ohne besondere Hinweise durch den Lehrer. Da sicher zunächst einzeln gelaufen wird und Verzögerungen durch Leerschwünge auftreten, empfiehlt es sich, auf dem Rückweg einen größeren

Bogen laufen zu lassen, z. B. durch Aufstellen von Malen, die umlaufen werden müssen, damit die Bewegungsintensität in dieser Phase nicht zu gering ist.

Nun wird eine Ablaufmarkierung festgelegt (ca. 3 Schritte vom Seil entfernt). Die Schüler starten jetzt in festgelegter Reihenfolge mit der Aufgabe, den günstigsten Zeitpunkt für den Start herauszufinden. Bei der gewählten Entfernung könnte der Aufschlag des Seiles den Zeitpunkt des Loslaufens markieren. Falls erforderlich, kann der Einsatz durch zusätzliche akustische Hilfen, z. B. durch den Zuruf „und jetzt!", erleichtert werden.

Um eine möglichst hohe Übungsintensität zu erreichen und um zusätzliche Anreize zu schaffen, werden die Schüler aufgefordert, zu Paaren (Abb. 2), dann auch in Vierergruppen das Seil zu durchlaufen und dabei Leerschwünge zu vermeiden.

Eine weitere Möglichkeit der Intensitätssteigerung bietet sich durch Hinzunahme eines zweiten Seiles, das so geschwungen wird, daß ein Kreislauf entsteht. (Abb. 3)

Wenn der Ablauf eingespielt ist, wird die Schwierigkeit dadurch gesteigert, daß beide Seile in kurzem Abstand (ca. 5 Gehschritte) hintereinander im gleichen Rhythmus geschwungen werden. (Abb. 4) Die Seile sollen ohne Pause flüssig durchlaufen werden, am besten erst einzeln, dann zu Paaren, zuletzt in Vierergruppen.

Es erfolgt jetzt eine Aufteilung in vier Gruppen, jede Gruppe übt an einem Seil.

Das Seil soll jetzt von der Seite durchlaufen werden, dann werden nach dem Einlaufen von der Seite jeweils mehrere Schlußsprünge im Seil ausgeführt. Das Einlaufen von der Seite und eine seitliche Stellung zum Seil beim Überspringen ermöglichen eine bessere Beobachtung des kreisenden Seiles und erleichtern die Bewegungsausführung. (Abb. 5)

Die Schwierigkeit kann nun dadurch gesteigert werden, daß jeweils mehrere Schüler nacheinander in das Seil einlaufen, gemeinsam springen und nacheinander wieder herauslaufen, ohne den Schwung des Seiles zu stören.

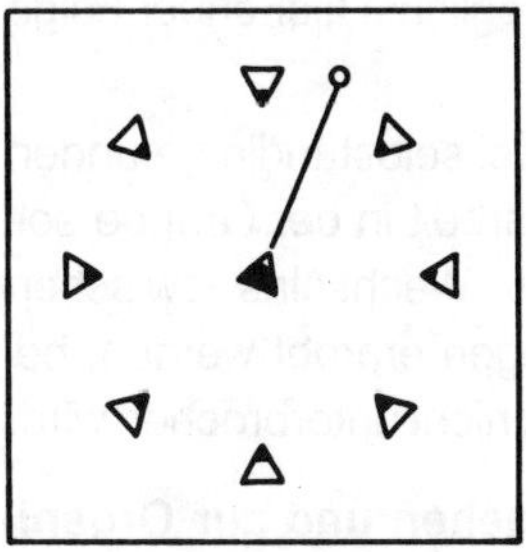

Abb. 1

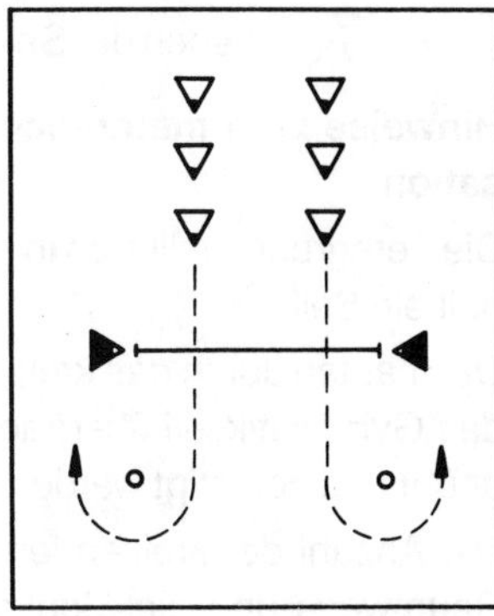

Abb. 2

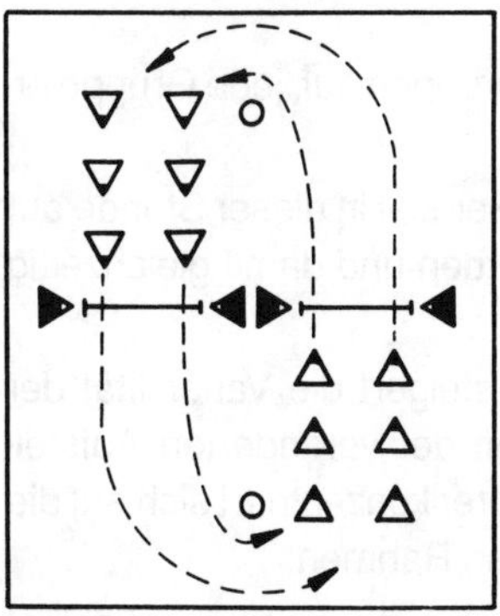

Abb. 3

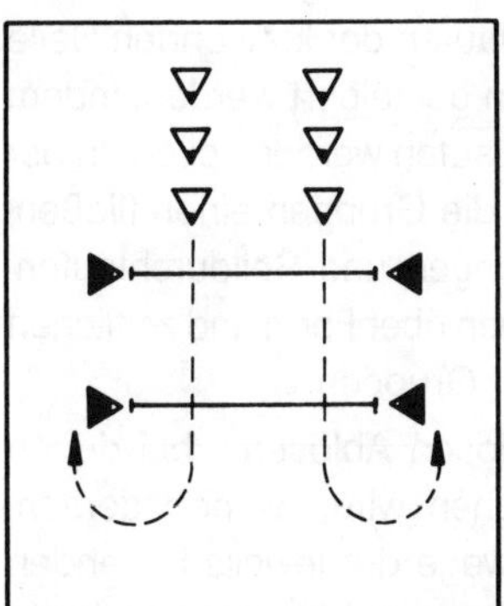

Abb. 4

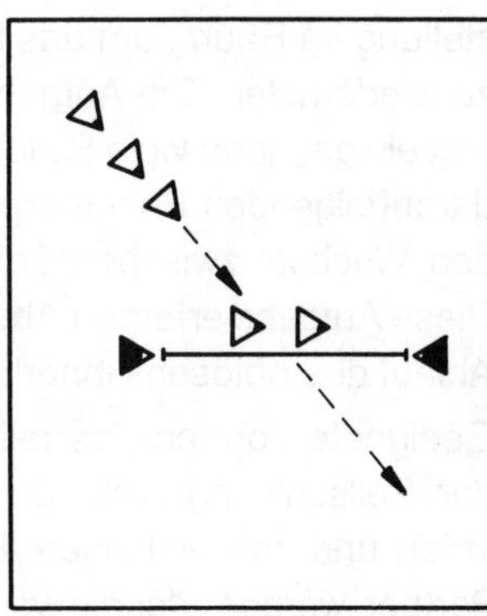

Abb. 5

Thema 2: **Laufen durch das kreisende Seil als Gruppenarbeit**

Lernziele: Die Schüler sollen in möglichst fließender Folge drei Seile durchlaufen.

Die Einsätze sollen dabei selbständig gefunden werden. In Zusammenarbeit in der Gruppe sollen Möglichkeiten des Wechselns zwischen Laufen und Seilschwingen erprobt werden, bei denen der Seilschwung nicht unterbrochen wird.

Hinweise zum methodischen Vorgehen und zur Organisation:

Die Lerngruppe teilt sich in Vierergruppen auf, jede Gruppe erhält ein Seil.

Das Laufen durch das kreisende Seil soll in dieser Stunde auf das Gymnastikseil übertragen werden und damit gleichzeitig geübt und gefestigt werden.

Die Anzahl der kreisenden Seile steigert die Variabilität der Raumwege und die Möglichkeiten der veränderten Aufstellung. Die Steuerung durch den Lehrer konzentriert sich auf die Anregungen zum organisatorischen Rahmen.

Der Übungsablauf wird von den Gruppen weitgehend selbst gestaltet. Der besondere Schwerpunkt liegt auf der kooperativen Zusammenarbeit. Es eignet sich am Beginn die freie Aufstellung im Raum, um das Durchlaufen der kreisenden Seile zu wiederholen. Die Aufgabe kann gesteigert werden, indem erst einige, dann viele Seile durchlaufen werden sollen. In der darauffolgenden Phase erproben die Gruppen einen fließenden Wechsel zwischen Seilschwingen und Seildurchlaufen. Diese Aufgabe erfordert Absprachen über Form und zeitlichen Ablauf des Ablösens innerhalb der Gruppen.

Geeignete Formen des reibungslosen Ablösens, bei denen der Seilschwung nicht unterbrochen wird, werden demonstriert und nachvollzogen. Raumwege der jeweils laufenden Partner werden ständig variiert. Danach könnten zwei oder drei Vierergruppen zusammenarbeiten, wodurch sich erneut Varianten der Raumwege und der Aufstellungsformen ergeben.

Folgende Beispiele wären denkbar:

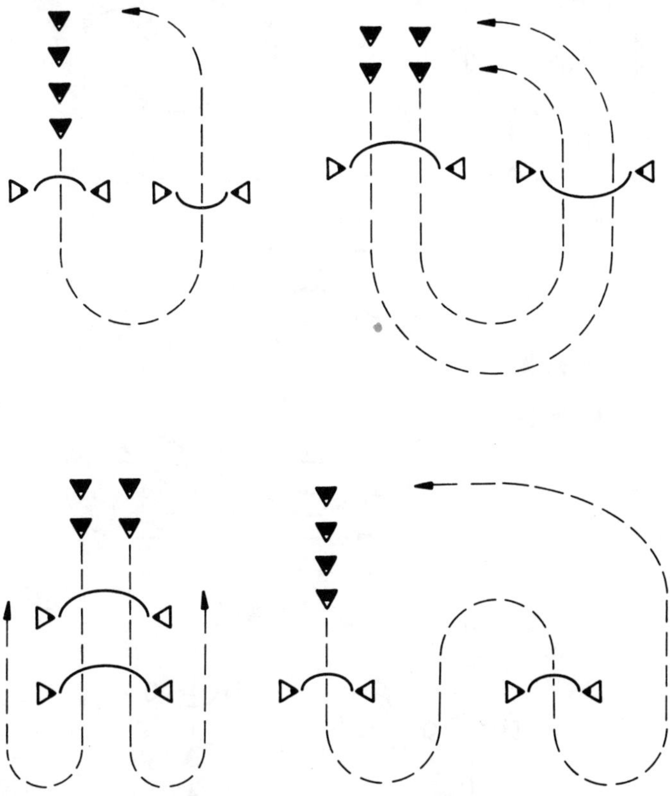

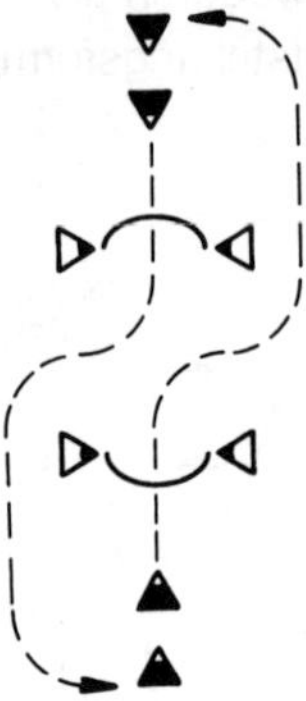

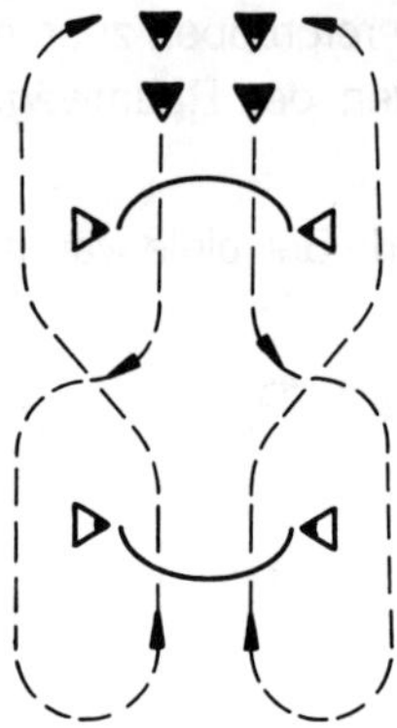

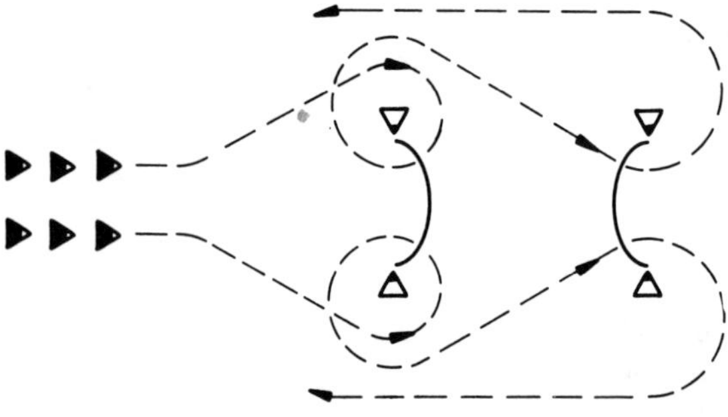

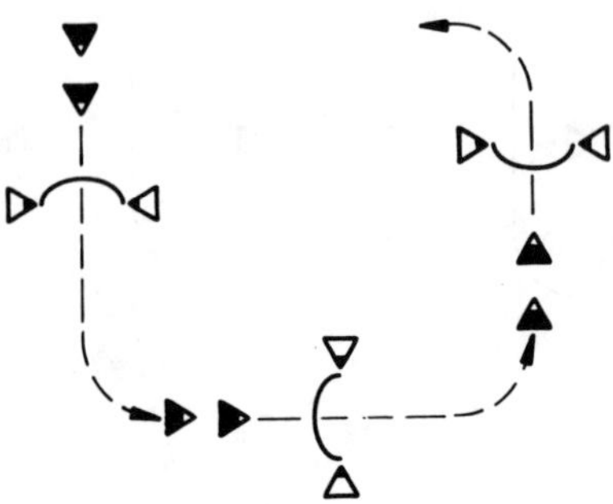

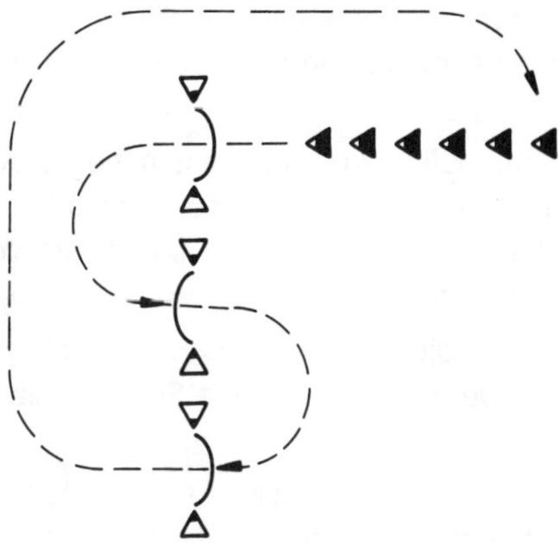

Gelungene Gruppengestaltungen werden zur Anregung und zum Nachgestalten demonstriert.

Thema 3: Springen und Schwingen mit dem Seil in Partnerarbeit

Lernziele: Die Schüler sollen in freier Gestaltung verschiedene Formen des gemeinsamen Springens und Schwingens mit einem Seil in Partnerarbeit entwickeln, wodurch neben dem Vorbereiten der Schlußsprünge mit dem Seil vor allem die Bewegungsgeschicklichkeit und die motorisch-dynamische Anpassungsfähigkeit verbessert werden sollen.

Hinweise zum methodischen Vorgehen und zur Organisation:

Zwei Bewegungsaufgaben stellen den Rahmen für das von den Schülern frei gestaltete Üben in Partnerarbeit dar. Gegebenenfalls kann das Finden eigener Lösungen durch zusätzliche Anregungen von seiten des Lehrers erleichtert werden.

Ausgehend von der Aufgabe – ein Partner springt mit dem Seil am Ort, der andere versucht, im Seilschwung mitzuspringen – erhalten die Schüler Gelegenheit, kreativ Lösungsmöglichkeiten zum gemeinsamen Springen mit einem Seil auszuprobieren.

Denkbar wäre, daß beide gemeinsam beginnen, der seilschwingende Partner gibt akustische Unterstützung zum Einsatz. Der mitspringende könnte zunächst frontal vor dem seilschwingenden Partner stehen.

Schwieriger wird die Aufgabe, wenn der sich anpassende Partner in das bereits schwingende Seil hineinläuft und mitspringt.

Beide Formen stellen beachtliche Anforderungen an die Geschicklichkeit, Reaktionsschnelligkeit und Anpassungsfähigkeit.

Diese Aufgabe läßt sich steigern, indem der Partner sowohl vor als auch hinter dem schwingenden Partner in das Seil hineinläuft und mitspringt.

Ein fließender Wechsel von Laufen und Mitspringen wäre unter den gegebenen Voraussetzungen eine optimale Lösung.

Die zweite Bewegungsaufgabe enthält die Aufforderung, Formen des gemeinsamen Springens, aber auch gleichzeitig gemeinsames Seilschwingen in Partnerarbeit zu entwickeln.

Es könnten sich am Anfang leichte Verbindungen finden lassen, wie etwa – beide Partner schwingen das Seil mit der gegenüberliegenden Hand, ein Partner läuft in das Seil, springt ein paarmal und läuft wieder hinaus, der zweite läuft hinein usw.

Je nach Richtung des Seilschwunges muß das Seil entweder vorwärts oder rückwärts übersprungen werden.

Danach könnten beide Partner versuchen, gemeinsam ins Seil hineinzulaufen, zu springen und wieder hinauszulaufen.

Varianten entstehen, wenn das Seil von beiden Partnern mit der linken oder rechten Hand geschwungen wird, wobei sie von verschiedenen Seiten in das Seil einlaufen müssen.

Verschiedene hier beschriebene Formen, in fließendem Ablauf miteinander verbunden, könnten reizvolle Bewegungsgestaltungen ergeben.

Thema 4: Schlußsprünge mit dem Seil unter besonderer Berücksichtigung von Kreisschwüngen vorwärts

Lernziele: Die Schüler sollen Schlußsprünge mit Nachfedern und Sagittalachterschwünge vorwärts in fließenden Folgen mit Anpassung an Musik ausführen können.

Bei den Schlußsprüngen sollen folgende Bewegungsmerkmale erkennbar sein:

- Körperstreckung in der Flugphase,
- weiche, federnde Landung,
- Schwingen der Arme durch die Schräghochhalte.

Hinweise zum methodischen Vorgehen und zur Organisation:

Am Anfang der Stunde erproben die Schüler in freier Aufstellung im Raum unterschiedliche Möglichkeiten des Schlußsprunges mit dem Seil. Folgende Lösungen könnten von den Schülern gefunden bzw. auch vom Lehrer angeregt werden: Schlußsprünge mit und ohne Nachfedern, Sprünge in der Hocke, Sprünge mit Überkreuzen der Arme bei jedem zweiten Durchschlag, Sprünge mit Doppeldurchschlag.

Einfache Sprünge könnten darüber hinaus mit Seilkreisen vorwärts und rückwärts ausgeführt werden.

Diese Phase dient der Erwärmung und der Erweiterung der Bewegungserfahrungen beim Springen mit dem Seil.

Die Formung erfolgt dann am Beispiel des Schlußsprunges mit Nachfedern, da im Vergleich zum Schlußsprung ohne

Nachfedern die langsamer ablaufende Bewegung das Herausarbeiten der Merkmale erleichtert. Vor allen Dingen aber werden hierbei großräumige Armbewegungen gefordert, auf die im Rahmen dieser Einheit besonderer Wert gelegt werden soll. Bei der Erarbeitung wird die Aufmerksamkeit nacheinander auf die leise, federnde Landung, die Körperstreckung in der Flugphase und auf die großräumigen Armschwünge bei der Aufwärtsbewegung des Seiles gelenkt. Lehrer- und Schülervorbilder sollten die Bildung der Bewegungsvorstellung unterstützen. In der Phase des Übens kann neben der Lehrerkorrektur auch die Partnerkorrektur, die sich nacheinander auf einzelne Bewegungsmerkmale richtet, zur Formung der Bewegung beitragen.

Nach dem Üben im eigenen Rhythmus stellt die Bewegung in Anpassung an vorgegebene Musik eine erhöhte Anforderung dar, die zu einer Verbesserung des rhythmischen Ablaufs der Bewegung führen kann.

Im zweiten Teil der Stunde wird der Sagittalachterschwung vorwärts zunächst durch Sagittalkreisschwünge mit dem vierfach zusammengelegten Seil vorbereitet. Die Konzentration wird wieder auf großräumige Armbewegungen unter Mitbewegung des ganzen Körpers gerichtet, wobei das Schlingern des Seiles vermieden werden sollte. Die Erleichterung durch das kürzere Seil besteht darin, daß der Arm auch bei der Abwärtsbewegung gestreckt bleiben kann, wie das von Kreisschwüngen mit anderen Geräten wie Keule oder Band bekannt ist.

Kreisschwünge mit dem Doppelseil stellen den nächsten Lernschritt dar. Bedingt durch die Länge des Seiles muß jetzt der Arm bei der Abwärtsbewegung gebeugt werden, um ein Aufschlagen des Seiles auf den Boden zu vermeiden. Es ist somit erforderlich, den fließenden Wechsel von Beugen des Armes bei der Abwärtsbewegung und Strecken des Armes bei der Aufwärtsbewegung bei straffer Seilschlinge besonders zu beachten. Zur Rhythmisierung der Bewegung könnte die gleiche Musik eingesetzt werden wie für Schlußsprünge. Die Steigerung vom Kreisschwung an der Körperseite zum Sagittalachterschwung wird am günstigsten noch mit dem Doppelseil vorgenommen.

Zusätzlich zu den bisher erarbeiteten Merkmalen sollte darauf geachtet werden, daß der Oberkörper ruhiggehalten und nicht im Wechsel nach rechts und links gedreht wird.

Der Sagittalachterschwung mit Doppelseil wird nun zum Sagittalachterschwung mit beidhändig gefaßtem Seil weiterentwickelt, der Anschwung erfolgt am günstigsten wie bei den Schlußsprüngen von hinten.

Den Abschluß der Stunde bildet die Aufgabe, Schlußsprünge mit Nachfedern mit Seilkreis vorwärts und Sagittalachterschwünge vorwärts zu fließenden Folgen zu verbinden und die gefundenen Abläufe in Anpassung an Musik auszuführen.

Folgende Abläufe könnten sich ergeben:

4 Schlußsprünge,
2 Sagittalachterschwünge
oder
2 Schlußsprünge,
1 Sagittalachterschwung
oder
4 Schlußsprünge,
1 Sagittalachterschwung.

Thema 5: Schlußsprünge mit dem Seil unter besonderer Berücksichtigung von Kreisschwüngen rückwärts

Lernziele: Die Schüler sollen Schlußsprünge mit Nachfedern und Seilkreisen vorwärts und rückwärts sowie Sagittalachterschwünge vorwärts und rückwärts verbinden können. Sie sollen das Seil aus dem Sagittalkreisschwung rückwärts abwerfen und wieder fangen.

Hinweise zum methodischen Vorgehen und zur Organisation:

Die Stunde beginnt mit der Wiederholung der in der Vorstunde erarbeiteten Elemente: Schlußsprung mit Nachfedern mit Seilkreis vorwärts, Sagittalachterkreis vorwärts. Die Elemente werden zunächst einzeln, dann in einer einfachen Bewegungsfolge (vier Sprünge, zwei Achterschwünge) geübt.

Die Schüler werden aufgefordert, den gleichen Ablauf mit Rückwärtsbewegung des Seiles zu erproben. Falls erforderlich, werden die beiden neuen Elemente (Schlußsprung mit Seilkreis rückwärts und Sagittalachterschwung rückwärts) auch nochmals isoliert geübt.

Die Verbindung beider Folgen durch $1/2$ Körperdrehung stellt den nächsten Lernschritt dar. Beim Übergang von der Vorwärts- zur Rückwärtsbewegung schwingt das Seil während der Drehung an der Körperseite vorbei. Bei der Drehung von der Rückwärts- in die Vorwärtsbewegung wird es über oben nach vorn geschwungen.

Der Abwurf des Seiles aus dem Sagittalkreisschwung rückwärts wird am besten mit einhändig gefaßtem Doppelseil ausgeführt. Der Abwurf kann mit dem vierfach zusammengelegten und geknoteten Seil vorbereitet werden. Das Seil wird zuerst aus einem Anschwung an der Körperseite leicht abgeworfen und wieder gefangen. Die Schwierigkeit kann dadurch gesteigert werden, daß das Seil zunächst ohne Drehung, dann mit einem Drehimpuls zur halben oder ganzen Drehung abgeworfen wird. Durch das kürzere Seil sind erleichterte Bedingungen gegeben, deshalb können fließende Verbindungen von Anschwung, Abwurf, Fangen und Ausschwingen erreicht werden. Gleichzeitig kann das Gefühl für den richtigen Drehimpuls beim Abwerfen des Seiles entwickelt werden.

Danach wird das Seil aus Sagittalkreisschwüngen rückwärts abgeworfen, bevor der Übergang zum Werfen mit dem Doppelseil erfolgt. Es ist ratsam, die Kreisschwünge vor dem Abwurf nicht in der bisher geschulten Form als großräumige Armkreisschwünge auszuführen, sondern das Seil in diesem Fall stärker aus dem Handgelenk zu drehen. Die Bewegung wird dadurch schneller und kleinräumiger, das Seil läßt sich leichter fangen.

Die vorher entwickelte Bewegungsfolge könnte nun durch mehrere Doppelseilkreise rückwärts mit abschließendem Abwurf und Fangen des Seiles ergänzt werden.

Folgender Ablauf könnte sich ergeben:

4 Schlußsprünge mit Seilkreis vw,
2 Sagittalachterschwünge vw,
beim letzten Kreisschwung 1/2 Körperdrehung ausführen,
4 Schlußsprünge mit Seilkreis rw,
2 Sagittalachterkreise rw, beide Seilenden mit einer Hand fassen, mehrere schnelle Sagittalkreise rw, Abwurf, fangen.

Thema 6: Laufen mit dem Seil

Lernziele: Die Schüler sollen das Seil vorwärts und rückwärts im Zweierrhythmus mit gleichmäßigen Schritten in Anpassung an Musik überlaufen, dabei großräumige Armkreisschwünge ausführen und das Laufen vorwärts und rückwärts durch 1/2 Körperdrehung fließend verbinden.

Hinweise zum methodischen Vorgehen und zur Organisation:

Nach einer kurzen Erwärmungsphase, in der die Schüler sich mit dem Seil nach Musik frei im Raum bewegen, werden mehrere Reihen an einer Schmalseite der Halle gebildet, die jeweils nacheinander einsetzen.

Die Schüler überlaufen das Seil mehrmals in beliebiger Form. Danach wird die Aufgabe gestellt, mit möglichst wenigen Seildurchschlägen auf die andere Seite zu laufen. Diese Aufgabe soll zu großräumigen Armbewegungen herausfordern. Entsprechende Schülerlösungen werden zur Verdeutlichung herangezogen.

Im Unterrichtsgespräch müßte geklärt werden, daß die Arme bei der Aufwärtsbewegung gestreckt durch die Schräghochhalte schwingen, aber beim Durchschlag leicht gebeugt werden müssen, damit das Seil nicht auf den Boden aufschlägt. Nach einer Übungsphase, in der die Konzentration auf den Armschwung gerichtet ist, wird nun das gleichmäßige Überlaufen des Seiles angestrebt. Durch die Aufgabe, das Seil immer mit dem gleichen Bein zu überlaufen, erfolgt die Hinführung zum Zweierrhythmus. Nach dem Üben in individuellem Tempo kann durch den Einsatz von Musik die Rhythmisierung der Bewegung unterstützt werden. Die Schulung des Laufens rückwärts beginnt ebenfalls mit einer Phase freien Probierens, bevor die wesentlichen Merkmale der Bewegung nacheinander erarbeitet werden. Besondere Aufmerksamkeit müßte die Tätigkeit des Schwungbeines finden. Erfahrungsgemäß wird das Schwungbein häufig zum Überlaufen des Seiles nicht sofort zurückgeführt, sondern zuerst nach vorn gespreizt oder angehockt. Es bleibt dadurch zu wenig Zeit für das Ausgreifen nach hinten, das Überlaufen wirkt überhastet und schlecht koordiniert.

Die Verbindung von Laufen vorwärts und Laufen rückwärts wird zuerst in freier Form erprobt. Es ist zu erwarten, daß die beim Schwingen erarbeitete Drehung auch hierbei angewendet wird. Falls erforderlich, kann die Drehung auch nochmals am Ort geübt werden.

Folgende Endform wäre in Anpassung an Musik denkbar:

Laufen vorwärts, das Seil dabei 3mal im Zweierrhythmus überlaufen,

$1/2$ Körperdrehung mit Seilschwung an der Körperseite, Laufen rückwärts, das Seil dabei 4mal im Zweierrhythmus überlaufen,

mit dem Hochschwingen des Seiles $1/2$ Körperdrehung ausführen.

Thema 7: Laufen, Springen und Schwingen mit dem Seil als Bewegungskombination

Lernziele: Die Schüler sollen in Kleingruppen eine Bewegungsfolge aus den erarbeiteten Elementen entwickeln und das Ergebnis ihrer Gruppenarbeit vorstellen.

Hinweise zum methodischen Vorgehen und zur Organisation:

Nach Wiederholung aller Einzelelemente, z.B.

- Laufen vorwärts und Laufen rückwärts,
- Schlußsprünge mit Seilkreis vorwärts und rückwärts,
- Sagittalachterschwünge vorwärts und rückwärts,
- Abwerfen des Seiles aus dem Sagittalkreisschwung rückwärts mit anschließendem Fangen des Seiles,

finden sich die Schüler zu Kleingruppen zusammen mit der Aufgabe, gemeinsam eine Bewegungsfolge zu entwickeln, in der alle Elemente enthalten sind. Die Schüler arbeiten gruppenweise frei im Raum, der Lehrer agiert als Berater. Am Ende der Stunde demonstrieren alle Gruppen ihre Ergebnisse.

8.3.4 Aufgabensammlung zur Bewegungsschulung mit dem Seil[1]

Laufen

Laufen vorwärts mit Seildurchschlag vorwärts:

- In freier Form,
- in unterschiedlichem Tempo,
- mit möglichst wenigen Seildurchschlägen,

---

[1] Es finden hierbei nur solche Elemente Berücksichtigung, die für den Gymnastikunterricht in der Schule geeignet erscheinen.

- mit Seildurchschlag bei jedem dritten Schritt (Dreierrhythmus),
- mit Seildurchschlag bei jedem zweiten Schritt (Zweierrhythmus),
- mit Seildurchschlag bei jedem Schritt.

Laufen rückwärts mit Seildurchschlag rückwärts:

- In freier Form,
- mit Seildurchschlag bei jedem dritten Schritt,
- mit Seildurchschlag bei jedem zweiten Schritt,
- im Wechsel mit Laufen vorwärts.

Springen

Schlußsprünge:

- Mit Nachfedern und Seildurchschlag vorwärts (rückwärts),
- ohne Nachfedern mit Seildurchschlag vorwärts (rückwärts),
- mit Überkreuzen der Arme bei jedem zweiten Seildurchschlag,
- mit doppeltem Seildurchschlag,
- mit und ohne Nachfedern als Bewegungsverbindung,
- mit Seildurchschlag vorwärts und rückwärts als Bewegungsverbindung. Der Richtungswechsel vom Seildurchschlag vorwärts zum Seildurchschlag rückwärts kann mit Hilfe eines Sagittalschwunges ohne oder mit einer halben Körperdrehung erfolgen. Der Richtungswechsel vom Seildurchschlag rückwärts zum Seildurchschlag vorwärts kann durch Ausschwingen des Seiles nach vorn oder mit Hilfe einer halben Körperdrehung, die beim Aufwärtsschwung des Seiles erfolgt, vorgenommen werden.

Laufen und Springen:

- Laufen vorwärts (rückwärts) in Verbindung mit Schlußsprüngen mit Seildurchschlag vorwärts (rückwärts),
- Laufen in Verbindung mit Pferdchen- oder Schrittsprüngen (Zweier- oder Dreierrhythmus).

Federn:

- Einfache Federung mit Seildurchschlag bei jeder zweiten Federung,
- Doppelfederungen mit Seildurchschlag bei jeder Doppelfederung,
- einfache Federungen in Verbindung mit Doppelfederungen.

Hüpfen:

- Hüpfer vorwärts, z. B. gestreckter Hüpfer oder Hochhüpfer mit Seildurchschlag vorwärts,
- Seitgalopp mit Seildurchschlag vorwärts (rückwärts),
- Seitgalopp mit Seildurchschlag vorwärts und rückwärts als Bewegungsverbindung, der Richtungswechsel kann mit Hilfe eines Sagittalschwunges mit oder ohne 1/2 Körperdrehung erfolgen.

Schwingen

Kreisschwünge in der Frontalebene:

- Als Rechts- oder Linkskreisschwünge
  mit einhändig gefaßtem Doppelseil,
  mit beidhändig gefaßtem Seil und geschlossener Seilschlinge,
- mit Handwechsel,
- mit Hand- und Richtungswechsel,
- in Verbindung mit 1/2 Körperdrehung,
- in Verbindung mit Seitwärtsbewegung.

Umkehrschwünge in der Frontalebene mit einhändig gefaßtem Doppelseil:

- Vor dem Körper,
- hinter dem Körper,
- als Verbindung von Schwüngen vor und hinter dem Körper,
- in Verbindung mit Kreisschwüngen.

Umkehrschwünge mit beidhändig gefaßtem Seil und offener Seilschlinge:

- Vor dem Körper in Grund- oder Grätschstellung,
- in Verbindung mit Kreisschwüngen (hierbei geschlossene Seilschlinge) in Verbindung mit Seitwärtsbewegung (Überstellschritt) beim Kreisschwung.

Kreisschwünge in der Sagittalebene:

- An der rechten oder linken Körperseite vorwärts oder rückwärts
  mit einhändig gefaßtem Doppelseil,
  mit beidhändig gefaßtem Seil und geschlossener Seilschlinge,
- in Verbindung mit Vorwärts- oder Rückwärtsbewegung (z. B. Hüpfen, Gehen, Federn),
- Kreisschwünge rückwärts in Verbindung mit Abwurf des Seiles.

Achterschwünge in der Sagittalebene:

- Als Vorwärts- oder Rückwärtsachterschwünge
  mit einhändig gefaßtem Doppelseil,
  mit beidhändig gefaßtem Doppelseil und geschlossener Seilschlinge,
  mit beidhändig gefaßtem Seil und offener Seilschlinge, wobei die Arme nacheinander einsetzen (Mühlkreisschwung),
- Vorwärts- oder Rückwärtsachterschwünge in Verbindung mit Gehen, Federn oder Hüpfen,
- Vorwärts- oder Rückwärtsachterschwünge in Verbindung mit $^1/_2$ Körperdrehungen,
- Achterschwünge am Ort in Verbindung mit Achterschwüngen in der Fortbewegung.

Umkehrschwünge in der Sagittalebene:

- Mit offener oder geschlossener Seilschlinge,
- in der Schrittstellung mit Gewichtsverlagerung,
- in Verbindung mit Körperdrehungen ($^1/_4$, $^1/_2$),
- in Verbindung mit Achterschwüngen.

Kreisschwünge in der Horizontalebene:

- Über dem Kopf als Rechts- oder Linkskreisschwünge mit einhändig gefaßtem Doppelseil,
- in Verbindung mit Vorwärts- oder Rückwärtsbewegung (Gehen, Federn, Hüpfen, Laufen und Springen),
- Kreisschwünge über dem Boden mit Überspringen des Seiles
  im Hocksprung,
  im Pferdchensprung,
- Kreisschwünge über dem Kopf und Kreisschwünge über dem Boden
  mit Überspringen des Seiles am Ort,
  in der Vorwärtsbewegung (z. B. Laufen auf der Kreislinie, dabei Seilkreis über dem Kopf in Verbindung mit Schrittsprüngen beim Seilkreis über dem Boden „Lauf, Lauf, Sprung").

Spiralschwünge:

- Als Einwärts- oder Auswärtsspiralen
  mit einhändig gefaßtem Doppelseil,
  mit beidhändig gefaßtem Seil und offener Seilschlinge, wobei die Arme nacheinander einsetzen,
  auch in Verbindung mit $^1/_2$ oder $^1/_1$ Körperdrehungen beim Kreisschwung über dem Kopf.

Schwingen mit einem Partner

Die Partner stehen sich in einer halben Seillänge Abstand gegenüber, jeder Partner hält ein Seilende:

- Das Seil hin und her pendeln lassen,
- das Seil kreisen lassen,

- Pendel- und Kreisschwünge verbinden,
- Kreisschwünge mit Hand- und Richtungswechsel,
- Kreisschwünge mit Seitwärtsbewegung (z. B. Überstellschritt oder Seitgalopp),
- das Seil kreisen lassen, dabei im Wechsel oder gleichzeitig unter dem Seil drehen, ohne den Seilschwung zu unterbrechen,
- das Seil kreisen lassen und im Wechsel in das Seil hineinlaufen, das Seil überspringen und wieder herauslaufen, ohne den Seilschwung zu unterbrechen,
  auch in Verbindung mit Körperdrehungen unter dem Seil.

Laufen und Springen am kreisenden Seil (Schwungseil)

Laufen durch das kreisende Seil:

- Einzeln, mit einem Partner, in der Dreier- oder Vierergruppe,
- nach jeweils einem Leerschwung durch das Seil laufen,
- in fließender Folge durch mehrere kreisende Seile laufen (Abb. 1–8).

Springen im kreisenden Seil:

- Von der Seite in das kreisende Seil einlaufen, das Seil mehrmals mit Schlußsprüngen überspringen, herauslaufen, ohne den Schwung des Seiles zu stören
- mehrere Schüler laufen nacheinander ein, springen gemeinsam im kreisenden Seil, laufen dann wieder heraus (Abb. 9–10).

Springen über das kreisende Seil:

- Für das Springen über das kreisende Seil sind alle skizzierten Organisationsformen anwendbar (Abb. 1–8),
- Verbindung von Laufen durch das kreisende Seil und Überspringen des kreisenden Seiles (Abb. 11–12).

Abb. 1

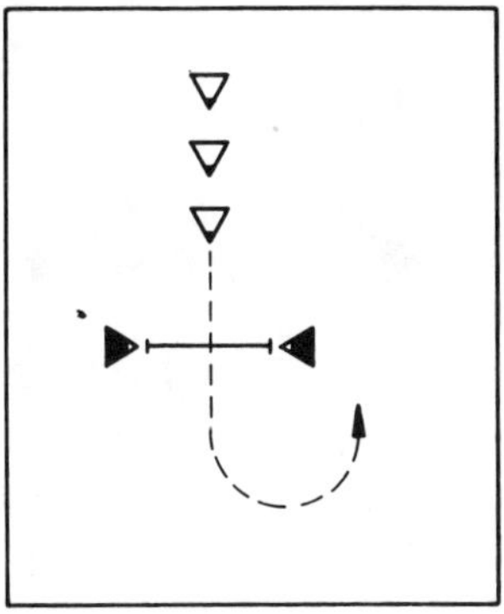

Abb. 2

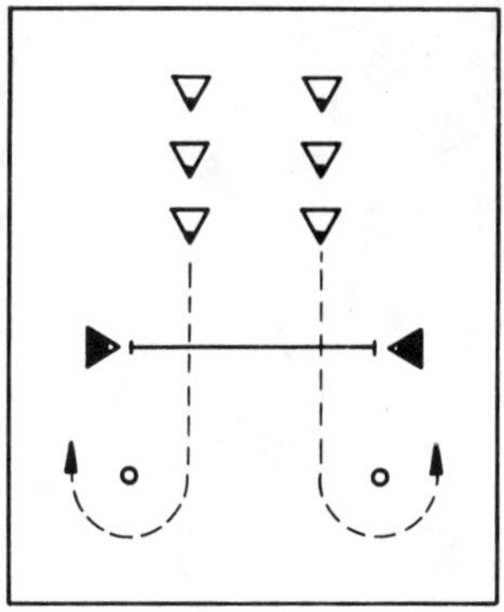

Abb. 3

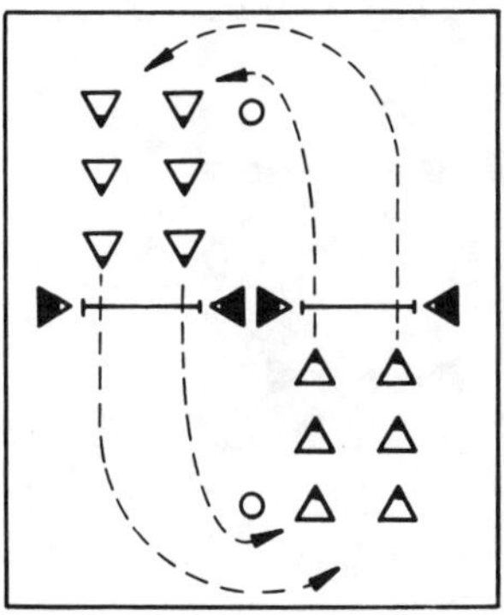

Abb. 4

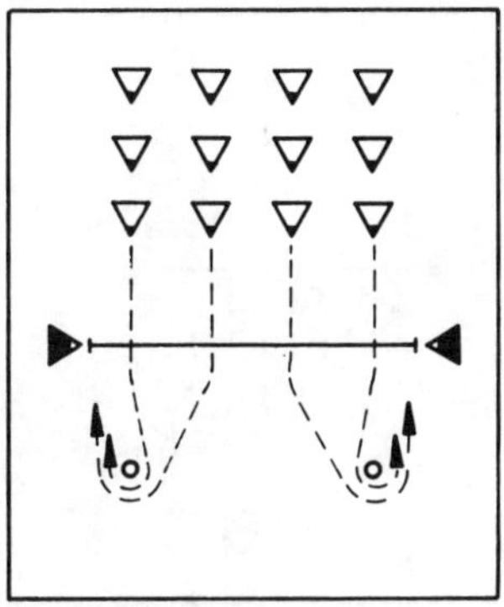

Abb. 5

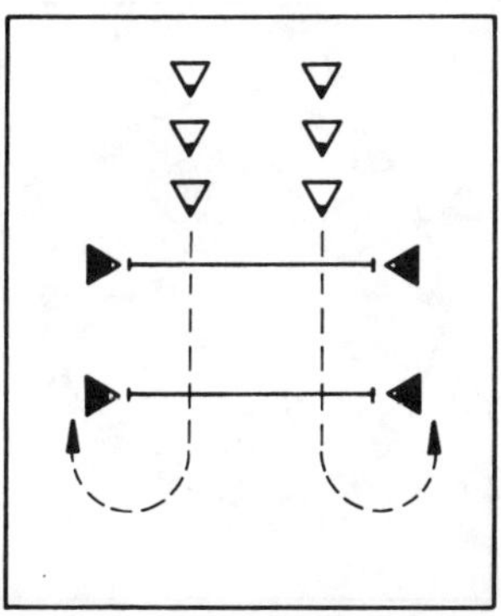

Abb. 6

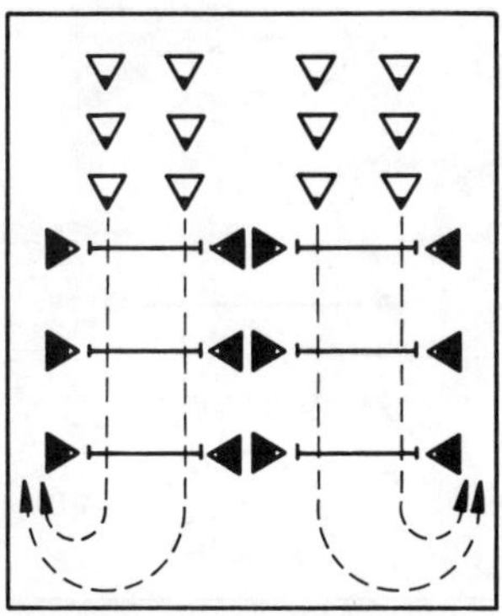

Abb. 7

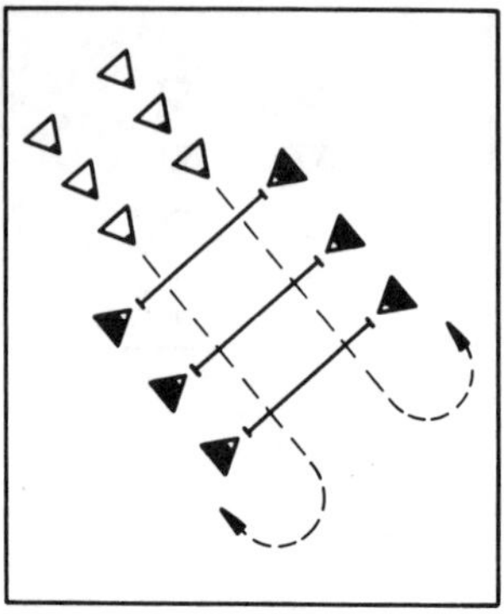

Abb. 8

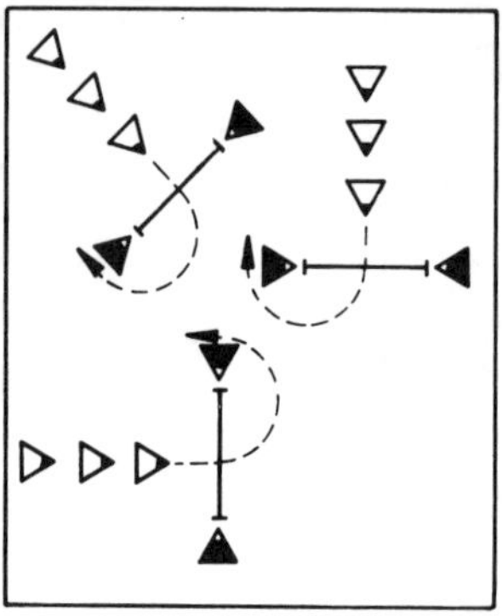

Abb. 9

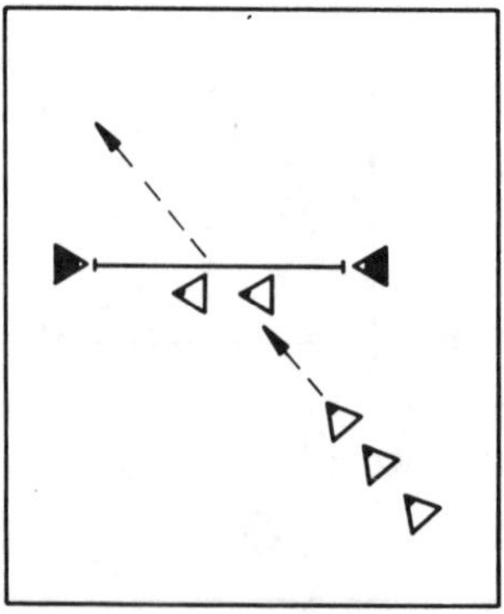

Abb. 10

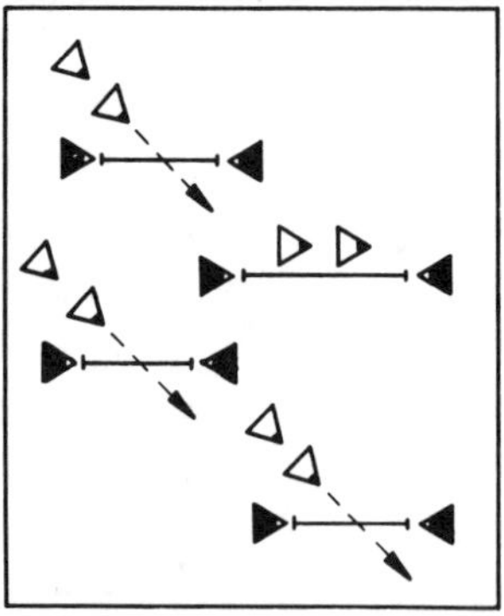

Abb. 11

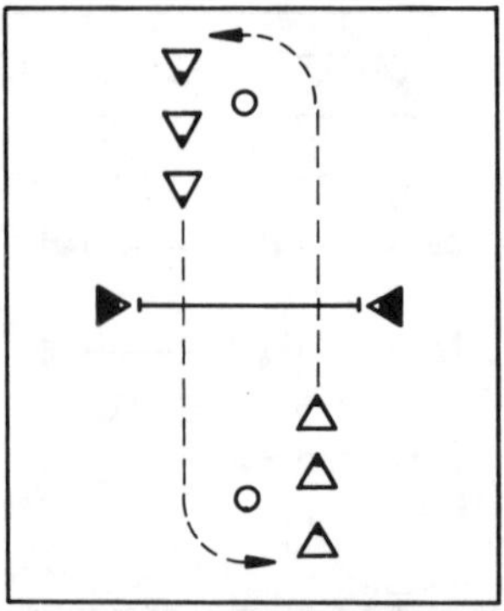

Abb. 12

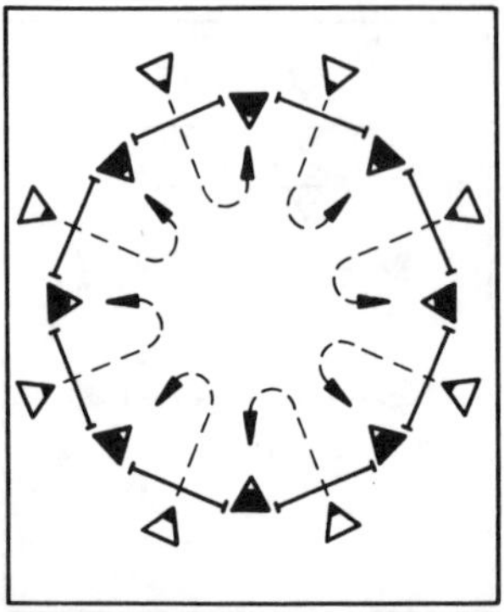

8.4 Bewegungselemente mit dem Band – ihre Erarbeitung und Anwendung

8.4.1 Das Band als Mittel der Bewegungsschulung

Das Band ist ein verhältnismäßig junges Handgerät, das in Osteuropa entwickelt wurde, in den 60er Jahren durch die Wettkampfgymnastik bei uns bekannt geworden ist und vor einigen Jahren auch Eingang in den Gymnastikunterricht der Schule gefunden hat. Sein besonderer Reiz liegt in den attraktiven Zeichnungen des Bandes im Raum und in seiner relativ leichten Handhabung. Dieses Gerät hat in erster Linie als Hilfsmittel für die Schwungschulung Bedeutung. Es ermöglicht Armschwünge als Umkehr-, Kreis- und Achterschwünge in allen Ebenen, die auch mit Formen der Fortbewegung verbunden werden können. Für Rumpfschwünge ist das Band dagegen weniger geeignet, weil es bei diesen Schwungformen zwangsläufig lange auf dem Boden aufliegen muß. Aufgrund seiner Länge und seines geringen Gewichtes erfordert das Gerät großräumige, fließende Bewegungen, wenn eine klare Bandzeichnung erreicht werden soll, die als ein wesentliches Ausführungskriterium gilt.

Kreisschwünge in der Sagittal- und Frontalebene lassen sich durch Abwürfe des Bandes steigern, da das Fangen aber ein sehr hohes Maß an Geschicklichkeit verlangt, sind diese Elemente einer höheren Schwierigkeitsstufe zuzuordnen. Neben den Schwungformen können mit dem Band auch gerätespezifische Bewegungsfertigkeiten wie Schlangen und Spiralen geschult werden. Sie entstehen durch energische, gleichmäßige Bewegungen des Handgelenks bei leicht gebeugtem Arm. Vertikalschlangen ergeben sich durch Auf- und Abbewegungen, Horizontalschlangen durch Hin- und Herbewegungen, Spiralen durch Drehbewegungen der Hand. Schlangen und Spiralen werden vorwiegend in Verbindung mit Gehen, Laufen oder Körperdrehungen ausgeführt.

Verbindungen von großräumigen, ruhigen Schwüngen mit kleinräumigen, kraftvollen Bewegungen bei Schlangen und Spiralen verlangen ein gutes Differenzierungsvermögen im Hinblick auf Tempo und Krafteinsatz und schulen die Koordinationsfähigkeit.

8.4.2 Schwingen mit dem Band – wesentliche Bewegungsmerkmale und häufig auftretende Fehler

- Alle Schwünge sollten als großräumige, gleichmäßige, fließende Bewegungen unter Einbeziehung des ganzen Körpers ausgeführt werden (siehe Foto 23).
- Das Band sollte beim Schwingen immer straff sein, die Figuren sollten klar erkennbar sein und bis zum Bandende durchlaufen.
- Die gewählte Schwungebene sollte eingehalten werden.
- Die Betonung aller Schwünge mit dem Band sollte in der Aufwärtsbewegung liegen.
- Das Band sollte nicht knallen.
- Bei der Kombination von Bewegungselementen sollten keine Pausen entstehen, das Band sollte ständig in Bewegung sein, ohne auch nur kurzzeitig ruhig am Boden zu liegen.

Häufige Bewegungsfehler:

- Die Bewegung ist nicht großräumig,
  sie erfolgt nicht aus dem Schultergelenk heraus.
- Das Band bleibt nicht straff, es entstehen „Schlenker“.
  Dieser Fehler wird verursacht durch ungleichmäßiges Schwingen, durch kurze Pausen oder Verzögerungen im Ablauf der Bewegung.
- Das Band knallt.
  Knallen ist eine Folge von zu schnellen, ruckhaften, „peitschenartigen“ Bewegungen.

- Das Band schleift bei Schwüngen in der Vertikalebene zu lange am Boden entlang, die Bandzeichnung ist nicht mehr kreisförmig.
  Dieser Fehler entsteht, wenn die Abwärtsbewegung betont wird.
- Die Schwungebene wird nicht eingehalten.
  Dieser Fehler entsteht bei Kreisschwüngen in der Sagittalebene durch mangelnde Beweglichkeit im Schultergelenk.
- Die Armbewegung wird ohne Mitbewegung des ganzen Körpers ausgeführt.

8.4.3 Schlangen und Spiralen mit dem Band – wesentliche Bewegungsmerkmale und häufig auftretende Fehler

- Die Windungen des Bandes sollten bei Schlangen und Spiralen dicht beieinanderliegen und etwa gleich groß sein. (Einschränkung: Bei Bewegungskombinationen wären auch Verbindungen von Schlangen bzw. Spiralen unterschiedlicher Größe denkbar.)
- Die Figur sollte bis zum Bandende durchlaufen, auf keinen Fall sollte das Bandende nachschleifen.
- Die Figur sollte in der gewählten Ebene bleiben.
- Bei horizontalen Bodenschlangen sollten alle Windungen auf dem Boden aufliegen.
- Bei vertikalen Bodenschlangen sollten alle Windungen den Boden leicht berühren.

Häufige Bewegungsfehler:

- Bei Vertikalschlangen und Spiralen „kippt“ die Figur um.
  Dieser Fehler entsteht, wenn der Stock nach unten gehalten wird.
- Das Ende des Bandes schleift nach oder die Windungen werden zum Bandende hin kleiner.

Dieser Fehler entsteht, wenn die Bewegung des Handgelenks nicht energisch genug ist.

- Die Figur ist zu groß, die Schlange oder die Spirale weist nur wenige Windungen auf.
  Dieser Fehler entsteht, wenn die Bewegung nicht aus dem Handgelenk heraus, sondern mit dem ganzen Arm ausgeführt wird.

8.4.4 Vorschläge für den Aufbau einer Lehreinheit zum Thema Schwingen mit dem Band

Bei der hier vorgeschlangenen Themenfolge gehen wir davon aus, daß die grundlegenden Bewegungsmerkmale des Schwingens mit dem Band zunächst bei Schwüngen und Kreisen in der Frontalebene erarbeitet und geübt werden, weil hier die Beobachtung der Bandzeichnung für den Übenden am leichtesten möglich ist. Diese Schwungformen werden am Ort erlernt, miteinander kombiniert und mit einfachen Formen der Fortbewegung (z.B. mit Überstellschritten und Seitgalopp) und mit Spiralen und Schlangen verbunden. Erst danach werden die Schwünge in der Sagittalebene und zuletzt die Schwünge in der Horizontalebene erlernt und geübt.

Eine Alternative des hier vorgeschlagenen Vorgehens könnte darin bestehen, zunächst einfache Schwungformen in unterschiedlichen Ebenen am Ort zu üben, z.B. Kreisschwünge in der Frontal-, Sagittal- und Horizontalebene, dann Umkehrschwünge in diesen Ebenen. Danach erst werden Bewegungskombinationen unter Einbeziehung von Formen der Fortbewegung und von Schlangen und Spiralen entwickelt.

1. Sammeln von Bewegungserfahrungen mit dem Band durch selbständiges Erproben und Lösen von Bewegungsaufgaben
2. Erarbeitung von Kreisschwüngen in der Frontalebene
3. Erarbeitung von Umkehrschwüngen in der Frontalebene, Kombination von Kreisschwüngen und Umkehrschwüngen

4. Kreis- und Umkehrschwünge in der Frontalebene in Verbindung mit Drehungen, Überstellschritten und Seitgalopp
5. Schlangen und Spiralen in Verbindung mit Laufen und Drehen
6. Erarbeitung einer Bewegungskombination unter Berücksichtigung von Umkehr- und Kreisschwüngen in der Frontalebene und Spiralen
7. Erarbeitung von Schwüngen in der Sagittalebene – Umkehrschwünge, Kreisschwünge, Achterschwünge
8. Schwünge in der Sagittalebene in Verbindung mit Hüpfen und Springen und in Verbindung mit Schlangen
9. Erarbeitung von Schwüngen in der Horizontalebene – Umkehrschwünge und Kreisschwünge auch in Verbindung mit Körperdrehungen
10. Umkehr- und Kreisschwünge in der Horizontalebene als Bewegungskombinationen – Erarbeitung von Spiralschwüngen
11. Erarbeitung einer Bewegungskombination unter Berücksichtigung von Horizontalschwüngen, Kreisschwüngen, Spiralschwüngen und Spiralen
12. Bewegungsgestaltung in Kleingruppen – Weiterentwicklung der zuvor erarbeiteten Folge unter Einbeziehung von Schwüngen in der Frontal- und Sagittalebene

8.4.5 Zusammenstellung von einfachen Bewegungselementen und Bewegungskombinationen mit dem Gymnastikband

Schwünge

Kreisschwünge in der Frontalebene:

- In der Grundstellung,
- in der Grundstellung mit Hand- und Richtungswechsel,
- in Verbindung mit Schlußsprüngen,

- in Verbindung mit Standwaagen,
- in Verbindung mit Seitgalopp,
  auch mit 1/2 Drehung,
- in Verbindung mit Hüpfen, mit Laufen und Springen durch den Kreis,
- als Kombination von kleinen und großen Kreisen,
- als Verbindung von Kreisschwüngen am Ort mit Kreisschwüngen in der Vorwärts- oder Seitwärtsbewegung.

Umkehrschwünge in der Frontalebene:

- Durch die Tiefe in Grund- und Grätschstellung,
- über die Höhe in Grund- und Grätschstellung,
  in Verbindung mit Schlußsprüngen,
  in Verbindung mit Laufen, Hüpfen oder Federn,
- in Verbindung mit Kreisschwüngen ohne und mit Handwechsel,
  mit Überstellschritten seitwärts bei den Kreisschwüngen,
  mit 1/2 Drehung beim Kreisschwung.

Kreisschwünge in der Sagittalebene:

- Als Kreisschwünge vorwärts und rückwärts im Stand,
  mit Richtungswechsel,
  mit Handwechsel,
- in Verbindung mit Gehen, Laufen, Hüpfen, Federn,
- in Verbindung mit Pferdchensprüngen oder Schrittsprüngen,
- in Verbindung mit Sprüngen durch den Kreis (als Raumweg ergibt sich dabei eine Diagonale).

Umkehrschwünge in der Sagittalebene:

- Durch die Tiefe,
- über die Höhe,

- über die Höhe in Verbindung mit Schlußsprüngen,
  in Verbindung mit Gehen, Laufen, Hüpfen, Federn,
- in Verbindung mit Kreisschwüngen,
- als Rumpfschwünge (Tief-Hochschwünge),
  mit Handwechsel vor oder hinter dem Körper,
  in Verbindung mit waagerechten Schlangen bei der Abwärtsbewegung,
  in Verbindung mit Kreisschwüngen.

Kreisschwünge in der Horizontalebene:

- Über dem Kopf in Grund- und Grätschstellung,
  mit Richtungswechsel,
  mit Hand- und Richtungswechsel,
- um den Körper herum in Verbindung mit Körperdrehungen mit Drehsprüngen,
- als Verbindung von Kreisschwüngen über dem Kopf und um den Körper herum,
- in Verbindung mit senkrechten Schlangen oder Spiralen, die als Halbkreis oder Kreis um den Körper herum ausgeführt werden,
  auch im Kniestand.

Umkehrschwünge in der Horizontalebene:

- Vor oder neben dem Körper,
- in Verbindung mit Kreisschwüngen,
  mit Drehungen,
  mit Drehsprüngen.

Achterschwünge:

- In der Sagittalebene,
  mit Handwechsel,
  in Verbindung mit Formen der Fortbewegung,
  in Verbindung mit Kreisschwüngen,
  mit gefaßtem Bandende,

- in der Frontalebene in verschiedenen Größen,
  in Verbindung mit Kreisschwüngen,
- in der Horizontalebene vor oder neben dem Körper,
  auf dem Boden vor dem Körper in Verbindung mit Laufen vorwärts, das Band wird dabei überlaufen.

Spiralschwünge: [1]

Foto 23

- Als Verbindung eines Horizontalkreisschwunges auf dem Boden mit einem Horizontalkreisschwung über dem Kopf, (siehe Foto 23),

---

[1] Spiralschwünge werden als eine spezielle Form der Achterschwünge in der Horizontalebene gesondert aufgeführt.

- als Verbindung mehrerer Horizontalkreisschwünge auf dem Boden mit einem Horizontalkreisschwung über dem Kopf,
- in Verbindung mit Körperdrehungen (1/2, 1/1) beim Kreisschwung über dem Kopf,
  mit Drehsprüngen beim Kreisschwung über dem Kopf,
- mit gefaßtem Bandende,
  mit Körperdrehungen.

Schlangen und Spiralen

Vertikalschlangen – stehende Schlangen:

- Als Rückschlangen in Verbindung mit Laufen rückwärts,
  in Verbindung mit Sagittalkreisschwüngen rückwärts oder vorwärts, auch mit 1/2 Drehung,
- als Bodenschlangen oder in Schulterhöhe um den Körper herum in Verbindung mit Körperdrehungen im Ballenstand oder in der Hocke,
- als Bodenschlangen vor dem Körper (Halbkreis),
  in Verbindung mit Horizontalkreisschwüngen, auch im Kniestand.

Horizontalschlangen – liegende Schlangen:

- Als Rückschlangen in Verbindung mit Laufen rückwärts,
  in Verbindung mit Vertikalschlangen ohne oder mit Handwechsel,
  in Verbindung mit Vertikalschlangen oder Vertikalspiralen am Boden oder in Schulterhöhe um den Körper herum, mit Körperdrehungen,
- über dem Kopf in Verbindung mit Laufen vorwärts,
- in Verbindung mit Rumpfschwüngen (Tief-Hochschwünge), die Schlange wird bei der Abwärtsbewegung von vorn oben nach hinten unten ausgeführt.

Vertikalspiralen – stehende Spiralen:

- Als Rückspiralen in Verbindung mit Laufen rückwärts, als Bodenspiralen, als Spiralen in Brusthöhe,
- um den Körper herum in Verbindung mit Körperdrehungen,
- neben dem Körper in Verbindung mit Laufen vorwärts, mit dem rechten (linken) Arm an der rechten (linken) Körperseite, mit dem rechten (linken) Arm an der linken (rechten) Körperseite.

Horizontalspiralen – liegende Spiralen:

- Als Tief- oder Hochspiralen vor oder neben dem Körper.

Hinweise zur Terminologie

Wir gehen bei der Bezeichnung der Schlangen und Spiralen von der Lage der Windungen des Bandes im Raum aus, weil uns diese Zuordnung am eindeutigsten erscheint.

Bei Vertikalschlangen und Vertikalspiralen verlaufen die Windungen senkrecht zum Boden (siehe Fotos 24 und 25).

Bei Horizontalschlangen und Horizontalspiralen (siehe Fotos 26, 27, 28) verlaufen die Windungen waagerecht zum Boden (siehe auch Warakina, 1976, S. 85–88).

Beispiele:

Foto 24: Vertikalschlange

Foto 25: Vertikalspirale

Foto 26: Horizontalschlange über Kopf

Foto 27: Horizontalschlange am Boden

Foto 28: Horizontalspirale

Einige Autoren (Wendt u. Hess, 1975, S. 84–86; Riehm, 1976, S. 108) nehmen eine andere Zuordnung vor, indem sie bei der Bezeichnung dieser Elemente von der Lage der Fläche ausgehen, die von der Schlange oder Spirale im Raum gebildet wird.

8.5 Bewegungselemente mit dem Reifen und ihre Anwendung

8.5.1 Der Reifen als Mittel zur Bewegungsschulung

Als gerätespezifische Bewegungsfertigkeiten ermöglicht der Reifen in erster Linie unterschiedliche Formen der Rotation, und zwar Rollen vorwärts und rückwärts, Zwirbeln am Ort, Drehen des beidhändig gefaßten Reifens und Handumkreisen.

Darüber hinaus können bereits bekannte Bewegungsfertigkeiten wie Schwingen und Werfen und Fangen auf den Reifen übertragen werden, allerdings stellt die Ausführung dieser Bewegungen aufgrund von Form, Größe und Beschaffenheit des Gerätes eine erhöhte Schwierigkeit dar.

So verlangen z.B. Spiralschwünge eine entsprechende Geschicklichkeit, um den Reifen in der waagerechten Ebene halten zu können, ebenso erfordern das Handumkreisen, das Zwirbeln und das Drehen des beidhändig gefaßten Reifens ein geschicktes Umgehen mit dem Gerät.

Darüber hinaus werden beim Rollen des Reifens oder beim Werfen und Fangen sowohl die Bewegungsgenauigkeit als auch die Fähigkeit zu motorisch dynamischer Anpassung an die Bewegung des rollenden oder fliegenden Reifens gefördert. Auch motorische Differenzierungsfähigkeit kann entwikkelt werden, z.B. bei Verbindungen von klein- und großräumigen Bewegungen (Handumkreisen in Verbindung mit Armschwüngen).

Eine gewandtheitssteigernde Wirkung kann mit folgenden Bewegungsaufgaben erzielt werden: durch den Reifen steigen oder durchwinden, durch den geschwungenen Reifen springen, durch den rollenden Reifen durchkriechen. Diese Aufgaben, die meist einen spielerischen Charakter haben und eigene Lösungsmöglichkeiten herausfordern, können gleichzeitig die Motivation der Schüler ansprechen.

Über die vielseitigen koordinationsschulenden Möglichkeiten hinaus kann der Reifen, als Hindernis im Raum eingesetzt, ein Hilfsmittel zur Schulung der Grundformen Laufen und Springen darstellen (Aufgabenbeispiele S. 273).

Auch auf die vielfältigen Aufgaben mit dem Reifen zur Körperbildung, insbesondere zur Beweglichkeit der Wirbelsäule und zur Dehnung und Kräftigung der Rumpfmuskulatur, soll hier noch einmal hingewiesen werden (Aufgabenbeispiele S. 174).

8.5.2 Rollen mit dem Reifen

Wesentliche Bewegungsmerkmale und häufig auftretende Fehler

Foto 29

Der Übende steht in Schrittstellung, beide Hände liegen mit den oberen Fingergliedern locker in Schulterbreite auf dem Reifen. Bei der Auftaktbewegung wird der Reifen mit Gewichtsverlagerung auf das hintere Bein entgegengesetzt zur Bewegungsrichtung angerollt. Beide Hände bleiben am Reifen, wobei die linke Hand die senkrechte Stellung des Reifens stabilisiert und die rechte Hand von hinten auf dem Reifen aufliegt (siehe Foto 29).

Bei der Abrollbewegung verlagert sich das Körpergewicht auf das vordere Bein, und die hintere Hand rollt den Reifen schwungsvoll an, wobei möglichst lange mit dem Gerät Kontakt gehalten wird, um die geradlinige Richtung des Reifens bestimmen zu können. Das erneute Antreiben des Reifens aus der Bewegung muß aus locker schwingendem Arm von hinten erfolgen, damit die fließende Bewegung nicht unterbrochen wird.

Häufige Bewegungsfehler:

- Der Reifen wird nicht senkrecht gehalten.
  Er rollt nicht geradlinig oder fällt um.
- Der Reifen wird nur mit einer Hand angerollt.
  Das Rollen ist unkontrolliert.
- Die anrollende Hand bleibt nicht lange genug am Reifen, die Führung wird zu schnell aufgegeben.
  Der Reifen rollt nicht geradlinig.
- Die Anrolldosierung ist zu stark oder zu schwach.
  Der Reifen schlingert oder rollt nicht geradlinig.
- Der Reifen wird nicht angerollt, sondern angeschoben.
  Er fällt um.

8.5.3 Methodische Hinweise zur Schulung des Rollens mit dem Reifen

Das Rollen mit dem Ball sollte den Schülern bei der Einführung des Rollens mit dem Reifen bereits bekannt sein, da aufgrund der materiellen Beschaffenheit des Reifens die erforderliche größere Bewegungsgenauigkeit als Steigerung im Schwierigkeitsgrad anzusehen ist. Bereits vorhandene Bewegungserfahrungen im Hinblick auf eine weiche Bewegungsführung bei gleichzeitigem gut dosierten Krafteinsatz, sowohl bei der Anrollbewegung als auch beim erneuten Weiterrollen, können das Erlernen des Rollens mit dem Reifen erleichtern. Das methodische Vorgehen bei der Erarbeitung der Rollbewegung könnte durch folgende Zielsetzungen strukturiert werden:

1. Sammeln von Bewegungserfahrungen
2. Erarbeitung der Anrollbewegung:
   Ausgangsstellung – Ausholbewegung – Reifenführung beim Anrollen
3. Dosierung des Krafteinsatzes beim Anrollen und geradliniges Anrollen
4. Anpassung an die Bewegung des rollenden Reifens durch mehrmaliges Weiterrollen
5. Rollen des Reifens in Verbindung mit zusätzlichen Bewegungsaufgaben
6. Rollen zum Partner
7. Rollen vor dem Körper.

Zu 1: Das Sammeln von Bewegungserfahrungen soll ein Vertrautwerden mit dem Gerät auf dem Hintergrund der Vorerfahrungen mit dem Ball bewirken. Unterschiedliche Formen des Rollens werden in selbständigem Umgang mit dem Reifen, aber auch durch Lösen von Bewegungsaufgaben erprobt.

Zu 2: Die Erarbeitung der Anrollbewegung könnte mit Hilfe von Bewegungsanweisungen und Bewegungsbeispielen, bezogen auf die Merkmale der Bewegungsbeschreibung (siehe S. 263), das Thema „Rollen durch den Raum" einleiten.

Zu 3–5: Anregungen zur Schulung der Rollbewegung selbst unter Beachtung der genannten Zielsetzungen sind mit den Aufgabenbeispielen in der nachstehenden Aufgabensammlung vorgegeben.

Die hierbei gewählte Reihenfolge berücksichtigt eine Steigerung im Schwierigkeitsgrad, so daß mit zunehmender Sicherheit und Stabilisierung der Rollbewegung in Bewegungsverbindungen aus Rollen und anderen Grundformen die Schulung der Geschicklichkeit und Koordinationsfähigkeit in den Mittelpunkt rückt. Das Thema „Rollen vor dem Körper" bildet bewußt den Abschluß dieser Einheit, da hier in rascher

Aufeinanderfolge die Anrollphasen mit dem Annehmen oder Aufnehmen des Reifens wechseln und eine ständige Bewegungsumkehr in die entgegengesetzte Richtung erfolgt, während beim Rollen durch den Raum eine größere Konzentration auf einzelne Bewegungselemente, z.B. auf die Anrollphase, möglich ist.

Als Zwischenstufe eignen sich Aufgaben, die in Partnerarbeit gelöst werden können, bei denen der zeitliche Ablauf der Phasen (Anrollen-Annehmen-erneutes Anrollen) allmählich verkürzt wird durch Verringerung der Abstände zwischen Partnern oder durch Hinzunahme eines zweiten Reifens.

8.5.4 Aufgabensammlung zur Bewegungsschulung mit dem Reifen[1]

Rollen

Rollen durch den Raum:

- Den Reifen mit einem Anstoß durch die Halle rollen,
  mit der rechten Hand, mit der linken Hand,
  dabei durch eine Seilstraße rollen,
- den rollenden Reifen überholen und am Ende der Halle aufnehmen,
  ihn bremsen und sofort wieder zurückrollen,
  mit Hockstützsprung durch den ankommenden Reifen springen,
  den ankommenden Reifen übergrätschen,
- den Reifen auf dem Weg durch die Halle mehrmals antreiben, dabei immer neben dem Reifen bleiben,
  einen bestimmten rhythmischen Ablauf finden,
  z.B. den Reifen im Zweier- oder Dreierrhythmus antreiben,
  im Wechsel mit der rechten und linken Hand antreiben,
  den Reifen nach jedem Antreiben umkreisen,

---

[1] Es finden hierbei nur solche Bewegungselemente Berücksichtigung, die für den Gymnastikunterricht in der Schule geeignet erscheinen.

mehrmals mit dem Fuß durch den Reifen auf den Boden tippen,
mehrmals mit der Hand durch den Reifen auf den Boden schlagen,
ein Bein über den Reifen schwingen,

- den Reifen von beiden Seiten im Schersprung überspringen,
neben dem Reifen Sprünge ausführen,
neben dem Reifen Räder schlagen,
- den Reifen rückwärts anrollen und vorwärts hinterherlaufen,
rückwärts neben dem Reifen laufen, ihn mehrmals antreiben, den Reifen im Wechsel rückwärts und vorwärts antreiben.

Rollen zum Partner:

(Die Partner stehen sich gegenüber.)

- Als ununterbrochene Bewegung mit einem Reifen,
- als ununterbrochene Bewegung mit zwei Reifen,
- den ankommenden Reifen aufnehmen und neu anrollen,
- den ankommenden Reifen aufnehmen und nach Anschwung an der Körperseite dem Partner mit einhändigem Bogenwurf zuwerfen.

Rollen vor dem Körper:

- Den Reifen in Grätschstellung mit Gewichtsverlagerung vor dem Körper hin- und herrollen,
- den Reifen in Verbindung mit Seitwärtsbewegungen (Seitgalopp, Laufen oder Überstellschritte) hin- und herrollen,
- den Reifen in Verbindung mit $^1/_1$ Körperdrehungen hin- und herrollen,
- Rollen in der Grätschstellung, mit Seitwärtsbewegungen und mit Körperdrehungen als Bewegungsverbindung ausführen.

Foto 30

Drehen

Zwirbeln:

- Den senkrecht auf dem Boden stehenden Reifen mit einer Hand von oben fassen und andrehen („zwirbeln“) (siehe Foto 30),
- den Reifen mehrmals in rhythmischer Folge mit der gleichen Hand andrehen, ohne die Bewegung des Reifens zu unterbrechen,

  dabei nach jedem Andrehen den rotierenden Reifen umkreisen, dabei nach jedem Andrehen ein Bein über den Reifen schwingen,
- den Reifen im Wechsel mit der rechten und linken Hand andrehen,

dabei jeweils die Drehrichtung wechseln,

- im Wechsel den eigenen Reifen und den Reifen eines Partners andrehen,
- Zwirbeln als Spielform in der Gruppe,
  dabei drehen alle Teilnehmer ihre eigenen Reifen an, laufen dann frei durch den Raum und versuchen durch erneutes Andrehen alle Reifen möglichst lange in Bewegung zu halten.

Handumkreisen:

(Der Reifen liegt am Anfang auf der Hand.)

- Handumkreisen in der Frontalebene
  mit Tempo-, Richtungs- und Handwechsel, in Verbindung mit Hüpfen am Ort, mit Hüpfen vorwärts, rückwärts oder seitwärts,
  in Verbindung mit Abwürfen,
  in Verbindung mit Kreisschwüngen (der Reifen dreht sich dabei auch um die Hand, aber der Schwung erfolgt aus der Schulter heraus),
- Handumkreisen in der Sagittalebene
  mit Tempo- und Richtungswechsel,
  in Verbindung mit Hüpfen vorwärts, rückwärts und am Ort,
  in Verbindung mit Abwürfen,
  in Verbindung mit Kreisschwüngen,
- Handumkreisen in der Horizontalebene
  über dem Kopf mit Hand-, Richtungs- und Tempowechsel und
  in Verbindung mit Hüpfen,
  vor dem Körper.

Beidhändiges Drehen:

(Der Reifen wird im Außengriff gefaßt und vor dem Körper gedreht.)

- Zum Körper hin,
- vom Körper weg,

auch in Verbindung mit kurvigem Laufen oder mit Laufen vorwärts und rückwärts.

Werfen und Fangen

Hoch- und Bogenwürfe mit beidhändig gefaßtem Reifen:

(Der Reifen wird mit Außengriff gefaßt.)

- Den senkrecht gehaltenen Reifen hochwerfen und fangen,
- mit dem senkrecht gehaltenen Reifen Bogenwürfe ausführen, dem Reifen hinterherlaufen und ihn wieder fangen, auch unter Ausnutzung unterschiedlicher Raumwege, z. B. dabei im „Zickzack“ durch die Halle laufen oder ein Quadrat laufen,
- mit dem senkrecht gehaltenen Reifen Bogenwürfe zum Partner ausführen,
  dabei kann der Partner gleichzeitig einen Ball im Bogenwurf durch den Reifen werfen,
- den waagerecht gehaltenen Reifen hochwerfen und fangen
  vor dem Körper, auch mit 1/2 oder 1/1 Drehung des Reifens,
  aus dem Stand im Reifen,
  aus dem Stand im Reifen hochwerfen, den Reifen vor dem Körper fangen und umgekehrt.

Einhändige Hoch- und Bogenwürfe

(Der Reifen wird von oben gefaßt.)

- Hochwürfe in Verbindung mit Schwüngen in der Sagittalebene
- Bogenwürfe in Verbindung mit Schwüngen in der Sagittalebene,
  dabei den Reifen einem Partner zuwerfen,
  dabei dem Reifen hinterherlaufen und ihn wieder fangen,
- Bogenwürfe über den Kopf in Verbindung mit Schwüngen in der Frontalebene (den Reifen von unten fassen),

- Hochwürfe in der Frontal- und Sagittalebene aus Handkreisen heraus, z. B. Handumkreisen vor dem Körper, bei jedem zweiten Handumkreisen wird der Reifen abgeworfen.

  Diese Aufgabe läßt sich auch im Zusammenspiel in der Kleingruppe lösen. Hierbei stehen mehrere Schüler hintereinander.

  Nr. 1 führt ein Handumkreisen aus, wirft den Reifen hoch und läuft an das Ende der Reihe.

  Nr. 2 fängt den Reifen, führt ein Handumkreisen aus, wirft den Reifen ab usw.

Schwingen

Umkehrschwünge in der Frontalebene mit Kammgriff:

(Der Reifen liegt locker auf den oberen Fingergliedern.)

- Mit der rechten und mit der linken Hand,
- in Verbindung mit Handwechsel über dem Kopf,
- in Verbindung mit Bogenwürfen über dem Kopf,
- in Verbindung mit Handumkreisen vor dem Körper,
  auch mit Handwechsel bei jedem Handkreis,
- Umkehrschwünge hinter dem Körper mit Handwechsel,
- Bewegungsverbindungen aus den beschriebenen Elementen, z. B.
  Anschwung mit der rechten Hand von rechts,
  Schwung nach links (rechts) mit Handumkreisen vor dem Körper,
  Handwechsel über dem Kopf in die linke Hand,
  Wiederholung gegengleich.

Kreisschwünge in der Frontalebene:

- Mit der rechten oder mit der linken Hand, der Reifen liegt zuerst auf der Hand und umkreist dann die Hand,
- mit Hand- und Richtungswechsel vor dem Körper,
- in Verbindung mit Handumkreisen vor dem Körper,
- in Verbindung mit Umkehrschwüngen,

- Kreisschwünge vor dem Körper und hinter dem Kopf als Bewegungsverbindungen (Achterschwünge). Beim Kreis vor dem Körper wird der Reifen von oben gefaßt, beim Kreis hinter dem Kopf liegt er auf der Hand.

Umkehrschwünge in der Frontalebene mit Ristgriff:

- Mit der rechten oder mit der linken Hand,
- mit Handwechsel vor dem Körper.

Umkehrschwünge in der Sagittalebene:

- An der rechten oder linken Körperseite, der Reifen wird dabei von oben gefaßt (Speichgriff), und der Körper wird beim Rückschwung zur Seite aufgedreht, um einen großen Bewegungsumfang zu ermöglichen,
- mit Handwechsel durch Übergabe oder mit Hochwurf am Ende des Vorschwunges,
  auch in Verbindung mit Vorwärtsbewegung,
- in Verbindung mit Bogenwürfen zum Partner,
- in Verbindung mit Hochwürfen beim Rückschwung und $1/2$ Körperdrehung zum Fangen,
- mit Bogenwurf von hinten nach vorn am Ende des Rückschwunges,
- Umkehrschwünge als Rumpfschwünge,
  auch mit Handwechsel hinter dem Körper am Ende des Rückschwunges,
  auch in Verbindung mit Vorwärts- und Rückwärtsbewegung,
- Verbindung von Umkehrschwüngen als Arm- und Rumpfschwünge.

Kreisschwünge in der Sagittalebene:

- An der rechten oder an der linken Körperseite, der Reifen liegt am Anfang auf der Hand und umkreist dann die Hand,
- die Kreisschwünge an der rechten und linken Körperseite als Bewegungsverbindung – Achterschwünge – (beim Achterschwung mit der rechten Hand zeigt der Handrücken

beim Kreis an der linken Körperseite nach außen, beim Kreis an der rechten Körperseite nach innen).

Umkehrschwünge in der Horizontalebene:

- In Schulterhöhe, der Reifen wird von oben gefaßt,
- in Verbindung mit Kreisschwüngen und Handwechsel über dem Kopf,

  auch mit Körperdrehungen beim Kreisschwung über dem Kopf.

Spiralschwünge:

- Ein Kreis liegt vor dem Körper, der andere über dem Kopf, der Reifen liegt dabei locker auf den oberen Fingergliedern,

  als Einwärtsspirale,
  als Auswärtsspirale,
  auch in Verbindung mit Körperdrehungen,
  auch mit Handwechsel beim Kreis über dem Kopf.

Umkehrschwünge in der schrägen Ebene
(Diagonalschwünge):

- Von rechts unten nach links oben oder von links unten nach rechts oben (der Reifen wird von oben gefaßt),
- in Verbindung mit Kreisschwüngen mit Handwechsel über dem Kopf,

  auch mit Körperdrehungen während des Kreisschwunges über dem Kopf oder mit Drehsprüngen.

Laufen und Springen

Der Reifen als Hilfsmittel für die Schulung des kurvigen Laufens:

- Kurviges Laufen um frei im Raum verteilte Reifen (Abb. 1),
- kurviges Laufen unter Beachtung bestimmter rhythmischer Abläufe, z. B. jeder Schüler startet aus einem bestimmten Reifen heraus, den er am Ende des vorgegebenen Ablaufs wieder erreichen soll,

Abb. 1

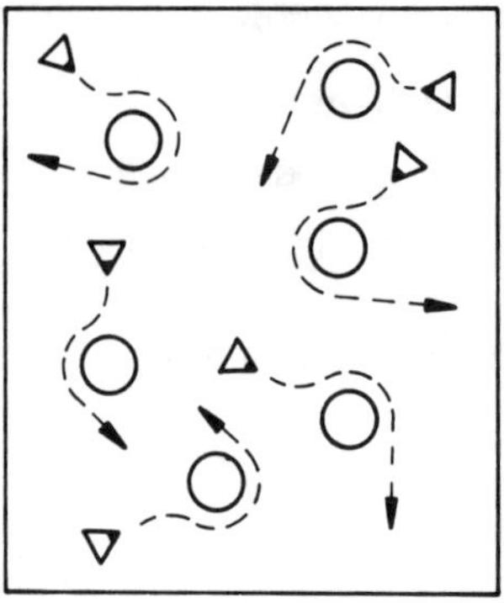

Abb. 2

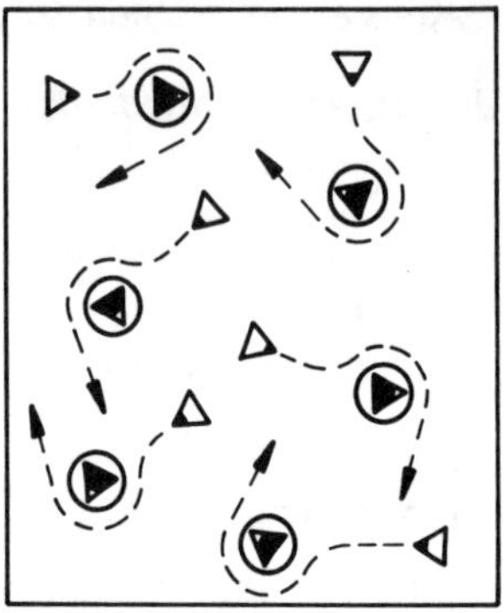

Abb. 3

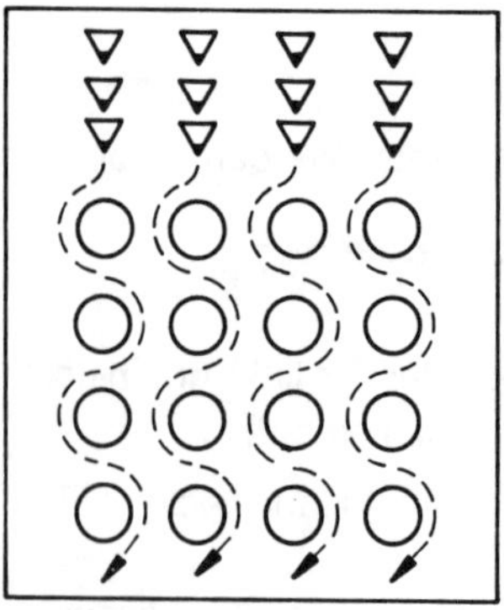

Abb. 4

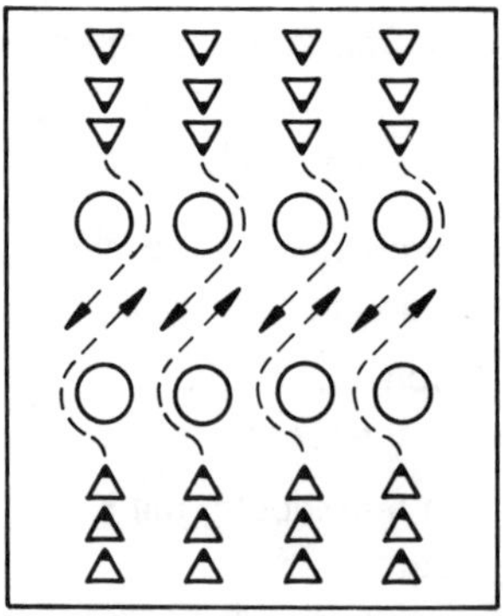

Abb. 5

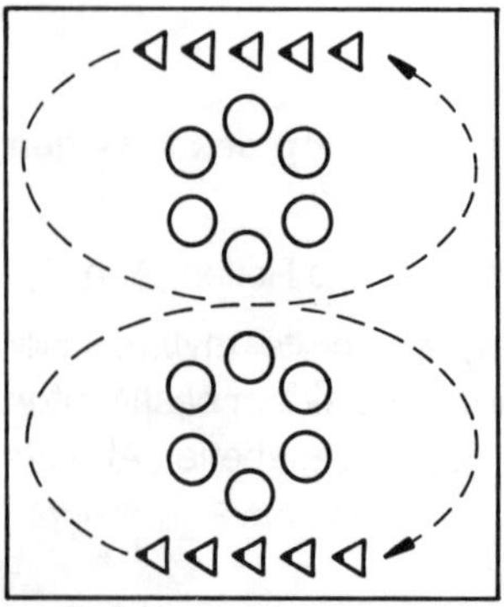

Abb. 6

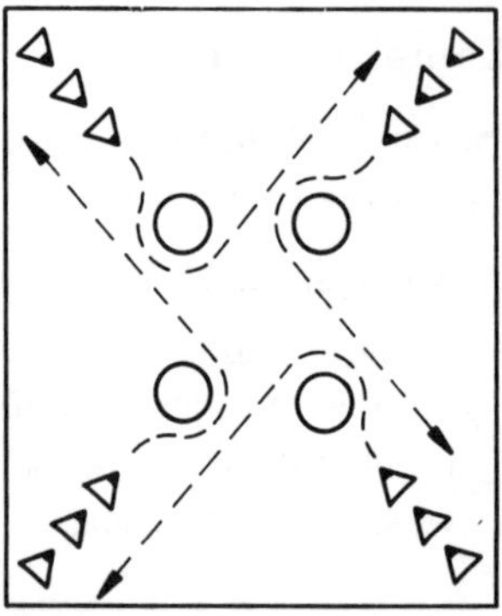

- kurviges Laufen in zwei Gruppen, die im Wechsel üben (die Gruppen könnten sich durch zwei unterschiedliche Reifenfarben ergeben), die jeweils passiven Schüler klatschen mit,
- kurviges Laufen im Wechsel mit einem Partner, je 2 Schüler haben einen Reifen (Abb. 2),
- kurviges Laufen an der Reifenreihe (Abb. 3),
- Laufen von Kurven, Kreisen, Achten und Spiralen um liegende Reifen (Abb. 4),
- Laufen von Kurven, Kreisen und Achten um Reifenkreise (Abb. 5),
- kurviges Laufen um liegende Reifen mit Platzwechsel (Abb. 6).

Der Reifen als Hilfsmittel für die Sprungschulung

Springen am liegenden und gehaltenen Reifen:

- Schlußsprünge vorwärts, rückwärts und seitwärts mit und ohne Nachfedern (Abb. 7),
- Hocksprünge am waagerecht in Kniehöhe gehaltenen Reifen (Abb. 8),
- Sprünge aus dem Anlauf über den vom Partner gehaltenen Reifen (Abb. 9),
- Schrittsprünge an der Reifenreihe ohne Zwischenschritte (Abb. 10),
  mit Zwischenschritten (Abb. 11),
- Schlußsprünge und Hinksprünge mit und ohne Nachfedern an der Reifenreihe (Abb. 12).

Springen durch den geschwungenen Reifen:

- Hocksprünge durch den Reifen. Der Reifen wird mit Ristgriff beidhändig gefaßt und von oben angeschwungen, auch mit Körperdrehungen.
- Hocksprünge über den von der Seite angeschwungenen Reifen. Der Reifen wird einhändig mit Speichgriff gefaßt, von der Seite angeschwungen und wieder nach außen geschwungen, auch mit Handwechsel nach dem Einspringen.

– Sprünge aus dem Anlauf durch den Reifen. Der Reifen wird beidhändig oder einhändig mit Ristgriff gefaßt und von oben angeschwungen. Als Sprungformen eignen sich insbesondere Pferdchensprünge und Schersprünge.

Abb. 7

7

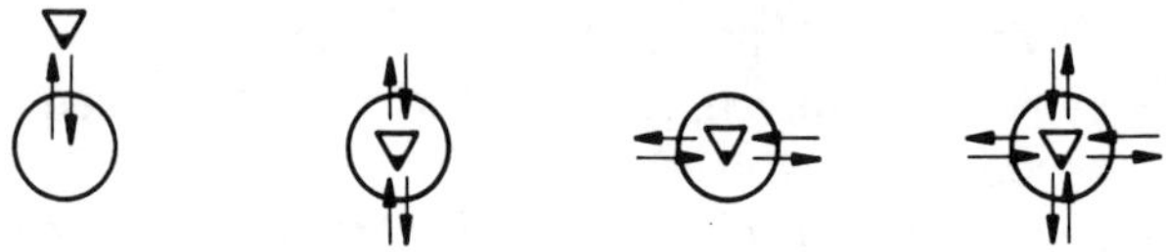

Abb. 8

8

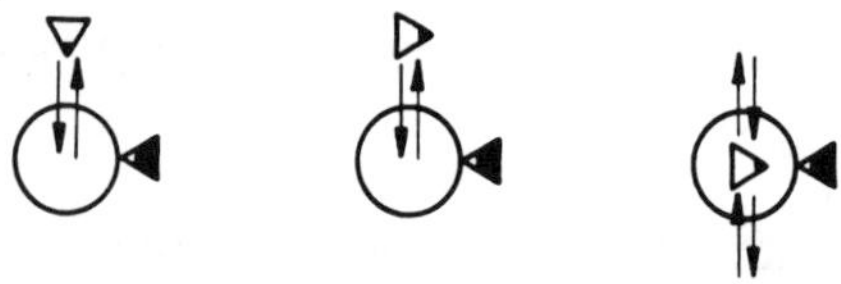

Abb. 9

9

Abb. 10

10

Abb. 11

11

Abb. 12

12

9. Musikempfehlungen

Die folgenden Vorschläge beziehen sich in erster Linie auf Musik zur Unterstützung von gymnastischen Grundformen und gerätespezifischen Elementen. Sie enthalten Musikstükke aus verschiedenen Musiksparten, die sich teilweise nicht nur vom Charakter her unterscheiden, sondern auch unterschiedliches Bewegungstempo berücksichtigen. Es muß Aufgabe des einzelnen Lehrers sein, eine angemessene Auswahl mit Blick auf die Lerngruppe und die jeweiligen Lernziele zu treffen.

Musik zum Laufen

Titel	Komponist / Interpret
Troika	
The Crysanthemum	Joplin / Levine
Weeping Willow	Joplin / Levine
Happy Trumpeter	Bert Kaempfert
Treat for Trumpets	Bert Kaempfert
Happy Music	James Last
American Patrol	Meacham / Last
Ballroom Dancing	Paul Mc Cartney
In the Mood	Garland / Strasser
In the Summertime	Dorset / Marek & Vacek
Rave on	West u. a. / Joe Playmountain
Red River Rock	Schade u. a. / Johnny & The Hurricans
Good thing	Fine young cannibals
Sultans of swing	Dire straits
Twisting by the pool	
Latin lover	Gianna Nannini
Two of us	Thow of us
Call me the breeze	J. J. Cale
Crocodile Rock	Elton John

Platte / Kassette / CD	Besonders geeignet für:
SP 23019	
(Kögler-Verlag)	
RCA RL 12243	
Red Seal	
Polydor 2634011	
dgl.	
Polydor 2437090	
Polydor 2437089	
Electrola 64750	
Electrola 134-454901	
Polydor 2664183	
Platte: „Rockin' Ski Time“	Federndes Laufen
Produktion: Peter Hurter	Federndes Laufen
Metronome Musik GmbH 8280691	
Vertigo 8364192	
Electrola 0065027	
Intercort 8076	
Mercury 8186332	
Phonogram 3053 846947-2	

Musik zum Gehen

Titel	Komponist / Interpret
Bewegungsmusik zu den Grundformen der modernen Gymnastik Lz 1, Thema 1, 1. Teil	Lorenzen
Le chemain de papa	Delanoe / Joe Dassin

Musik zum Hüpfen

Titel	Komponist / Interpret
The Crysanthemum	Joplin / Levine
Paragon	Joplin / Levine
Happy Trumpeter	Bert Kaempfert
Treat for Tumpets	Bert Kaempfert
Memphis Tennessee	Berry u. a. / Last
Fun and Jump	Greffenius / Greger
Ski á la Charleston	Greffenius / Greger
Java	Toussaint u. a. / Strasser
You's the Cream in my Coffee	De Sylva u. a. / Strasser
Cabaret	Kander / Strasser
Blue Peter	Mike Oldfield
La pulce d aqua	Angelo Branduardi
The farm yard Connection	Fun boy tree
Moment musical	Marek & Vacek / Schubert

Platte / Kassette / CD	Besonders geeignet für:
Kassette Lz 1	
Studio Lorenzen	
(Pohl Verlag)	
CBS Š6229	

Platte / Kassette / CD	Besonders geeignet für:
RCA RL 1 2243	
Read Seal	
Polydor 26 34 011	
dgl.	
Polydor 24 37 289	
Polydor 34 91 038	
Tele Ski	
Electrola 1 C 258 32 218	
Electrola 134-45 490/91	
dgl.	
Ariola 91 26 59	
XOT 26 395	
EMI Electrola 1626	
Electrola 148 32160/61	

Musik zum Springen

Titel	Komponist / Interpret
Gold	Spandau Ballett
What a feeling	Filmmusik aus „Flashdance“
Rosen aus dem Süden	Strauß / Marek & Cacek
Ski á la Charleston	Greffenius / Greger
Treat für Trumpets	Bert Kaempfert

Musik zum Federn

Titel	Komponist / Interpret
Masterpiece	Gazebo
Everywhere	Fleetwood Mac
Respect yourself	The Kane Gang
Away from home	Dr. Alban
Gymnastik 1	Dieter von Goetze
Federn und Hüpfen	
Caribbean Fitness	Siegel u. a.
Dancing Sailor	Siegel u. a.
Carmen	Bizet / Marek & Vacek

Platte / Kassette / CD	Besonders geeignet für:
Warner Music 4281	
Delta Music 3843	
Electrola 038 CRY 32500	Sprünge aus dem Anlauf
Polydor 34 91 038 Tele Ski	Sprünge aus dem Anlauf, Schlußsprünge
Polydor 26 34 011	Sprünge aus dem Anlauf

Platte / Kassette / CD	Besonders geeignet für:
Siebenpunkt 7867	
Warner Music 0392	
Metronome 0270	
DAN 477862 2	
Qu C 701 Deutscher Turnerbund, Hrsg.	
Kassette Enorm in Form	
Ariola 405484–507	
Polydor 2664 183	

Musik zum Schwingen

Titel	Komponist / Interpret
Moderne Gymnastik Plate I, S. 1, 2 und 4. Stück Platte III, S. 1, 1. Stück	Jiri Tayerle
Bewegungsmusik zu den Grundformen der modernen Gymnastik Lz 1, S. 2, Thema 1 und 2	Lorenzen
Gymnastik 2 und 3 Schwingen	Dieter von Goetze
Fig Leaf Rag	Joplin / Rifkin
The Entertainer	Joplin / Rifkin Joplin / Levine
Promenade dans les bois	de Senneville u. Toissant / Claydermann
Die letzten Tage der Anastasia Kemsky	Seville u. Baudlot / Claydermann
Wolkenreise	Eroc
Army dreamer	Kate Bush
Valse triste	Jean Sibelius

Platte / Kassette / CD	Besonders geeignet für:
Formtex Tonstudio für Turnmusik, Esslingen	Arm- und Rumpfschwünge
Lz 1 Tonstudio Lorenzen	Armschwünge
Qu C 702 und C 703 Deutscher Turnerbund, Hrsg.	
Elektra 32005	Armschwünge
dgl.	Armschwünge
RCA RL 12243	
Decca 623478	Armschwünge
Teldec 295220	Armschwünge
Polydor 0309 EMI Electrola 0542 Imago 14194062	

Musik zur Gymnastik mit dem Ball

Titel	Komponist / Interpret
Moderne Gymnastik Platte I, S. 1. 2. Stück	Tayerle
Gymnastik 1	Dieter von Goetze
Wheels	Petty /Vaughn
Java	Toussaint / Strasser
Magnetic Rag	Joplin / Levine
Rain	Barnes u. a. / Simon Butterfly
Concerto Number One	Beethoven / Marek & Vacek
Vivre ailleurs	Seneville u. Baudlot / Claydermann
Les deuxieme slow	dgl.
Angoh	Andreas Vollenweider
Anitr's Tanz	Edvard Grieg
I like Chopin	Gazebo

Platte / Kassette / CD	Besonders geeignet für:
Formtex Tonstudio für Turnmusik, Esslingen	Werfen, Fangen, Schwingen
Qu C 701 Deutscher Turnerbund	Prellen, Werfen, Fangen
SP 23041 Kögler-Verlag	Prellen und Fangen
Electrola 258 32 218	Fortgesetztes Prellen
RCA ARL 1-2243	Rollen und Laufen
Polydor 2001 434	Werfen, Fangen, Schwingen
Electrola 038 CRY 32 790	Werfen, Fangen, Schwingen, Bewegungsgestaltung
Teldec 29 52 20	Schwingen, Werfen, Fangen
dgl.	dgl.
CBS 85545 Electrola 067 43440 BMG Ariola München 0116	

Musik zur Gymnastik mit dem Band

Titel	Komponist / Interpret
Holzschuhtanz aus Zar und Zimmermann	Lortzing
Rosen aus dem Süden	Strauß / Marek & Vacek
Maladie d'amour	Revaux / Marek & Vacek
Der Landmann	Schumann / Marek & Vacek
Troika	
Querfeldein	Schmitz / Brock
Musik Box Dancer	Frank Mills
Faschingskinder	Ziehrer / Boskovsky
Echtes Wiener Blut	Komzak / Boskovsky
Solveig's Lied	Marek & Vacek / Grieg
La serenissima	Rondo Veneziano
Water b arer	Sally Oldfield

Platte / Kassette / CD	Besonders geeignet für:
Electrola 1C 061-282171 oder:	Alle Grundelemente,
Deutsche Grammophon DG	Bewegungskombinationen,
2537004	Bewegungsgestaltung
Electrola 038 CRY 32500	dgl.
Electrola 038 CRY 32790	Bewegungsgestaltung
Polydor 2664183	Schlangen und Spiralen in Verbindung mit Laufen,
SP 23019	Schwungelemente und Kombinationen in flottem Tempo
Fidula Fon 1194	Schlangen und Spiralen in
Polydor 2121370	Verbindung mit Laufen
Elektrola	dgl.
1 C 037-02-408	Bewegungskombinationen
	Grundelemente, Bewegungs
Polydor 0309 823472-2	kombinationen, Gestaltung
Ariola 206456620	
Ariola XOT 26447	

Musik zur Gymnastik mit dem Seil

Titel	Komponist / Interpret
Magnetic Rag	Joplin / Levine
Fig Leaf Rag	Joplin / Levine
The Entertainer	Joplin / Levine oder Joplin / Rifkin
Wheels	Petty / Vaughn
Arrival	Mike Oldfield
Ski á la Charleston	Greffenius / Greger
Fun and Jump	
You'r the Cream in my Coffee	De Sylva u. a./ Strasser
Türkischer Marsch	Mozart / Marek & Vacek
In the Summertime	Dorsel / Marek & Vacek
Moderne Gymnastik Platte I, S. 1, 3. Stück Platte III, S. 1 3. und 4. Stück Platte I, S. 1 2. Stück	Jiri Tayerle

Platte / Kassette / CD	Besonders geeignet für:
RCA RL 1-2243	Laufen
dgl.	Springen und Schwingen
dgl.	Schwingen, Federn, Springen
Elektra 32 005	und Schwingen als Kombination
SP 23041	Schlußsprünge, Federn,
Kögler-Verlag	Kreisschwünge
Ariola 91 26 59	Schwingen und Springen, Bewegungskombinationen
Polydor 34 91 038	Springen und Schwingen
Tele Ski	Springen, Schwingen, Federn
Electrola 134-45 490/91	Springen und Schwingen
Polydor 23 71 918	Laufen und Springen in flottem Tempo
Polydor 2664 183	Laufen
Formtex	Laufen
Tonstudio für Turnmusik Esslingen	
	Springen und Schwingen
	Schwingen

Musik zur Gymnastik mit dem Reifen

Titel	Komponist / Interpret
Magnetic Rag	Joplin / Levine
A dream within a dream	Allan Parson
Promenade dans les bois	de Senneville u. Toussaint / Claydermann

Platte / Kassette / CD	Besonders geeignet für:
RCA RL 1-2243	Rollen und Laufen
Mercury 832 820 2	Schwingen, Werfen, Fangen
Decca 62 34 78	Werfen, Fangen, Schwingen, Handumkreisen, Rollen vor dem Körper, Bewegungsgestaltung

Literaturverzeichnis

Bayerisches Staatsministerium für Unterricht und Kultus (Hrsg.): Curricularer Lehrplan Sport / Jahrgangsstufen 7–11, 1978 / geändert 1986.

Dachsel, G.; Grote, M.; Pötzsch, J.: Gymnastik in der Schule. Berlin 1980. 2. Aufl.

Der Hessische Kultusminister (Hrsg.): Rahmenrichtlinien / Unterrichtsmaterialien zu den Rahmenrichtlinien Sport (3) 1977.

Engel, E.; Küpper, D.: Gymnastik, Finden – Üben – Variieren – Gestalten. Schorndorf ²1975.

Erbguth, Hildegard: Neigungsgruppe Gymnastik. In: Neigungsgruppe Turnen, Sport, Gymnastik. Altrock, Karger (Hrsg.). Frankfurt/Main 1958.

Fetz, Friedrich: Allgemeine Methodik der Leibesübungen. Frankfurt/Main 1973. 5. erw. Aufl.

Fischer-Münstermann, Uta: Von der Jazzgymnastik zum Jazztanz. Celle 1977. 2. überarb. Aufl.

Freie- und Hansestadt Hamburg, Behörde für Schule und Berufsbildung, Amt für Schule (Hrsg.): Lehrplanrevision Sekundarstufe I – Lehrplan Sport für Haupt- u. Realschulen, Gesamtschulen und Gymnasien. 1988.

Gienger, Sibylle: Rhythmische Sportgymnastik. Reinbek 1988.

Groos, E.; Rothmaier, D.: Ausdauergymnastik. Reinbek 1991.

Hanebuth, Otto: Der Rhythmus in den Leibesübungen. Frankfurt 1964.

Herold, W.; Fluch, F.: Turnsprache „Deutsch“. Celle 1976–1980. 2. erw. Aufl.

Hess, R.; Wendt, H.: Künstlerische Gymnastik mit Handgeräten. Berlin ³1975.

Heymen, N.; Leue, W.: Planung von Sportunterricht. Baltmannsweiler 1992. 2. verb. und erw. Aufl.

Koch, K.; Mielke, W.: Die Gestaltung des Unterricht in der Leibeserziehung, Teil I. Schorndorf 1974. 4. überarb. Aufl.

Kultusminister Baden-Württemberg (Hrsg.): Lehrpläne des Landes Baden-Württemberg / Richtlinien für den Sportunterricht – Gymnasien Klassen 6–11. 1984.

Kultusministerium des Landes Nordrhein-Westfalen (Hrsg.): Richtlinien und Lehrpläne für den Sport. 1980.

Kultusminister des Landes Schleswig-Holstein (Hrsg.): Rahmenrichtlinien für die Leibeserziehung / Klassenstufe 7–10. 1978.

Medau, H.: Moderne Gymnastik – Lehrweise Medau. Celle 1967.

Medau, H.; Roedenbeck: Rhythmisch / musische Gymnastik. Frankfurt/Main ³1957.

Meinel, K.; Schnabel, G.: Bewegungslehre. Berlin 1987. 8. stark überarb. Aufl.

Metzger, Christel: Rhythmische Gymnastik. In: Zur Praxis der Leibeserziehung in Grund- und Hauptschule. Lutter, Lutter. Donauwörth 1970.

Mildenberger-Schwirtz, Monika: Aerobic-Gymnastik. Deutscher Turnerbund (Hrsg.). Bad Homburg 1983.

Ministerium für Unterricht und Kultur (Hrsg.): Richtlinien für den Sportunterricht in Rheinland-Pfalz – Jahrgangsstufen 7–10. 1984.

Pribitzer, H.; Zdarsky, J.: Moderne Gymnastik. Wien 1978.

Riehm, G.: Ein Weg zur Wettkampfgymnastik. Celle 1976.

Röthig, Peter (red.): Sportwissenschaftliches Lexikon. Schorndorf [6]1992.

Senatsverwaltung für Schule, Berufsbildung und Sport (Hrsg.): Vorläufiger Rahmenplan für Unterricht und Erziehung in der Berliner Schule – Gymnasiale Oberstufe / Fach Sport. 1993/94.

Senatsverwaltung für Schule, Berufsbildung und Sport (Hrsg.): Vorläufiger Rahmenplan für Unterricht und Erziehung in der Berliner Schule – Klassen 7–10 / Fach Sport. 1993/94.

Seybold, Annemarie: Schulgymnastik I. Bad Homburg 1976.

Seybold, Annemarie: Schulgymnastik II. Bad Homburg 1975.

Warakina, T. T. u. a.: Gymnastik mit Seil, Band und Wimpel. Berlin 1976.